D1492861

# Bescherelle

# Histoire

## CHRONOLOGIE
### DES ORIGINES À NOS JOURS

*collège*

**Cécile Gaillard**
Professeure certifiée d'Histoire-Géographie
Lycée René Cassin, Montfort-sur-Meu (35)

**Guillaume Joubert**
Professeur certifié d'Histoire-Géographie
Collège Charles Gounod, Saint-Cloud (92)

# Avant-propos

Cette chronologie doit vous permettre, élèves de collège, de vous repérer dans le temps et de construire des repères historiques clairs et solides, en complément des manuels scolaires. Elle répond ainsi à la fois aux exigences du socle commun de connaissances, de compétences et de culture, ainsi qu'aux nouveaux programmes d'histoire qui entrent en vigueur au collège à la rentrée 2016.

Découpée en six grandes parties, la chronologie couvre l'ensemble des périodes étudiées de la 6e à la 3e, de la Préhistoire jusqu'à nos jours. Chaque double page est consacrée à un événement clé traité à travers un récit clair, vivant et illustré.

Chaque partie propose également des dossiers correspondant à des thèmes clés du programme et permettant d'acquérir une vision d'ensemble.

À l'issue de ce travail, les auteurs remercient tous ceux qui les ont aidés et qui ont travaillé sur cette chronologie. Ils espèrent que vous aurez du plaisir à la lire et qu'elle vous rendra service au cours de votre scolarité.

Les auteurs

Conception graphique : Laurent Romano

Édition : Aude Marot

Relecture : François Capelani

Mise en page : Dany Mourain

Cartographie : Légendes cartographie

© Hatier, Paris 2016
ISBN 978221899209-4

PAPIER À BASE DE
FIBRES CERTIFIÉES

Hatier s'engage pour l'environnement en réduisant l'empreinte carbone de ses livre
Celle de cet exemplaire est de :
500 g éq. $CO_2$
Rendez-vous sur
www.hatier-durable.fr

Achevé d'imprimer par Rotolito Lombarda à Seggiano di Pioltello - Italie
Dépôt légal : 99209 - 4/01 - Mai 2016

# Sommaire

## La Préhistoire
### De 2 500 000 à 5 000 ans avant le présent

## L'Antiquité
### De 3 000 av. J.-C. à 476 ap. J.-C.

# Le Moyen Âge
## De 476 à 1492

# Les Temps modernes
Du XVIᵉ au XVIIIᵉ siècle

# Le XIXᵉ siècle
## De 1789 à 1914

## Le XXᵉ siècle
### De 1914 à nos jours

Paroi gauche de la salle des taureaux de la grotte de Lascaux (Dordogne), décorée il y a environ 17 000 ans.

# Préhistoire

## De 2 500 000 à 5 000 ans avant le présent

La Préhistoire commence avec l'apparition des premiers hominidés il y a 2,5 millions d'années. Ainsi débute le Paléolithique. Les ancêtres de l'homme découvrent le feu et produisent des outils de plus en plus adaptés à leur mode de vie.

Puis, il y a 200 000 ans environ, l'homme moderne, *Homo sapiens*, apparaît en Afrique. Il se lance à son tour à la conquête de la Terre et colonise tous les continents. L'*Homo sapiens* est d'abord nomade : il se déplace en suivant les animaux qu'il chasse.

À partir d'il y a 10 000 ans environ, les hommes se sédentarisent et se nourrissent grâce à l'agriculture et l'élevage. Il s'agit du Néolithique qui se termine il y a 5 000 ans avec le début de l'Histoire.

3,2 Ma
Australopithèque
(Lucy)

200 000
*Homo sapiens*

600 000
Maîtrise du feu

| 3 Ma | | 2 Ma | | 1 Ma | 800 000 | 600 000 | 400 000 | 200 000 |

avant le
présent*

2,5 Ma-10 000 ans AP Paléolithique

600 000
Prénéandertalien

1,2 Ma
*Homo erectus*

350 000
Biface, percuteur

2,5 Ma
*Homo habilis*

* Les datations des temps préhistoriques se font « avant le présent » (AP), le présent
étant situé par convention en 1950. Il y a donc une différence de 2 000 ans par rapport
à la datation « avant J.-C. », utilisée à partir de la découverte de l'agriculture.

5 500
(3500 av. J.-C.)
**Premières cités-États
(Mésopotamie)**

10 000
(8000 av. J.-C.)
**Début de la sédentarisation
(élevage, agriculture)**

| 100 000 | | 50 000 | | | 10 000 | 9000 | 8000 | 7000 | 6000 | 5000 |
|---|---|---|---|---|---|---|---|---|---|---|

**10 000-5 000 ans AP Néolithique
(8000-3000 av. J.-C.)**

**110 000-10 000 ans AP
Dernier grand cycle glaciaire en Europe**

100 000
**Néandertal
en Europe**

5 300
(3300 av. J.-C.)
**Apparition de l'écriture
(Mésopotamie)**

17 000
**Peintures de Lascaux**

# Il y a 200 000 ans
## L'*Homo sapiens* vit en Afrique

L'histoire de l'être humain commence avec l'apparition des premiers spécimens du genre *Homo*, il y a 2,5 millions d'années. C'est le début de la Préhistoire. Sa première période se nomme le Paléolithique, qui signifie « pierre ancienne » en grec.

## L'apparition tardive de l'*Homo sapiens*

Il y a 2,5 millions d'années, l'*Homo habilis* (« homme habile ») se démarque des australopithèques (voir p. 18) : il fabrique des outils qui lui servent à découper ses proies et parcourt de grandes distances. Puis l'*Homo erectus* (« homme dressé ») sort d'Afrique et s'installe en Asie et en Europe. Beaucoup plus tard, vers 600 000 ans avant le temps présent* (AP), il maîtrise le feu et peut ainsi faire cuire sa nourriture et se chauffer. Enfin vers 200 000 ans AP, l'*Homo sapiens* (« homme savant »), ou homme de Cro-Magnon, apparaît en Afrique. À partir de 50 000 ans AP, il se répand partout sur la Terre.

## Un mode de vie évolué

Doté d'un cerveau plus gros que celui de l'*Homo erectus*, l'*Homo sapiens* se distingue surtout par son mode de vie plus raffiné. Il utilise des armes (harpons, arcs et flèches) qui lui permettent d'abattre des animaux de loin. Il se déplace le long des côtes avec de petits bateaux. Enfin, il produit des œuvres d'art : des peintures, des sculptures et peut-être même de la musique. Cette aptitude artistique le distingue de tous ses prédécesseurs.

\* « Avant le présent » (AP) est la datation utilisée pour les temps préhistoriques jusqu'au Néolithique. La datation s'exprime en nombre d'années écoulées jusqu'au présent, situé par convention en 1950.

### L'homme de Néandertal

Lorsque l'*Homo sapiens* arrive en Europe aux alentours de 50 000 ans AP, une autre espèce d'*Homo*, les néandertaliens, y vit déjà. Ils coexistent alors entre 50 000 et 30 000 ans AP sans se mélanger. Mais la supériorité technique des *Homo sapiens* contraint les néandertaliens à se replier dans des régions reculées où ils disparaissent il y a environ 25 000 ans. L'*Homo sapiens* a alors conquis la plupart des espaces terrestres.

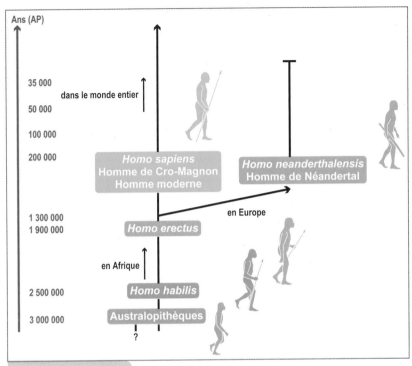

Ans (AP)

35 000
dans le monde entier

50 000

100 000

200 000

**Homo sapiens**
Homme de Cro-Magnon
Homme moderne

**Homo neanderthalensis**
Homme de Néandertal

1 300 000
1 900 000

*Homo erectus*

en Europe

en Afrique

2 500 000

*Homo habilis*

3 000 000

**Australopithèques**

?

**L'évolution humaine**

### Les peintures de Lascaux

Sans doute peinte il y a 17 000 ans environ, la grotte de Lascaux en Dordogne est recouverte de peintures d'animaux réels (des aurochs ❶, ancêtres des bœufs) ou imaginaires (des licornes ❷) mesurant jusqu'à 5 mètres, et d'un millier de gravures de petite taille.

# Il y a 10 000 ans

## La révolution néolithique transforme le monde

Pêcheurs, cueilleurs et chasseurs nomades, les hommes changent de mode de vie il y a 10 000 ans environ. C'est le Néolithique, qui signifie « pierre nouvelle » en grec et désigne le polissage des outils désormais utilisés pour l'agriculture.

### L'apparition des villages et de l'agriculture

À peu près au même moment, dans plusieurs régions du monde, les hommes choisissent de ne plus suivre les troupeaux et de vivre sous des tentes. Ils se sédentarisent et construisent des maisons près des lieux qui leur offrent assez de nourriture toute l'année. Avec la fin de la dernière glaciation, les ressources naturelles sont en effet plus abondantes, notamment près des lacs et des rivières. Puis, les hommes commencent à planter des graines sauvages de manière régulière : ainsi naît l'agriculture. Au Liban et en Syrie, ils cultivent le blé et l'orge ; en Chine, le riz ; en Amérique latine, le maïs.

### Le développement de nouveaux savoir-faire

Il y a 8 000 ans environ, l'élevage se développe : certains animaux sauvages (aurochs, sangliers...) sont domestiqués. Restant dans un enclos, ils engraissent et deviennent progressivement des vaches et des porcs. Élevées pour leur viande et leur peau, ces bêtes remplacent le gibier chassé.

Les hommes développent d'autres savoir-faire comme la poterie. Ils sont même capables de construire des fortifications en pierre et en bois pour se protéger. Certains d'entre eux créent des tombes communes et des sanctuaires pour honorer les dieux, dont les menhirs et les dolmens sont de célèbres exemples.

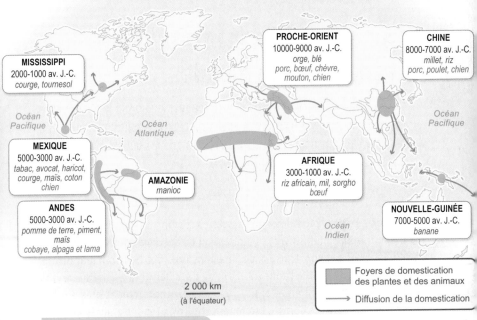

**MISSISSIPPI**
2000-1000 av. J.-C.
*courge, tournesol*

**PROCHE-ORIENT**
10000-9000 av. J.-C.
*orge, blé
porc, bœuf, chèvre,
mouton, chien*

**CHINE**
8000-7000 av. J.-C.
*millet, riz
porc, poulet, chien*

Océan
Pacifique

Océan
Atlantique

Océan
Pacifique

**MEXIQUE**
5000-3000 av. J.-C.
*tabac, avocat, haricot,
courge, maïs, coton
chien*

**AMAZONIE**
*manioc*

**AFRIQUE**
3000-1000 av. J.-C.
*riz africain, mil, sorgho
bœuf*

**ANDES**
5000-3000 av. J.-C.
*pomme de terre, piment,
maïs
cobaye, alpaga et lama*

Océan
Indien

**NOUVELLE-GUINÉE**
7000-5000 av. J.-C.
*banane*

2 000 km
(à l'équateur)

Foyers de domestication
des plantes et des animaux

Diffusion de la domestication

## La mondialisation néolithique
La domestication des plantes et des animaux est apparue de manière indépendante dans plusieurs endroits du globe : au Proche-Orient, en Asie, en Afrique et en Amérique.

## Chien et chat, deux animaux domestiqués
Il y a 35000 ans en Russie, les chasseurs-cueilleurs utilisent le loup pour chasser et garder les campements. Premier animal domestiqué par l'homme, le loup évolue ensuite vers le chien et devient essentiel au mode de vie nomade. En revanche, le chat n'est domestiqué que bien plus tard, il y a 10000 ans. Il sert à chasser les souris qui dévorent les grains stockés. Des squelettes de chats ont ainsi été retrouvés à Chypre dans des tombes datant d'il y a 9500 ans.

## Ötzi, l'homme des glaces
Reconstitution d'après une momie vieille de 5 300 ans, retrouvée gelée dans les Alpes.

# L'archéologie

L'archéologie, la science de l'ancien, cherche à reconstituer l'histoire de l'humanité à partir des traces laissées par nos ancêtres. Les archéologues collectent des vestiges qui sont ensuite nettoyés, restaurés et analysés par des spécialistes de la Préhistoire ou des historiens.

## Comprendre les origines de l'homme

### Apprendre des squelettes

Les paléoanthropologues étudient les origines de l'homme à partir des fossiles de squelettes. Leur analyse permet de comprendre l'anatomie de nos ancêtres, mais aussi leur comportement et leur mode de vie, ainsi que les évolutions qui ont conduit à l'apparition de l'*Homo sapiens* (voir p. 14). La découverte du squelette d'un australopithèque, vieux d'environ 3,2 millions d'années, par deux archéologues en 1974, a ainsi permis d'établir ce que ce pré-humain a de commun avec nous. Cette trouvaille, essentielle pour l'étude du genre humain, est baptisée Lucy en hommage à la chanson des Beatles *Lucy in the Sky with Diamonds*, que les deux chercheurs écoutaient le soir dans leur campement.

**Objets du Paléolithique**
Au début du Paléolithique, les outils sont des pierres éclatées nommées *chopper* ❶ qui servent à broyer ou hacher. Peu à peu, les techniques se raffinent. Les pierres sont taillées grâce à d'autres roches, puis rendues pointues et tranchantes grâce à des pierres plus petites ❷.

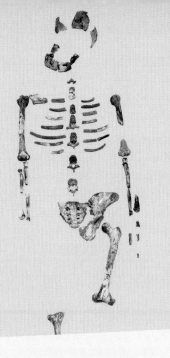

**Lucy, une cousine éloignée de 3,2 millions d'années**

Le fossile de Lucy, découvert en Éthiopie, est le premier squelette aussi complet que les archéologues retrouvent d'un australopithèque. Il comporte 52 ossements. Les os du bassin et du fémur indiquent que Lucy marchait sur ses deux jambes, et la longueur de ses bras qu'elle grimpait aussi aux arbres.

« *L'archéologie [...] nous aide à comprendre comment les sociétés ancestrales ont évolué et d'autres ont disparu.* »

Pascal Picq, paléoanthropologue au Collège de France, 2009.

## Déduire à partir des objets

Outre des fossiles de squelettes, l'archéologue retrouve sur le terrain de nombreux objets. En 1961, des chercheurs découvrent dans le nord de la Tanzanie, en Afrique de l'Est, les restes d'un individu avec des outils en pierre : c'est l'*Homo habilis* qui fait entrer le monde dans la Préhistoire il y a 2,5 millions d'années (voir p. 14). D'autres recherches ont mis à jour des outils plus précis, notamment des aiguilles à coudre, ou encore des colliers et des bracelets, caractéristiques de l'*Homo sapiens*.

# Déchiffrer les bouleversements du Néolithique

## Faire parler les graines

Sur le site de Mallaha, dans le nord d'Israël, des archéologues découvrent en 1975 cinq maisons rondes, semi-enterrées, construites il y a entre 10 500 et 8 000 ans, dans lesquelles des céréales sauvages sont stockées. Puis dans la même région, des graines domestiquées datant d'il y a 10 000 ans sont retrouvées : ces semences ont été sélectionnées par l'homme afin d'être cultivées au même endroit. Cette transformation de l'agriculture est un des aspects essentiels de la révolution néolithique (voir p. 16).

## Retracer l'organisation des sociétés humaines

Grâce à leurs découvertes, les archéologues peuvent décrire les progrès de l'agriculture qui vont permettre la naissance des villes (voir p. 22). Ils attestent de l'utilisation d'objets en métal par les paysans du Levant (voir p. 22) à partir d'il y a 6 500 ans. La terre est ainsi creusée plus profondément ce qui permet un accroissement des récoltes, à l'origine d'une augmentation des échanges et de la population.

### La sédentarisation des hommes

Sur le site de Dja'de en Syrie, de nombreuses preuves, notamment la présence d'une bactérie typique d'une maladie humaine (la tuberculose), attestent que les hommes étaient sédentarisés dès le IXᵉ millénaire avant notre ère, avant même qu'ils aient domestiqué des animaux (voir p. 16).

Fouilles archéologiques de Dja'de (Syrie) organisées sous l'égide du ministère des Affaires étrangères et du CNRS.

Acropole

Ville

**La découverte de Troie (Turquie)**

L'archéologue allemand Heinrich Schliemann est persuadé que l'*Illiade* et l'*Odyssée* d'Homère (voir p. 32) s'inspirent de faits réels. S'appuyant sur les descriptions du poète grec, il affirme en 1874 avoir découvert le trésor de Troie dans la ville haute (acropole). En 2001-2002, une nouvelle série de fouilles met à jour une cité de 350 000 mètres carrés, qui correspond au récit de l'Antiquité.

Reconstitution d'artiste de Troie d'après Manfred Korfmann, 2007 (Université de Tübingen, Allemagne).

« En fouillant ce mur [...], j'ai rencontré [...] un grand bouclier en cuivre, puis une bonbonne en or de 403 grammes. »

Heinrich Schliemann, *Journal*, 14 juin 1873.

## La Bible et l'archéologie

Jusqu'au XIXᵉ siècle, le souvenir de la ville d'Ur (voir p. 22), lieu de départ d'Abraham vers Canaan, n'est conservé que dans la Bible. En 1854, après quelques semaines de fouilles, John George Taylor, vice-consul britannique, découvre la ville. L'archéologie confirme ainsi l'existence du monde décrit dans les Écritures saintes. Mais des tablettes d'argile retrouvées sur le même site, antérieures de 1 000 ans au texte biblique, racontent l'épisode de l'arche de Noé. Les archéologues démontrent que la Bible n'est donc pas le premier texte de l'humanité.

# 3500 av. J.-C.

## Les premières cités-États s'organisent au sud de l'Irak

À partir du IVᵉ millénaire avant notre ère*, les techniques agricoles se perfectionnent, permettant ainsi aux hommes de se consacrer à d'autres activités, comme l'artisanat ou le culte des dieux.

### Du champ à la ville

Dans la région comprise entre le Tigre et l'Euphrate, les villageois irriguent les cultures grâce à des canaux qui apportent l'eau du fleuve jusqu'aux champs. Le contrôle et l'entretien de ces canaux ainsi que la gestion des stocks abondants de nourriture imposent la création d'un métier : les fonctionnaires. Ceux-ci vivent dans des villes qui dominent la

**Les premières villes**
Elles apparaissent dans le Croissant fertile et le long du fleuve Indus (Pakistan actuel).

campagne environnante. La ville et le territoire agricole forment ensemble une organisation politique nouvelle : la cité-État.

### Des activités spécialisées en ville

La ville au cœur de la cité-État est entourée de murailles afin de protéger les récoltes qui y sont stockées. Au centre se trouvent les palais et les temples, séparés des quartiers d'habitation. Un artisanat s'y développe, fabriquant des produits de luxe destinés aux dirigeants ou au culte des dieux chargés de veiller à la protection de la cité (voir p. 42). La proximité d'un fleuve facilite également le commerce et les échanges avec les autres cités-États. La ville concentre ainsi le commandement politique, religieux et commercial.

* À partir de la découverte de l'agriculture, la datation prend pour référence l'année de naissance supposée de Jésus-Christ (J.-C.).

**Reconstitution de la cité-État d'Uruk, en Mésopotamie (sud de l'Irak)**

Située sur l'Euphrate ❶, la cité d'Uruk abrite des temples en forme de pyramides à escalier (ziggourat ❷) dans lesquels la déesse Inanna et le dieu du ciel Anu, protecteurs de la ville, sont honorés. Dans le quartier administratif ❸, des centaines de tablettes cunéiformes (voir p. 24) consignant des opérations administratives ont été découvertes.

Illustration de Michel Saemann.

## L'*Épopée de Gilgamesh*

Ce texte, composé d'abord oralement à partir de 2500 av. J.-C. puis mis par écrit vers 1800 av. J.-C., raconte la vie légendaire de Gilgamesh, un des premiers souverains d'Uruk. Décrit au début du récit comme un mauvais roi, tyrannisant ses sujets, Gilgamesh se transforme au fur et à mesure en un bon dirigeant. À la recherche de l'immortalité, il comprend que celle-ci est impossible à atteindre et que le seul moyen d'échapper à la mort est de construire des monuments éternels, tels que les pyramides d'Uruk. Dans ce premier récit mythologique de l'humanité, la ville tient donc une place essentielle.

# 3300 av. J.-C.

## Les premières formes d'écriture apparaissent

L'écriture est inventée dans le sud de la Mésopotamie. Les hommes l'utilisent pour compter, faire du commerce ou raconter des récits légendaires. L'apparition de documents écrits facilite la connaissance du passé et marque le début de l'Histoire.

### L'écriture cunéiforme en Mésopotamie

Grâce à l'invention de la roue vers 3500 avant J.-C., le commerce se développe et les hommes ont désormais besoin de conserver une trace des marchandises échangées. En Mésopotamie, les premières formes d'écritures sont des dessins stylisés : ils représentent soit des objets (des pictogrammes), soit des idées (des idéogrammes). Vers 3000 av. J.-C., les signes évoluent : ils ne désignent plus seulement des mots mais des sons. Des dessins ayant la forme de coin sont gravés sur des tablettes d'argile à l'aide de roseaux taillés en pointe. C'est la naissance de l'écriture cunéiforme.

### Des hiéroglyphes à l'alphabet

Vers 3000 av. J.-C., une autre écriture apparaît parallèlement en Égypte. Au départ, elle sert à consigner les limites des propriétés des paysans le long du Nil. Les Égyptiens attribuent aussi aux hiéroglyphes un pouvoir magique. Seuls les scribes savent manier ces symboles qui peuvent correspondre à la fois à un objet, une idée ou un son.
Vers 1400 av. J.-C., un système d'écriture simplifié apparaît dans la ville d'Ougarit (au nord de la Syrie actuelle) : c'est l'alphabet, où chaque signe correspond à un son. Ce système phonétique se répand alors sur le pourtour de la Méditerranée.

**Les hiéroglyphes**

Âne

Le dieu d'Ur

## Champollion perce le secret des hiéroglyphes

Passionné dès son plus jeune âge par les langues orientales, l'égyptologue français Jean-François Champollion réussit à déchiffrer en 1822 les hiéroglyphes, jusque-là restés mystérieux. Cet exploit est permis grâce à la découverte de la pierre de Rosette dans le delta du Nil, par un officier français pendant la campagne d'Égypte de Bonaparte (1798, voir p. 213). Sur ce fragment de stèle du IIe siècle av. J.-C. est gravé un texte de loi en trois écritures et deux langues : hiéroglyphes (égyptien), démotique* (égyptien) et alphabet grec. En comparant les noms propres (Cléopâtre et Ptolémée) qui apparaissent dans le texte grec aux hiéroglyphes, Champollion parvient à reconnaître les quatre signes qui correspondent aux lettres P, T, L et O.

\* Écriture cursive simplifiée.

### Du comptage des ânes

Sur cette tablette cunéiforme retrouvée dans la cité-État d'Ur (voir p. 22) et datant de 2360 av. J.-C., sont recensés les ânes apportés à différentes personnes (un paysan, un forgeron, etc.). On reconnaît le signe de l'âne avec les oreilles en arrière et le long cou. Sur la case du bas de la colonne de droite, l'étoile représente le signe du dieu d'Ur.

UPPITER      PLUTON      PERSEPH

Bas-relief en marbre du panthéon romain,
50 ap. J.-C. (Musée national romain, Rome).

# L'Antiquité

## De 3000 av. J.-C. à 476 ap. J.-C.

Vers 3000 av. J.-C., les hommes inventent l'écriture. Cette innovation majeure marque le début de l'Antiquité.

Des organisations politiques de plus en plus sophistiquées voient le jour : des cités-États sur le pourtour de la mer Méditerranée, des royaumes en Égypte ou en Macédoine, ainsi que de vastes empires. Au début de notre ère, deux d'entre eux, de taille à peu près équivalente, dominent l'Europe et l'Asie : l'Empire romain et l'Empire Han.

Les structures religieuses évoluent également. Vers 3000 av. J.-C., les peuples de l'Antiquité vouent des cultes à de nombreux dieux. Puis ces religions polythéistes laissent place à des croyances monothéistes (judaïsme, bouddhisme et christianisme).

**2550 av. J.-C.**
Pyramide
de Khéops

**331 av. J.-C.**
Conquête de l'Empire perse
par Alexandre le Grand

**753 av. J.-C.**
Fondation
légendaire
de Rome

**454 av. J.-C.**
Renforcement de la
démocratie athénienne
par Périclès

**490 av. J.-C.**
Victoire des Grecs
sur les Perses
à Marathon

| -2600 | -800 | -700 | -600 | -500 | -400 | -300 | -200 |

**507-27 av. J.-C. République romaine**

**490-404 av. J.-C.**
Apogée d'Athènes

**212 av. J.-C.**
Mort d'Archimède
de Syracuse

**621 av. J.-C.**
Naissance
du judaïsme

**Vers 480 av. J.-C.**
Mort de Bouddha
en Inde

**VIIIe siècle av. J.-C.**
Homère, l'*Iliade* et l'*Odyssée*

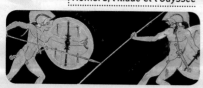

# L'Antiquité

## De 3000 av. J.-C.
## à 476 ap. J.-C.

Vers 3000 av. J.-C., les hommes inventent l'écriture. Cette innovation majeure marque le début de l'Antiquité.

Des organisations politiques de plus en plus sophistiquées voient le jour : des cités-États sur le pourtour de la mer Méditerranée, des royaumes en Égypte ou en Macédoine, ainsi que de vastes empires. Au début de notre ère, deux d'entre eux, de taille à peu près équivalente, dominent l'Europe et l'Asie : l'Empire romain et l'Empire Han.

Les structures religieuses évoluent également. Vers 3000 av. J.-C., les peuples de l'Antiquité vouent des cultes à de nombreux dieux. Puis ces religions polythéistes laissent place à des croyances monothéistes (judaïsme, bouddhisme et christianisme).

**2550 av. J.-C.**
Pyramide
de Khéops

**331 av. J.-C.**
Conquête de l'Empire perse
par Alexandre le Grand

**753 av. J.-C.**
Fondation
légendaire
de Rome

**454 av. J.-C.**
Renforcement de la
démocratie athénienne
par Périclès

**490 av. J.-C.**
Victoire des Grecs
sur les Perses
à Marathon

-2600   -800   -700   -600   -500   -400   -300   -200

507-27 av. J.-C. République romaine

490-404 av. J.-C.
Apogée d'Athènes

**212 av. J.-C.**
Mort d'Archimède
de Syracuse

**621 av. J.-C.**
Naissance
du judaïsme

Vers 480 av. J.-C.
Mort de Bouddha
en Inde

VIIIᵉ siècle av. J.-C.
Homère, l'*Iliade* et l'*Odyssée*

146 av. J.-C.
Destruction de Carthage par Rome

52 av. J.-C.
Bataille d'Alésia : conquête
de la Gaule par Rome

27 av. J.-C.
Octave Auguste empereur

476
Abdication
du dernier
empereur romain
d'Occident

110
Leptis Magna
colonie romaine

212
Édit de Caracalla sur
la citoyenneté romaine

−100    1    100    200    300    400    500

27 av. J.-C.-476 ap. J.-C. Empire romain

206 av. J.-C. -220 ap. J.-C. Empire des Han

50
Paul de Tarse structure
le christianisme

313
Christianisme autorisé
dans l'Empire romain

30
Mort de Jésus
à Jérusalem

138 av. J.-C.
Ouverture de la
route de la soie
(Chine)

ONE            UNUS        AMPH

# 2550 av. J.-C.

## La pyramide de Khéops est construite

Vers 3000 av. J.-C., l'Égypte est un puissant royaume sur lequel règnent les pharaons. Unifiant la Haute et la Basse-Égypte, ils assurent au pays une longue période de paix. Symbole de leur grandeur, ils se font construire de gigantesques tombeaux, les pyramides.

### Des tombeaux pharaoniques

Vers 2650 av. J.-C., l'architecte Imhotep réalise pour le tombeau du pharaon Djoser la première pyramide à degrés (en escalier) en pierre. Cent ans plus tard, le pharaon Khéops commande un monument plus grandiose encore. Pendant 20 ans, entre 20 000 et 30 000 ouvriers travaillent à la réalisation de l'ouvrage qui nécessite 2,3 millions de blocs de pierre. Les ouvriers ont ainsi dû poser un bloc toutes les deux minutes ! La pyramide mesure alors 147 mètres. Elle est la plus haute des constructions humaines pendant 45 siècles.

### Assurer le lien entre le monde des vivants et des morts

Après sa mort, le corps du pharaon est vidé de ses entrailles et entouré de bandelettes. Ainsi momifié, il est placé dans un sarcophage déposé dans une chambre funéraire inconnue de tous, au cœur de la pyramide. Le pharaon défunt se présente alors devant le tribunal d'Osiris, le dieu de la vie éternelle. Il doit prouver qu'il n'a pas commis de mauvaises actions durant sa vie. Pour obtenir son passage dans l'au-delà, il peut réciter des formules magiques contenues dans le Livre des morts (voir p. 45).

## Le complexe funéraire de Gizeh

La pyramide de Khéops (❶) est entourée par les tombes des parents et des plus fidèles serviteurs du pharaon. Un temple est adossé à la pyramide. Plus tard, le fils de Khéops, Khéphren (❷), puis son petit-fils, Mykérinos, se font également construire une pyramide sur le plateau de Gizeh.

## Les sept merveilles du monde

Les sept merveilles du monde désignent des monuments extraordinaires construits dans l'Antiquité et décrits par des auteurs grecs et latins à partir du I$^{er}$ siècle av. J.-C. La liste comporte, en plus de la **pyramide de Khéops** qui est la seule à subsister intacte aujourd'hui :
- le **phare d'Alexandrie** (Égypte) construit vers 300 av. J.-C. qui aurait mesuré entre 100 et 140 mètres de haut ;
- l'**Artémision d'Éphèse** (Turquie), temple rectangulaire gigantesque construit vers 560 av. J.-C. ;
- la **statue de Zeus à Olympie** (Grèce) sculptée par Phidias, le plus grand des sculpteurs grecs, vers 435 av. J.-C. ;
- le **mausolée d'Halicarnasse** (Turquie), un tombeau de grande taille richement décoré et bâti en 350 av. J.-C. ;
- le **colosse de Rhodes** (Grèce), immense statue de bois recouverte de bronze érigée vers 292 av. J.-C. ;
- **les jardins suspendus de Babylone** (Irak), qui dateraient du règne du roi Nabuchodonosor II au VI$^e$ siècle av. J.-C.

L'Égypte des pharaons

# VIIIᵉ siècle av. J.-C.

## Homère compose l'*Iliade* et l'*Odyssée*

**6ᵉ**

Depuis le XIIᵉ siècle av. J.-C., des conteurs (les aèdes) relatent les légendes des dieux et héros lors des banquets aristocratiques. Un poète aveugle, Homère, assemble habilement ces exploits pour constituer l'*Iliade* et l'*Odyssée*, deux récits fondateurs de la culture grecque.

### Des épopées homériques

Les aventures des héros* sont au cœur des récits d'Homère. Le premier poème, l'*Iliade*, relate un épisode de la guerre de Troie qui aurait eu lieu cinq siècles auparavant. Achille, le plus vaillant des guerriers grecs, refuse de continuer à se battre pour son chef Agamemnon qui s'est approprié la plus belle de ses captives. Après bien des péripéties faisant intervenir dieux et mortels, Achille reprend le combat et terrasse le prince troyen, Hector.

Le deuxième poème, l'*Odyssée*, se situe après la guerre de Troie et raconte le long périple (dix ans !) d'un autre guerrier grec, Ulysse, pour retourner jusqu'à son île natale d'Ithaque.

### L'identité grecque

Les Grecs de l'Antiquité n'ont jamais douté de l'existence d'Homère, mais pour certains historiens cet auteur n'a pas existé. Il semble que l'*Iliade* et l'*Odyssée* résultent en fait d'un travail collectif.

Ces deux textes offrent surtout une unité culturelle aux Grecs qui vivent alors dans des cités-États indépendantes (voir p. 22). Ils sont notamment appris par cœur par les écoliers antiques. Au-delà, l'*Iliade* et l'*Odyssée* ont exercé une influence considérable sur toute la littérature occidentale jusqu'à aujourd'hui.

\* Hommes d'un courage supérieur et du soutien des dieux, parfois fils d'un dieu et d'une mortelle.

**Le combat d'Hector et Achille**

Les scènes de l'*Iliade* et de l'*Odyssée* servent à décorer les céramiques grecques. Ici est évoqué l'épisode du combat entre Achille (à gauche) et Hector (à droite) raconté à la fin de l'*Iliade* (chant XXII). Athéna, la déesse tutélaire d'Achille, soutient le héros alors qu'Apollon fuit pour ne pas assister à la débâcle de son protégé, Hector.

Vase grec du Vᵉ siècle avant J.-C., détail (British Museum, Londres).

## La colonisation grecque

La civilisation grecque se diffuse autour de la mer Méditerranée à l'époque archaïque, c'est-à-dire entre le VIIIᵉ et le VIᵉ siècle av. J.-C. À cette époque, les Grecs vivent dans des cités politiquement indépendantes les unes des autres. Alors que la population des cités s'accroît rapidement et que leur territoire devient parfois trop petit, certains habitants sont obligés de quitter leur cité natale de Grèce (métropole) et de chercher des terres disponibles. Les Grecs fondent ainsi de nouvelles villes, appelées colonies, en Sicile, en Italie, en Afrique du Nord, en Espagne et même dans le sud de la Gaule.

« *Des admirateurs d'Homère disent que ce poète a formé la Grèce, qu'il mérite qu'on lise sans cesse ses ouvrages pour apprendre à gouverner.* »

Platon, *La République*, livre X, 606.

# 753 av J.-C.

# Romulus **fonde** Rome

**La légende de la fondation de Rome nous a été transmise par Tite-Live et Virgile, deux historiens romains du Iᵉʳ siècle av. J.-C. Leurs récits justifient le contrôle exercé par les Romains sur les autres peuples de la Méditerranée.**

## Une légende...

À la fin de la guerre de Troie (voir p. 32), le héros troyen Énée fuit sa cité envahie par les Grecs. Il accoste sur les rivages de l'Italie, dans le Latium. L'une de ses descendantes, Rhéa Silvia, séduite par le dieu de la guerre Mars, donne naissance à des jumeaux, Romulus et Remus. Jetés dans le Tibre par leur grand-oncle qui a usurpé le pouvoir, ceux-ci sont recueillis par une louve. En 753 av. J.-C., un présage favorable indique à Romulus de construire une nouvelle cité sur la colline du Palatin. Puis Romulus tue son frère lors d'une querelle. Afin de peupler sa ville, il organise l'enlèvement des Sabines, les femmes du peuple voisin.

## ... confirmée par l'archéologie

Les fouilles menées par des archéologues en 1985 mettent à jour, au pied du Palatin, un fossé et une muraille entourée d'une route, datant du milieu du VIIIᵉ siècle av. J.-C. Cette enceinte confirme la frontière tracée par Romulus. Des traces de cabanes aux poteaux enfoncés dans le sol ont aussi été découvertes sur le haut du Palatin. Les villages présents sur les sept collines de Rome sont ensuite unifiés au cours du VIIᵉ siècle par les rois étrusques qui gouvernent jusqu'en 509 av. J.-C.

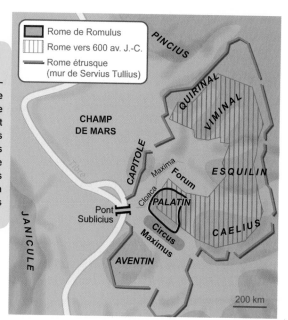

**Rome du VIIIᵉ au VIᵉ siècle av. J.-C.**

Sous la royauté étrusque, les villages se transforment en une ville. Les vallons sont occupés. Les Romains bâtissent des maisons de pierre, un cirque (le Circus Maximus), des boutiques sur le forum ainsi que des temples ornés de terres cuites.

Légende de la carte :
- Rome de Romulus
- Rome vers 600 av. J.-C.
- Rome étrusque (mur de Servius Tullius)

PINCIUS — QUIRINAL — VIMINAL — CHAMP DE MARS — CAPITOLE — Cloaca Maxima — Forum — ESQUILIN — PALATIN — Pont Sublicius — JANICULE — Circus Maximus — CAELIUS — AVENTIN — Tibre

200 km

**La Louve du Capitole**

La statue de la louve, en bronze, a été produite dans un atelier étrusque ou grec au Vᵉ siècle av. J.-C. Les deux jumeaux représentant Romulus et Remus ont été ajoutés à la Renaissance. Cette œuvre devient ainsi le symbole de la fondation de Rome.

Statues de bronze, Vᵉ siècle av. J.-C. et XVIᵉ siècle (Musées du Capitole, Rome).

## La monarchie étrusque (616-509 av. J.-C.)

Les Étrusques sont un peuple du nord de l'Italie. Ils gouvernent Rome de 616 à 509 av. J.-C. Sous leur règne, les grands aménagements urbains débutent : assèchement des marais grâce à un système d'égouts (Cloaca Maxima), pavement du forum, construction de temples sur le Capitole.

Mais le règne de Tarquin le Superbe (534-509 av. J.-C.) est décrit comme une période de terreur et de violence à l'issue de laquelle les souverains sont chassés du pouvoir et la république proclamée en 509 av. J.-C. Depuis cette période, tout système monarchique est vécu comme une tyrannie par les Romains.

# 621 av. J.-C.

## Le temple de Jérusalem devient le cœur de la religion des Hébreux

**Après la destruction du royaume d'Israël par les Assyriens en 722 av. J.-C., les fondements du judaïsme apparaissent dans le royaume de Juda. C'est la première religion monothéiste du monde.**

### Des pratiques idolâtres

Selon la Bible, les rois de Juda du VIIIe siècle av. J.-C. sont de « mauvais rois ». Polythéistes (voir p. 42), ils prient des dieux empruntés aux peuples voisins et sacrifient des humains en l'honneur de la divinité phénicienne Molek. Mais certains d'entre eux, comme Ézéchias (vers 715-686 av. J.-C.), condamnent ces pratiques. Pour ce dernier, les Hébreux* ne peuvent prier qu'un seul Dieu, Yahvé, et il n'existe qu'un seul lieu de culte, le temple de Jérusalem.

### Josias, un nouveau Moïse

En 621 av. J.-C., le roi Josias poursuit la politique d'Ézéchias et fait restaurer le Temple. Il y aurait découvert un « Livre de la Loi » qui affirme l'alliance entre Yahvé et le peuple hébreu. Josias ordonne alors la destruction des lieux de culte des autres dieux. Il institue une fête religieuse unique, la Pâque (Pessa'h), qui commémore la libération des Hébreux de la domination égyptienne, l'« Exode », mené par Moïse. Cette célébration fait de ce dernier le fondateur de la Loi judaïque.

*« [Le roi] lut devant eux tout le contenu du Livre de l'alliance trouvé dans le Temple de Yahvé. »*

Deuxième Livre des Rois, 22, 9.

\* Originaires de basse Mésopotamie, les Hébreux sont un peuple de langue sémitique qui se serait installé en Canaan (actuelle Palestine) au début du IIe millénaire av. J.-C.

Temple de Jérusalem

Agrandissement de la ville
VIIIᵉ-VIIᵉ s. av. J.-C.

Cité de Jérusalem
Xᵉ-IXᵉ s. av. J.-C.

Asie Mineure

722 av. J.-C.

Assyrie

Mer
Méditerranée

PROCHE-
ORIENT

Euphrate

Monts Zagros

Jérusalem

MÉSOPOTAMIE
●Babylone

558 av. J.-C.

Mer
Morte

Babylone

200 km    Égypte

Désert d'Arabie

Golfe Persique

**Royaumes**

☐ d'Israël

☐ de Juda

**Des voisins puissants**

Égypte Empires voisins

→ Exil des Hébreux

→ Invasions aux VIIIᵉ
et VIᵉ siècles
av. J.-C.

**Les royaumes hébreux**

### Jérusalem au VIIᵉ siècle av. J.-C.

La ville a été construite sur un éperon rocheux sur les ruines d'une ancienne cité. Au VIIᵉ siècle, Jérusalem devient un important centre politique, religieux et commercial.

Maquette de Jérusalem au début du Iᵉʳ siècle ap. J.-C. (Musée d'Israël, Jérusalem).

## La destruction du temple de Jérusalem (586 av. J.-C.)

Capitale du royaume de Juda, Jérusalem est une ville prospère aux VIIIᵉ et VIIᵉ siècles av. J.-C. Elle attire la convoitise du puissant roi babylonien, Nabuchodonosor II, qui la détruit partiellement en 586 av. J.-C. et abat le temple de Jérusalem.

Une partie de la population est alors déportée à Babylone, mais elle continue de pratiquer la religion mise en place par Josias. On appelle « Juifs » les exilés du royaume de Juda et par extension tous les Hébreux qui n'y vivent pas.

# 490 av. J.-C.

## Les Athéniens battent les Perses à Marathon

**6ᵉ**

**Depuis le VIᵉ siècle av. J.-C., l'Empire perse s'étend jusqu'en mer Égée. La révolte des cités grecques d'Asie Mineure contre l'occupant en 499 av. J.-C. déclenche la première guerre médique.**

## La vengeance des Perses

Face à l'immense Empire perse, les Grecs d'Asie Mineure reçoivent le soutien d'Athènes, l'une des plus puissantes cités de Grèce continentale, qui leur envoie des trières*. Mais les Perses (ou Mèdes) écrasent la révolte en 494 av. J.-C. Leur roi, Darius, entend punir les cités grecques qui ont aidé les rebelles : il lance une expédition maritime contre la Grèce. En 490, ses troupes débarquent dans la plaine de Marathon, au nord d'Athènes.

## Gloire aux Athéniens

Les deux armées se font face pendant plusieurs jours. Fort d'une supériorité numérique, le général perse Datis fait rembarquer sa cavalerie pour attaquer directement Athènes. Comprenant la manœuvre, le chef militaire des Grecs, Miltiade, lance les 10 000 hoplites sur les Mèdes. Ils enfoncent les lignes de l'envahisseur et poursuivent les survivants jusqu'à la mer.

« *[Les Athéniens] furent les premiers des Grecs à charger [les Perses] à la course, les premiers à soutenir la vue du costume mède.* »

Hérodote, *L'Enquête*, VI, 112.

Le bilan est écrasant : 6 400 Perses sont tués contre seulement 192 Grecs. Pour Darius, il ne s'agit que d'une défaite ponctuelle dans une campagne victorieuse. Mais pour les Athéniens, ce succès leur permet de se présenter comme un rempart contre l'envahisseur et d'asseoir leur hégémonie sur les autres cités grecques pendant plus de 50 ans.

\* Bateau de guerre dans la Grèce antique.

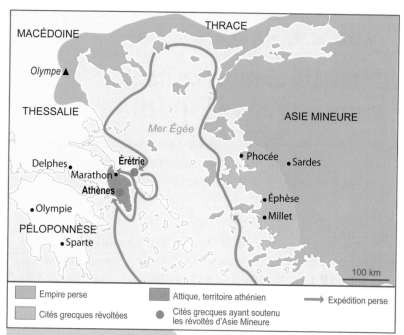

**Empire perse** — **Attique, territoire athénien** — → Expédition perse

**Cités grecques révoltées** — ● **Cités grecques ayant soutenu les révoltés d'Asie Mineure**

## La première guerre médique

L'Empire perse domine toute l'Asie centrale de l'Afghanistan à l'Égypte (5 millions de km²) depuis le VIᵉ siècle av. J.-C. De l'autre côté de la mer Égée, Athènes étend son territoire sur une péninsule de 2 650 km² nommée l'Attique.

## À l'origine du marathon

Après la bataille, Miltiade envoie un soldat à Athènes pour annoncer la victoire. Après avoir parcouru la distance séparant les deux villes, le messager s'effondre de fatigue et meurt. Cet épisode a donné son nom à une course à pied de 42,195 kilomètres : le marathon.

## Les citoyens-soldats à l'origine de la démocratie ?

Lors de la bataille de Marathon, ce sont les plus pauvres des Athéniens qui combattent les Perses. Ces hommes sont devenus citoyens lors des réformes de Clisthène en 508-507 av. J.-C. Ils paient leur armement qui se compose d'une lance, d'une cuirasse et surtout d'un bouclier (*hoplon* en grec). Ils se nomment les hoplites. Lors du combat, ils se battent en rangs serrés, et chacun protège son voisin avec son bouclier. Selon certains historiens, c'est cette égalité et cette solidarité sur le champ de bataille qui sont en partie à l'origine de la démocratie au Vᵉ siècle av. J.-C. (voir p. 46).

# Vers 480 av J.-C.

## Bouddha meurt
## dans le nord de l'Inde

**Au vıᵉ siècle av. J.-C., un prince indien du nom de Siddhārtha Gautama vit une existence facile dans son palais de Lumbini, au Népal actuel. À 29 ans, découvrant la souffrance, il quitte son royaume.**

## L'enseignement de Bouddha

En quête du sens de la vie, Siddhārtha veut en finir avec le cycle infini des morts et des renaissances*. À 35 ans, après une intense méditation, il reçoit l'Illumination et devient Bouddha, « l'Éveillé ». Après s'être imposé de terribles privations, il comprend qu'il faut vivre selon la « voie du milieu », en rejetant les émotions excessives. Bouddha formule ensuite les

> *« Chez celui qui ne réfléchit pas, des contrariétés et des fièvres apparaissent. »*
>
> Majjhima Nikaya, 2.

« quatre nobles vérités » qui doivent permettre de maîtriser et de dépasser la souffrance humaine. Puis jusqu'à la fin de sa vie, il partage le fruit de ses méditations avec ses disciples qui, à leur tour, partent diffuser son enseignement sur le continent asiatique.

## De nombreuses variantes

Le bouddhisme se répand alors dans le reste de l'Inde. À partir du ııᵉ siècle av. J.-C., la Chine, la Corée puis le Japon adoptent les principes philosophiques de Bouddha, tout en les mêlant à leurs pratiques religieuses locales. Au contraire, une interprétation plus stricte des paroles de Bouddha se développe au Sri Lanka et dans la péninsule indochinoise. Vers le vııᵉ siècle ap. J.-C., le bouddhisme régresse massivement en Inde au profit de l'hindouisme (voir p. 45) et de l'islam (voir p. 82).

* Dans la religion hindoue pratiquée par Bouddha avant sa conversion, chaque vie est suivie d'une autre vie, éternellement. C'est le principe de la réincarnation (voir p. 45).

**Statue géante de Bouddha, à Bodhgaya en Inde**
Cette statue, érigée en 1989 près du temple de la Mahabodhi, commémore le premier Éveil de Siddhārtha Gautama. Bodhgaya est un lieu de pèlerinage pour les bouddhistes du monde entier : dès le IIIᵉ siècle av. J.-C., l'empereur Asokha, qui favorise la diffusion du bouddhisme en Inde, s'y recueille.

## Confucianisme et taoïsme, deux autres systèmes de pensée asiatiques

La civilisation chinoise est traversée par trois grands courants spirituels : le confucianisme, le taoïsme et le bouddhisme. Le confucianisme, du nom de l'homme de lettres chinois Confucius (vers 551-479 av. J.-C.), prône le respect de l'ordre établi, le culte des ancêtres et la transmission du savoir pour atteindre un ordre parfait. Le taoïsme, qui vient du mot chinois *dào* (« voie »), recherche l'harmonie entre l'individu et la nature. Il se présente davantage comme une religion, par opposition au confucianisme et au bouddhisme qui sont avant tout des philosophies.

# Polythéisme
## et monothéisme

6e

Au début du III<sup>e</sup> millénaire, les hommes sont massivement polythéistes : ils croient en plusieurs dieux. Puis, à partir du III<sup>e</sup> siècle av. J.-C., sur les rives orientales de la Méditerranée, certains d'entre eux deviennent monothéistes. Ces deux modèles de religion coexistent plutôt pacifiquement jusqu'à la chute de l'Empire romain.

## Les religions polythéistes

### Des dieux protecteurs

Depuis l'époque sumérienne en Mésopotamie (voir p. 22), les dieux s veillent sur une collectivité humaine (la famille, la cité) qui, en échange, leur rend un culte régulier. L'une des premières cités de Mésopotamie, Ur, est par exemple protégée par Nanna, la déesse de la lune. À Rome, dès le V<sup>e</sup> siècle av. J.-C., les Saliens, prêtres de Mars, cherchent à s'attirer les faveurs du dieu de la guerre : pour cela, ils doivent danser avec une armure et chanter un hymne en latin ancien, sans en écorcher une syllabe.

**Une scène de sacrifice**

Le sacrificateur s'apprête à égorger l'animal avec un couteau. La chair est ensuite rôtie sur l'autel et partagée entre les personnes ayant assisté au sacrifice.

Coupe grecque (détail), V<sup>e</sup> siècle av. J.-C. (Musée du Louvre, Paris).

JUPPITER     PLUTON     PERSEPHONE     NEPTUNUS     AMPHITRITE

## Former une communauté soudée

Les rites et notamment les sacrifices sont essentiels dans la religion gréco-romaine. Les dieux se nourrissent des effluves des animaux sacrifiés tandis que les hommes se partagent la chair de la bête au cours d'un banquet commun. Ces festivités sont souvent accompagnées de processions qui rassemblent toute la communauté ou de spectacles offerts à la divinité : ainsi naissent les concours sportifs et les représentations théâtrales, notamment en Grèce (voir p. 46).

### Le panthéon romain

La mythologie grecque a fortement influencé celle des Romains. Les divinités sont semblables et unies par les mêmes liens de parenté. Ici, les trois fils de Chronos sont représentés : Jupiter, Pluton avec sa femme Perséphone et Neptune avec son épouse Amphitrite.

Bas-relief en marbre, 50 ap. J.-C. (Musée national romain, Rome).

### Les Panathénées

À Athènes, les plus grandes cérémonies religieuses sont dédiées à Athéna. Les festivités débutent par des épreuves sportives, puis se poursuivent avec des concours musicaux et poétiques. Le dernier jour, tous les habitants de la cité (citoyens, métèques et esclaves) défilent pour apporter un châle (le *péplos*) cousu par des jeunes filles au cours de l'année précédente. À la fin de la procession, des animaux sont sacrifiés puis leur viande est partagée lors d'un immense banquet.

| | -621 Josias fonde le judaïsme | -480 Mort de Bouddha | 313 Constantin autorise le christianisme dans l'Empire romain | 391 Théodose interdit les cultes païens dans l'Empire romain |
|---|---|---|---|---|

Europe Moyen-Orient: Polythéismes égyptien, grec, romain, celte, etc.

JUDAÏSME — Christianisme / Judaïsme

Extrême-Orient: HINDOUISME — Hindouisme / Bouddhisme

-3000 av. J.-C.    -2000    -1000    0    1000    2000

**Les religions de l'Antiquité**

Certaines des religions nées dans l'Antiquité existent toujours aujourd'hui, comme l'hindouisme, le bouddhisme, le judaïsme et le christianisme. En revanche, les religions polythéistes pratiquées alors en Europe ont disparu.

# Du polythéisme au monothéisme

## Les Hébreux, premiers monothéistes de l'Antiquité

Les découvertes archéologiques semblent confirmer que, jusqu'au milieu du VIIe siècle av. J.-C., les Hébreux étaient polythéistes. Puis, en 621 av. J.-C., le roi de Juda, Josias, interdit le culte des autres dieux que Yahvé (voir p. 36). Les Hébreux sont alors monolâtres : ils vénèrent un seul dieu sans que la présence des autres divinités ne soit remise en cause. Ce n'est qu'au IIe siècle av. J.-C. qu'ils deviennent monothéistes, n'admettant l'existence que de Yahvé.

**Pièce de monnaie romaine représentant *Sol Invictus***

Cette pièce en or représente l'empereur romain Sévère II (au début du IVe siècle ap. J.-C.). Au revers, *Sol Invictus* tient dans sa main un globe, représentant son caractère universel.

## Une divinité unique dans le panthéon gréco-romain

Les élites grecques et romaines croient elles aussi en un dieu unique suprême qui domine toutes les autres divinités. Par exemple, le culte de *Sol Invictus*, le « Soleil invincible », se développe dans l'Empire romain au IIIe siècle ap. J.-C. L'empereur Constantin est ainsi adepte de ce culte solaire avant de se convertir au christianisme (voir p. 72).

# Des remises en cause religieuses

## Contre l'ordre établi, le message bouddhiste

L'hindouisme, religion polythéiste indienne, naît vers 1000 av. J.-C. avec la rédaction des Védas, textes sacrés qui classent les individus selon leur degré de pureté. Chaque personne appartient ainsi à une caste, groupe social héréditaire, mais peut renaître dans une autre, en fonction de ses mérites dans la vie passée. Vers le $V^e$ siècle av. J.-C., le bouddhisme (voir p. 40) affirme que le renoncement aux plaisirs et la bienveillance envers les autres permettent de briser ce cycle de renaissances : il remet ainsi en cause le système des castes.

## Une vie après la mort, le sens de la religion chrétienne

À partir du $I^{er}$ siècle de notre ère, le christianisme se distingue de la religion gréco-romaine et du judaïsme : il insiste sur l'importance de la pureté des sentiments et non sur le respect des rites (voir p. 64). De plus, la religion chrétienne promet le bonheur individuel dans l'au-delà à celui qui accomplit de bonnes actions pendant sa vie sur terre, et non plus un bonheur collectif atteignable ici-bas. Le Christ aide les fidèles à purifier leur âme en mourant sur la croix afin de racheter leurs péchés. De plus, ce n'est plus une religion communautaire mais universelle, qui s'adresse à tous les hommes (voir p. 66).

### Le Livre des morts égyptien

Bien avant les chrétiens, les Égyptiens croyaient à une vie après la mort. Sur ce papyrus, l'âme du défunt est pesée par Anubis ❶, le dieu à tête de chacal. Thot ❷, le dieu scribe à tête d'ibis, enregistre le résultat.

Papyrus (détail), vers 1400 av. J.-C. (British Museum, Londres).

# 454 av. J.-C.
## Périclès renforce la démocratie athénienne

Au Vᵉ siècle av. J.-C., Athènes domine toutes les cités de la mer Égée. Périclès, à la tête de la ville pendant plus de quinze ans en tant que stratège, incarne ce siècle d'or athénien. Il favorise l'accès des citoyens les plus pauvres à la démocratie.

### Une indemnité pour les citoyens

À Athènes, comme dans tout le monde Grec, être citoyen signifie appartenir à la communauté politique et religieuse. Chacun vote à l'Assemblée, contribue aux fêtes religieuses et sert comme soldat selon ses capacités économiques (voir p. 39). Mais, pour les plus pauvres, il est difficile de se priver des revenus d'une journée de travail pour participer à la vie politique. En 454 av. J.-C., Périclès fait donc voter une loi attribuant une compensation journalière de deux oboles – l'équivalent du salaire d'un ouvrier agricole – aux citoyens : le *misthos*.

« *Quand je rentre à la maison [après une journée au tribunal] avec mon salaire, alors tous viennent m'embrasser pour mon argent.* »

Aristophane, *Les Guêpes*, 422 av. J.-C.

### Des critiques contre Périclès

Cette loi est critiquée à Athènes. Certains soupçonnent les plus pauvres de ne prendre part à la vie publique que pour gagner de l'argent. Et les alliés d'Athènes au sein de la ligue de Délos* accusent Périclès de payer ce *misthos* avec la contribution financière qu'ils versent pour entretenir une armée commune. Si elle renforce la démocratie, cette réforme généreuse n'est cependant possible que par la réduction du nombre de citoyens proposée par Périclès en 451 av. J.-C. : seuls les hommes nés de père et de mère athéniens se voient accorder la citoyenneté.

* Alliance militaire de cités grecques afin de faire face à l'Empire perse.

**L'Acropole d'Athènes**

Détruits par les Perses en 480 av. J.-C., les temples de la colline sacrée d'Athènes sont reconstruits par Périclès. Le Parthénon ❶, où s'achèvent les Panathénées (voir p. 43), ainsi que le petit temple ❷ surplombant les escaliers menant à l'entrée, sont dédiés à la déesse protectrice de la ville, Athéna.

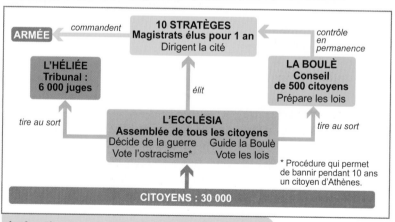

ARMÉE  *commandant* → **10 STRATÈGES** Magistrats élus pour 1 an Dirigent la cité  *contrôle en permanence*

**L'HÉLIÉE** Tribunal : 6 000 juges

**LA BOULÈ** Conseil de 500 citoyens Prépare les lois

*élit*

*tire au sort*

**L'ECCLÉSIA** Assemblée de tous les citoyens Décide de la guerre    Guide la Boulè Vote l'ostracisme*    Vote les lois

*tire au sort*

\* Procédure qui permet de bannir pendant 10 ans un citoyen d'Athènes.

**CITOYENS : 30 000**

**Le fonctionnement de la démocratie athénienne**

# 331 av. J.-C.

## Alexandre le Grand
## conquiert l'Empire perse

**En 334 av. J.-C., le jeune Alexandre quitte Pella, la capitale de son royaume de Macédoine, avec 30 000 fantassins et 4 500 cavaliers. Il se lance à l'assaut de l'immense Empire perse.**

### Une victoire décisive

Dès son arrivée en Asie Mineure, Alexandre remporte une victoire contre les envoyés perses au Granique en 334 av. J.-C. L'année suivante, après s'être rendu maître de toute la Turquie actuelle, il bat le roi de Perse, Darius III, sur le champ de bataille d'Issos. Il peut ainsi entrer en Syrie et en Égypte. En août 331 av. J.-C., ses troupes franchissent l'Euphrate et se préparent à affronter une nouvelle fois celles de Darius III. Le choc a lieu en octobre à Gaugamèles, dans l'actuel Irak. Les Macédoniens, moins nombreux que les Perses mais mieux entraînés et équipés, remportent la victoire, provoquant la fuite de Darius III.

> « Il ne s'agit plus ici de la conquête [...] de la Phénicie ou de l'Égypte, mais de l'empire de l'Asie à qui cette journée doit donner un maître. »
>
> Discours d'Alexandre à ses soldats, Arrien, *Anabase* ou *Expédition d'Alexandre*, III, chapitre 4, IIe siècle av. J.-C.

### Un nouveau Grand Roi

Ce succès ouvre à Alexandre les portes des capitales de l'Empire perse : Babylone, Suse et Persépolis. Dans les années qui suivent, il adopte le cérémonial oriental, exigeant notamment que ses soldats se prosternent devant lui. En 324 av. J.-C., à Suse, il organise des noces collectives au cours desquelles ses officiers épousent les filles de satrapes* perses, lui-même s'étant marié à la fille d'un aristocrate local, Roxane. Dans cet immense empire, les influences se mêlent : grecques, perses, égyptiennes, etc. « Roi de Babylone », Alexandre prétend alors gouverner le monde.

\* Gouverneur d'une province de l'Empire perse.

**Les conquêtes d'Alexandre**

Après la victoire de Gaugamèles, Alexandre poursuit ses conquêtes vers l'Asie. Il fonde plus de 63 cités portant son nom. Ces villes deviennent des foyers de culture et de peuplement grecs en Asie (voir p. 51).

**Alexandre sur son cheval à la bataille d'Issos**

Mosaïque, IIᵉ siècle av. J.-C. (Musée national archéologique, Naples).

## La civilisation hellénistique

La civilisation créée par Alexandre durant ses quinze années de conquête persiste après sa mort en 323 av. J.-C. Son immense empire est divisé en plusieurs royaumes dont la plupart survivent jusqu'à la conquête romaine au Iᵉʳ siècle av. J.-C. (voir p. 59). Les peuples adoptent un mode de vie à la fois grec et oriental. Les historiens qualifient cette civilisation d'« hellénistique ».

# 212 av. J.-C.

# Archimède de Syracuse

## est assassiné par un soldat romain

**Né à Syracuse en Sicile en 287 av. J.-C., Archimède est un des plus grands savants de l'Antiquité. Ingénieur, mathématicien et physicien, il met son ingéniosité au service de sa cité assiégée par Rome.**

## Un savant formé à l'école d'Alexandrie d'Égypte

Archimède aurait fréquenté le musée et l'immense bibliothèque de la ville d'Alexandrie, côtoyant Euclide et Ératosthène de Cyrène, le premier à avoir mesuré la circonférence de la Terre. Nourris, logés et exemptés d'impôts, les savants peuvent se consacrer entièrement à leurs recherches, afin d'expliquer les mystères de l'univers en utilisant, non pas les mythes et la religion, mais la science et la raison. Archimède fait ainsi de nombreuses découvertes en particulier en géométrie, parvenant à calculer le volume des sphères, ou encore en optique.

## Un ingénieur dans la deuxième guerre punique

De retour à Syracuse, Archimède entre au service du roi Hiéron II. En 215 av. J.-C., la ville s'allie à Carthage, en guerre contre Rome (voir p. 52). La flotte romaine organise alors un blocus contre Syracuse. Archimède conçoit des machines de bombardement et, selon la légende, des jeux de miroirs capables de concentrer la lumière du soleil sur les voiles ennemies et de les enflammer. Ses inventions permettent à Syracuse de résister trois ans.

En 212 av. J.-C., malgré les ordres donnés de l'épargner, Archimède est tué lors de l'assaut final contre la ville.

> « [Archimède] refuse d'y aller jusqu'à ce qu'il ait achevé la démonstration de son problème.
> Le Romain, irrité, tire son épée et le tue. »

Plutarque, *Vie de Marcellus*, 25, dans *Vies parallèles des hommes illustres*, 100-115 ap. J.-C.

## Le principe d'Archimède

Voulant vérifier qu'une couronne d'or ne contient que du précieux métal et non du cuivre ou de l'argent, Archimède aurait plongé simultanément la couronne et un lingot de même masse dans son bain. Il observe que le second soulève plus d'eau et réussit ainsi à mesurer la différence de poids entre deux objets de même masse. Fou de joie, il aurait crié « Eurêka ! Eurêka ! » (« J'ai trouvé ! J'ai trouvé ! » en grec).

Gravure sur bois colorée à la main, 1547.

## Alexandrie, la perle de la Méditerranée

Fondée par Alexandre le Grand (voir p. 48), Alexandrie d'Égypte est située à l'embouchure du delta du Nil, sur les rives de la mer Méditerranée. Grâce à sa situation géographique, la ville est un carrefour commercial entre l'Orient et le monde méditerranéen. Conçue comme une ville grecque avec un plan en damier, elle accueille de nombreuses communautés étrangères. Capitale du royaume des Ptolémées après la mort d'Alexandre, elle succède à Athènes en tant que métropole commerciale et culturelle du monde grec.

# 146 av. J.-C.
## Carthage est rasée par les Romains

À la fin du III<sup>e</sup> siècle av. J.-C., Rome et Carthage se partagent le contrôle du bassin méditerranéen occidental. Mais bientôt leur rivalité se transforme en conflit ouvert : les deux cités s'affrontent au cours des trois guerres puniques*.

### Avantage à Rome

En 264 av. J.-C., Carthage cherche à étendre son influence sur la Sicile. La République romaine vient alors en aide aux cités grecques de l'île, Syracuse et Messine, et remporte une victoire maritime en 241 av. J.-C. La Sicile devient la première province romaine en dehors de la péninsule italienne. Profitant des difficultés de son adversaire, Rome élargit sa domination à la Sardaigne et à la Corse. Entre 218 et 201 av. J.-C., elle doit affronter une nouvelle fois Carthage et son chef Hannibal. Sa victoire lui permet d'occuper le sud de l'Espagne.

### La constitution d'un empire

En 149 av. J.-C., Carthage entre en guerre contre son voisin, le roi de Numidie. Pour éviter de voir renaître sa rivale, Rome envoie 80 000 soldats en Afrique. Le général romain Scipion Émilien met le siège devant Carthage, qui tombe en 146 av. J.-C., après une résistance acharnée. La cité est brûlée, et 50 000 hommes et femmes vendus comme esclaves. Cette troisième victoire consacre définitivement la supériorité romaine. La petite cité du Latium (voir p. 34) se construit ainsi un empire.

Corse

Rome

Sardaigne

Mer Méditerranée

Sicile

Carthage

Syracuse

Rome et ses alliés

Carthage et ses alliés

Capitale

500 km

\* « Punique » vient de la façon dont les Romains désignent les Carthaginois, « *Poeni* » en latin.

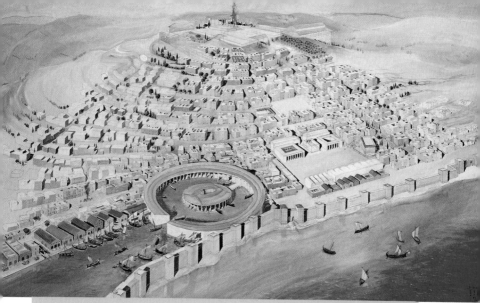

**Carthage à l'époque punique**

Le port marchand était bordé d'entrepôts et le port militaire rond fermé. Les temples se trouvaient sur la partie haute, comme dans la plupart des villes antiques. La ville est entourée d'espaces agricoles : l'ensemble forme une cité.

Reconstitution de Carthage (J. M. Gassend), ɪᵛᵉ-ɪɪᵉ siècles av. J.-C. (Musée national de Carthage).

## Hannibal et la deuxième guerre punique

Né à Carthage en 247 av. J.-C., Hannibal reçoit une éducation grecque et s'inspire des exploits d'Alexandre le Grand (voir p. 48). En 220 av. J.-C., devenu général, il décide d'envahir l'Italie et remporte des succès jusqu'en 212 av. J.-C. Il parvient notamment à retourner les alliés de Rome en leur proposant plus de libertés. Et lors des combats, ses éléphants inspirent la terreur aux soldats romains. Mais, attaqué sur ses terres africaines, il est défait à la bataille de Zama en 202 av. J.-C. et doit signer la paix avec Rome.

**La mer Méditerranée occidentale en 264 av. J.-C.**

Située dans l'actuelle Tunisie, Carthage est fondée au ɪxᵉ siècle av. J.-C. par les Phéniciens. Malgré des traités délimitant leurs zones d'influence mutuelle, Rome et Carthage entrent en conflit à partir du ɪɪɪᵉ siècle av. J.-C.

# 138 av. J.-C.

## L'empereur chinois Han Wudi ouvre la route de la soie

**6ᵉ**

Au pouvoir en Chine de 206 av. J.-C. à 220 ap. J.-C., la dynastie des Han assure ordre et prospérité au pays. L'empereur Wudi unifie le territoire et développe l'économie.

### Une ambassade chinoise chargée de cadeaux

Dès le début de son règne en 141 av. J.-C., Wudi doit faire face aux incursions des peuples nomades du Nord, les Xiongnu. Pour les repousser, il envoie des soldats-paysans coloniser de larges territoires et construire des lignes de fortifications semblables à celles du *limes* de l'Empire romain (voir p. 60). Cherchant à nouer des alliances avec les royaumes d'Asie centrale afin de contenir la menace des Xiongnu, l'empereur dépêche en 138 av. J.-C. des ambassadeurs chargés de soie et de produits luxueux à distribuer aux princes locaux.

### L'Asie centrale, un carrefour commercial

Des marchands indiens établis en Bactriane* et en Iran se lancent alors dans le commerce en revendant en Occident les produits chinois offerts aux aristocrates nomades. Les ambassades chinoises donnent ainsi naissance à la route de la soie. L'Asie centrale, au cœur d'un vaste réseau de voies de communication couvrant une distance d'environ 7 000 kilomètres, permet de faire le lien entre l'Orient et l'Empire romain.

\* Région au nord de l'Afghanistan.

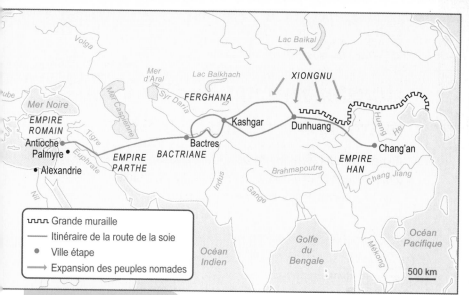

Légende :
- ᴖᴖᴖ Grande muraille
- —— Itinéraire de la route de la soie
- ● Ville étape
- ➝ Expansion des peuples nomades

500 km

## La route de la soie

Reliant l'Asie à l'Europe, la route de la soie permet l'échange de produits commerciaux (soie, épices, chevaux) mais également la diffusion des inventions chinoises (poudre à canon, papier), des idées et des religions (le bouddhisme puis l'islam). Elle est supplantée au xvᵉ siècle par les routes maritimes des Indes découvertes par Vasco de Gama (voir p. 161).

## Cortège de chevaux

Les chevaux étaient essentiels à l'époque des Han pour lutter contre les nomades du Nord et surveiller les pistes caravanières de la route de la soie.

Statuettes retrouvées dans la tombe d'un haut dignitaire chinois, terre cuite polychrome, 206 av. J.-C.-9 ap. J.-C. (Yangjiawan, Xianyang, Shaanxi).

## La mise en place d'une administration efficace en Chine

L'Empire des Han s'étend sur plus de 6 millions de km² et compte environ 60 millions d'habitants – soit un peu plus que l'Empire romain au Iᵉʳ siècle ap. J.-C. Pour assurer l'unité de ce vaste territoire et gérer efficacement les affaires du pays, les empereurs s'entourent, à partir de 170 av. J.-C., d'un personnel compétent recruté sur concours. Pour réussir ces épreuves, les candidats doivent apprendre par cœur les textes de Confucius (voir p. 41). Ce système de recrutement, que Wudi perfectionne par la création d'une académie impériale afin de parfaire l'instruction des plus hauts fonctionnaires, perdure jusqu'à la chute de l'Empire et la mise en place de la République en Chine en 1919.

# 52 av. J.-C.
## Jules César
## bat Vercingétorix à Alésia

Depuis le début du IIᵉ siècle av. J.-C., des généraux romains multiplient les conquêtes sur les pourtours du bassin méditerranéen. L'un d'entre eux, Jules César, décide d'attaquer la Gaule, principalement peuplée de Celtes.

## L'ambition de César

La Gaule est une région bien connue des Romains pour ses richesses (fourrures, métaux précieux, esclaves). Elle est en proie à des conflits qui opposent les Gaulois entre eux et représente donc une cible facile pour Jules César qui a besoin de gloire militaire pour s'imposer sur la scène politique romaine. En 58 av. J.-C., il prend le prétexte d'une attaque des Helvètes pour lancer l'offensive en Gaule. En deux ans, il soumet les peuples du nord, de l'ouest puis du centre du territoire.

## La Gaule devient romaine

Mais en 52 av. J.-C., César se heurte à une résistance imprévue. Les Gaulois s'unissent sous le commandement d'un jeune aristocrate arverne, Vercingétorix, qui défait les légions romaines à Gergovie. Malgré cette victoire, les rebelles se laissent enfermer dans la place forte d'Alésia où l'armée romaine, plus disciplinée et mieux équipée, vient à bout de leur résistance après un siège de plus d'un mois. Vercingétorix est capturé puis ramené à Rome pour le triomphe organisé en l'honneur de César. Au cours de l'année suivante, celui-ci met fin aux dernières révoltes gauloises tandis qu'il accorde la citoyenneté romaine aux chefs restés fidèles. La civilisation gallo-romaine apparaît, mélange des modes de vie gaulois et romain.

> « [Vercingétorix] était d'une haute stature, et il avait un aspect fort imposant sous les armes. [...] Le chef gaulois tomba aux genoux de César. »
>
> Dion Cassius, *Histoire romaine*, livre 40-41, IIᵉ siècle ap. J.-C.

**Le pont du Gard (Iᵉʳ siècle ap. J.-C.)**

Dans les provinces conquises, les Romains multiplient les constructions, comme des routes, des théâtres, des thermes ou des temples. Ce pont-aqueduc, construit en cinq ans, permet d'approvisionner en eau la ville romaine de Nîmes.

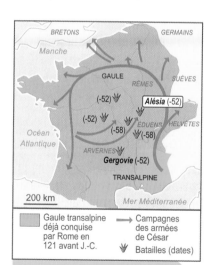

**La guerre de César en Gaule**

BRETONS
GERMAINS
Manche
GAULE
RÈMES
SUÈVES
(-52)
Alésia (-52)
(-52)
ÉDUENS HELVÈTES
(-58)
(-58)
Océan Atlantique
ARVERNES
Gergovie (-52)
TRANSALPINE
200 km
Mer Méditerranée

Gaule transalpine déjà conquise par Rome en 121 avant J.-C.
Campagnes des armées de César
Batailles (dates)

### Jules César (100-44 av. J.-C.)

Issu d'une vieille famille aristocratique romaine, César commence une brillante carrière de magistrat à partir de 73 av. J.-C. Après la guerre des Gaules, il entre en Italie avec ses troupes et en chasse son principal adversaire, Pompée. Nommé dictateur, il concentre alors tous les pouvoirs. Il organise des jeux et des banquets pour s'attirer les faveurs du peuple de Rome. Mais il est assassiné le 15 mars 44 av. J.-C. par des sénateurs qui refusent de voir la République romaine se transformer en tyrannie (voir p. 35) dominée par un seul homme. ■

# 27 av. J.-C.

## Octave devient le premier empereur romain

**6ᵉ**

Après l'assassinat de Jules César en 44 av. J.-C., son petit-neveu et fils adoptif, Octave, met fin au désordre qui règne à Rome depuis plus d'un siècle. Il crée un nouveau régime politique, l'Empire.

### La fin de la guerre civile

Au Iᵉʳ siècle av. J.-C., des généraux avides de pouvoir plongent l'Italie dans une guerre civile permanente. À la mort de Jules César (voir p. 57), Octave est un de ces hommes ambitieux. Profitant de l'héritage de son grand-oncle, il se lance à la conquête du pouvoir en contractant de multiples alliances auxquelles il ne reste jamais fidèle. En éliminant son dernier allié, Marc Antoine, il s'attire les faveurs des sénateurs. En 27 av. J.-C., Octave remet au Sénat les pouvoirs extraordinaires que celui-ci lui avait confiés et reçoit en retour le titre d'Auguste (« le plus illustre »), un surnom à forte dimension religieuse qui n'avait encore jamais été attribué.

**Augustus Prima Porta**
Statue en marbre, 207 cm de haut, début Iᵉʳ siècle ap. J.-C. (Musées du Vatican, Rome).

### Le premier empereur romain

De 23 à 19 av. J.-C., Auguste se voit accorder de nouvelles prérogatives : il obtient le droit de convoquer le Sénat (puissance tribunicienne) et le pouvoir militaire (*imperium*). Mais il prend soin de ne pas froisser les sénateurs en demandant tous les cinq ans le renouvellement de ses attributions. Grâce à son habileté politique, les institutions républicaines comme le Sénat sont préservées. Mais en réalité, l'empereur concentre tous les pouvoirs.

**L'*Urbs* au IIᵉ siècle ap. J.-C.**

Auguste embellit la ville de Rome. Afin de lutter contre les incendies, de nouveaux aqueducs sont construits. Le forum est restauré, des thermes sont bâtis. Auguste fait construire de nombreux monuments à sa gloire ou à celle de sa famille.

Maquette (Musée de la civilisation romaine, Rome).

« *Pour marquer sa reconnaissance envers moi, le Sénat me décerna par décret le titre d'Auguste. [...] Par la suite, malgré ma prééminence sur tous, je n'ai eu aucun pouvoir supérieur à celui de mes collègues.* »

Auguste, *Res Gestae Divi Augusti*, 34, Iᵉʳ siècle ap. J.-C.

### L'Égypte devient romaine

En 42 av. J.-C., Octave et Marc Antoine se partagent les possessions de Rome : au premier l'Occident et au second l'Orient. Mais en 32 av. J.-C., Octave est chargé par le Sénat de mener la guerre contre Marc Antoine et sa nouvelle épouse, Cléopâtre reine d'Égypte. Les sénateurs craignent en effet que Marc Antoine ne déplace sa capitale à Alexandrie (voir p. 51). En 31 av. J.-C., Octave engage le combat contre la flotte de son rival, à Actium. Vainqueur, il se rend à Alexandrie en 30 av. J.-C. et l'Égypte, le dernier des royaumes hellénistiques (voir p. 49), devient romaine.

**Antiquité**

**6ᵉ**

# L'Empire romain

Plusieurs empires ont existé durant l'Antiquité, comme celui des Perses ou celui d'Alexandre. L'Empire romain en représente la forme la plus aboutie, dominant le monde méditerranéen pendant plus de quatre siècles. Par sa longévité et l'originalité de sa structure, il a profondément influencé l'Occident.

## Une puissance militaire

### La légion assure la supériorité de l'armée romaine

Dès le IIᵉ siècle av. J.-C., la République romaine est à la tête d'un immense territoire conquis et protégé grâce à ses soldats. Devenue permanente sous Auguste (voir p. 58), l'armée romaine est nettement supérieure aux forces de ses rivaux. Elle est composée de légions qui comptent environ 5 000 hommes, chacune divisée en 10 unités spécifiques, les cohortes. Cette organisation permet une grande souplesse lors des batailles. Le légat en assure le commandement et chaque soldat bénéficie d'un équipement adapté : un casque, une cotte de mailles et un grand bouclier rectangulaire pour se défendre, un glaive et un javelot pour attaquer.

### Se protéger contre les attaques de cavaliers

L'expansion territoriale de Rome s'arrête là où commence le monde des nomades. Ceux-ci opposent aux fantassins des légions romaines des forces de cavalerie très mobiles. Pour protéger leurs frontières, les Romains s'appuient sur le *limes*, une zone de défense

**Le camp romain de Borcovicium, sur le mur d'Hadrien (Angleterre)**

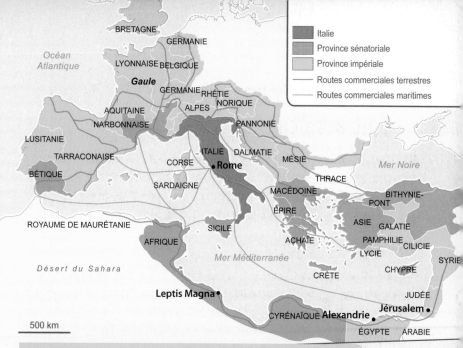

BRETAGNE

GERMANIE

Océan
Atlantique

LYONNAISE BELGIQUE

*Gaule*

GERMANIE RHÉTIE
ALPES NORIQUE

AQUITAINE

NARBONNAISE

LUSITANIE

TARRACONAISE

BÉTIQUE

SARDAIGNE

ROYAUME DE MAURÉTANIE

*Désert du Sahara*

ITALIE DALMATIE
CORSE •Rome

PANNONIE

MÉSIE

Mer Noire

THRACE

MACÉDOINE
BITHYNIE-
PONT
ÉPIRE
ASIE GALATIE
SICILE ACHAÏE PAMPHILIE
AFRIQUE LYCIE CILICIE
Mer Méditerranée SYRIE
CRÈTE CHYPRE

Leptis Magna•

JUDÉE

Jérusalem •
CYRÉNAÏQUE Alexandrie •

500 km

ÉGYPTE ARABIE

| | Italie |
| | Province sénatoriale |
| | Province impériale |
| | Routes commerciales terrestres |
| | Routes commerciales maritimes |

**Un empire prospère à la mort d'Auguste (14 ap. J.-C.)**
L'Empire est alors pacifié : la *Pax Romana* débute (voir p. 63). Seules quelques régions aux frontières restent instables, notamment la Germanie.

de plusieurs kilomètres de profondeur quadrillée de routes et de fortins. En Germanie, par exemple, le *limes* s'étend sur près de 400 kilomètres à la fin du Ier siècle et permet de résister aux peuples qui menacent la Gaule. Efficace pendant quatre siècles, cette protection se révèle néanmoins insuffisante à partir du Ve siècle lorsque l'agressivité des Barbares grandit, sous la pression des Huns (voir p. 75).

## L'Empire romain à la mort d'Auguste (14 ap. J.-C.)

Peuplé de 60 millions d'habitants répartis sur 4 millions de km², cet immense territoire est surveillé et contrôlé par une armée composée de 300 000 soldats. Certains espaces sont désertiques, comme la Bretagne (actuelle Angleterre), alors que Rome, la capitale de l'Empire, abrite sans doute plus d'un million de personnes. Enfin, seuls 4 millions d'hommes sont citoyens romains, disposant ainsi de droits civils et politiques (voir p. 70).

# Une organisation politique souple

## Déléguer le pouvoir aux peuples conquis

Depuis 27 av. J.-C., l'Empire est divisé en provinces sénatoriales et impériales. Le gouvernement des zones non pacifiées revient ainsi à l'empereur (province impériale) tandis que les territoires où règne la paix sont gouvernés par le Sénat (province sénatoriale). À l'intérieur de chaque province, l'essentiel des tâches de gestion est délégué aux élites locales installées dans des cités construites sur le modèle de Rome (voir p. 68).

## Un contrôle administratif réduit

Dans les provinces, Rome est représentée par des fonctionnaires avec à leur tête un gouverneur ou un légat. Ils sont chargés de lever l'impôt et de juger les procès les plus importants. Ils sont également responsables de recensements réguliers, tel celui qui a eu lieu l'année de la naissance de Jésus en Judée (voir p. 64). Mais, au final, l'administration romaine n'intervient dans les affaires locales qu'à la demande de ses administrés.

### La via Ostiensis

La via Ostiensis reliait le port d'Ostie à Rome. Les routes construites par les Romains mènent presque toutes à Rome. D'abord conçues pour faire circuler les légions, elles sont très vite empruntées par les commerçants. Elles constituent l'un des éléments essentiels de la prospérité économique de l'Empire romain.

# La romanisation

Rome n'impose jamais sa culture de manière autoritaire. Les élites des peuples conquis se voient accorder la citoyenneté romaine (voir p. 71). Elles adoptent volontairement et progressivement le mode de vie romain en ville : elles fréquentent les thermes et l'amphithéâtre, consomment pain, vin et huile d'olive et apprennent le latin ou le grec. Les élites se « romanisent » d'autant plus vite que leur progression dans la hiérarchie politique dépend de leur maîtrise de la culture romaine.

## Une *villa* gallo-romaine

Des Romains ou de riches citadins créent de grands domaines agricoles dans les campagnes : les *villae*.

❶ Maison du maître
❷ Logement des esclaves de la maison
❸ Logement des esclaves du domaine
❹ Maison de l'intendant
(qui s'occupe du domaine)
❺ Granges et magasins
❻ Ateliers des artisans de la ville
❼ Étables et écuries
❽ Maison des gardes

Maquette (Musée Boucher de Perthes, Abbeville).

## La *Pax romana* ou paix romaine

Aux I^er et II^e siècles ap. J.-C., le monde méditerranéen connaît un état de relative tranquillité. Cette paix et cette prospérité économique s'étendent à tout l'Empire romain, qui compte alors environ 70 millions d'habitants. Cette situation est le résultat combiné d'une armée efficace, de la consolidation du pouvoir impérial et d'une administration locale souple. Unité et diversité sont ainsi préservées dans l'Empire.

# Vers 30
## Jésus meurt sur la croix à Jérusalem

Jésus est un personnage historique mal connu. Si les Évangiles et le récit d'historiens juifs et romains fournissent des éléments sur sa vie, ce sont surtout les circonstances de sa mort qui nous sont racontées en détail.

## Dénoncé par les grands prêtres du temple de Jérusalem

Dans la province de Judée (actuelle Palestine), le peuple juif supporte mal la domination romaine. Périodiquement, des prédicateurs apparaissent et annoncent la fin de l'occupation, voire la fin des temps. Jésus, un Juif originaire de la ville de Nazareth en Galilée, s'inspire de ces mouvements de rébellion et se présente à son tour comme le Messie (le Christ), c'est-à-dire le libérateur d'Israël, capable d'instaurer le règne de Dieu. Son discours est apprécié par une partie de la population juive. D'autres, notamment les grands prêtres du temple de Jérusalem (voir p. 36), estiment qu'il ne respecte pas les traditions juives et le dénoncent au gouverneur romain, Ponce Pilate.

*« Lorsque vous priez, ne soyez pas comme les hypocrites, qui aiment à prier [...] aux coins des rues [...]. Quand tu pries, entre dans ta chambre, ferme ta porte et prie. »*

Matthieu, *Évangile*, 6, 5-6.

## Un message novateur

Condamné à la crucifixion, le supplice réservé aux non-citoyens romains, Jésus est ensuite enterré sur les collines de Jérusalem. Le lendemain, des femmes affirment avoir trouvé son tombeau vide. Cette résurrection marque le début du christianisme : ses disciples, qui l'avaient renié, se rassemblent et forment les premières communautés chrétiennes (voir p. 66). Ils mettent en avant la force de l'amour, d'une pensée personnelle pure et honnête par rapport aux rites pratiqués au temple de Jérusalem.

## La naissance de Jésus

Si l'on se réfère à l'épisode de l'étoile de Bethléem raconté par Matthieu, un des quatre évangélistes, Jésus serait né en l'an 6 av. J.-C., date qui correspond à une conjonction très rare des planètes Jupiter et Saturne. Mais selon la tradition fixée par le pape Libère en 354, Jésus serait né le 25 décembre de l'an 1. Cette date correspond à la célébration annuelle de la renaissance de Mithra et à la fête du *Sol Invictus*, deux dieux honorés dans l'Antiquité (voir p. 44). Elle est choisie par les évêques afin d'établir un consensus entre les différentes religions présentes dans l'Empire romain.

### Lamentation sur le Corps du Christ

Le récit de la mort de Jésus a influencé de nombreux artistes. Le peintre italien de la Renaissance Fra Angelico atténue le caractère dramatique de la scène en utilisant des couleurs vives et en disposant de manière symétrique les personnages de part et d'autre de la croix.

Guidi di Pietro, dit Fra Angelico, peinture sur bois, 164 x 105 cm, 1436-1441 (Musée de San Marco, Florence).

# 50

# Paul de Tarse
## structure le christianisme

**Né à Tarse en Turquie actuelle vers 10 ap. J.-C., Saul (son nom juif) est un citoyen romain de confession juive. Converti au christianisme, il en devient l'un des principaux apôtres.**

## Refuser les rites juifs

Dans ses jeunes années, Saul étudie à Jérusalem pour devenir rabbin*. Il participe alors aux persécutions contre les chrétiens. Sur le chemin de Damas, il a une vision de Jésus (voir p. 64) et se convertit au christianisme. Il se fait dorénavant appeler Paul et décide de diffuser l'enseignement du Christ. En 50 ap. J.-C., à Jérusalem, il s'oppose à Pierre et Jacques, les principaux disciples de Jésus. Paul souhaite en effet ne pas appliquer les rites juifs et notamment la circoncision aux païens convertis au christianisme, les « Gentils ». Son avis est finalement suivi. Le christianisme se sépare alors du judaïsme et devient une religion à vocation universelle (voir p. 44).

## L'organisation des premières communautés chrétiennes

Paul parcourt l'Asie Mineure, la Macédoine et la Grèce. Au cours de ses voyages, il multiplie les conversions de païens et organise les premières communautés de chrétiens. Il rédige une partie du Nouveau Testament pour présenter les croyances et les cérémonies à observer. Parmi celles-ci figurent le baptême, rite par lequel on devient chrétien, et la communion chaque dimanche, partage symbolique du pain et du vin qui commémore le dernier repas de Jésus.

*« [Paul] avait des entretiens dans la synagogue chaque sabbat et persuadait des Juifs et des Grecs. »*

Actes des apôtres, 18-4.

* Chef religieux d'une communauté juive.

**Une cuve baptismale (Demna, Tunisie)**

Cette cuve permettait aux premiers chrétiens de recevoir le baptême. Au centre, elle est décorée du chrisme, deux caractères grecs collés l'un sur l'autre. Le χ et le ρ correspondent aux premières lettres du nom du Christ. Ce symbole est un signe de ralliement des chrétiens.

Baptistère de Demna, mosaïque et marbre, fin VIe siècle ap. J.-C. (Musée national du Bardo, Tunisie).

## La persécution des premiers chrétiens

Aux Ier et IIe siècles, les chrétiens refusent de célébrer le culte impérial qui fait de l'empereur un « dieu et maître ». Néanmoins, les violences à leur encontre restent limitées et une large tolérance domine. La situation change au cours du IIIe siècle alors que l'Empire romain est menacé par les Barbares. Les chrétiens sont alors victimes de plusieurs édits de persécution car ils refusent de participer à la vie sociale de la cité et en particulier de se soumettre au service militaire obligatoire. Paradoxalement, durant cette politique brutale, le christianisme tend à se renforcer au sein de l'Empire (voir p. 72).

# 110

# La ville de Leptis Magna devient colonie romaine

Dans les régions conquises, les Romains fondent des villes qui sont le relais du culte impérial et de leur mode de vie. Aux Iᵉʳ et IIᵉ siècles ap. J.-C., Leptis Magna, située dans l'actuelle Libye, en est l'une des plus importantes, capable de rivaliser avec Rome.

## Un lieu de romanisation

Leptis Magna tombe sous la domination de Rome à la fin de la troisième guerre punique (voir p. 54). Auguste (voir p. 58) y fait construire les infrastructures indispensables à toute cité romaine : un forum bordé de temples et surtout une curie où les sénateurs locaux peuvent se rassembler et prendre des décisions concernant la vie locale. En 110, Leptis Magma reçoit de l'empereur Trajan le statut le plus prestigieux au sein de l'Empire, celui de colonie romaine. Chaque homme libre vivant dans la ville devient citoyen romain (voir p. 70), tout en conservant sa citoyenneté locale.

## Septime Sévère, empereur romain et enfant de la ville

La fin du IIᵉ siècle constitue l'âge d'or de Leptis Magna. Septime Sévère, fils d'une riche famille romaine locale, accède au trône impérial en 193. Il accomplit des travaux grandioses pour faire de sa cité l'égale de Rome. Il construit un nouveau forum ainsi qu'un port doté d'un phare. Un arc de triomphe à sa gloire trône au centre de la ville. Leptis Magna devient alors une des cités les plus influentes d'Afrique du Nord et un centre économique de première importance.

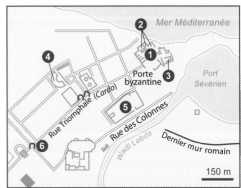

**Le théâtre de Leptis Magna**
Il est construit sous Auguste et embelli au IIᵉ siècle par un mur de scène en marbre. De chaque côté sont disposées les statues d'Hercule et de Dionysos, les dieux protecteurs de la ville.

## Jérusalem, la ville ingouvernable de l'Empire romain

Toutes les villes ne connaissent pas un destin aussi glorieux que celui de Leptis Magna. Jérusalem, principale cité de la province romaine de Judée, se révolte en 66 ap. J.-C. contre l'occupant romain. Les difficultés économiques doublées de revendications religieuses expliquent cette rébellion. En 70 ap. J.-C., après un siège de plusieurs mois, Titus, général romain et fils de l'empereur Vespasien, entre dans Jérusalem. Le Temple, principal lieu de culte juif (voir p. 36), est incendié, la ville détruite et rasée.

**Leptis Magna**
Époque d'Auguste : ❶ Vieux forum ; ❷ Temples ; ❸ Curie ; ❹ Théâtre.
Époque de Septime Sévère : ❺ Forum ; ❻ Arc de triomphe.
La cité décline ensuite au IIIᵉ siècle.

# 212

# L'empereur Caracalla étend la citoyenneté romaine

**L'Empire romain est un ensemble de peuples, d'organisations et de cultures diverses. En octroyant la citoyenneté à tous les hommes libres, l'empereur Caracalla donne une unité politique au monde qu'il gouverne.**

## La citoyenneté romaine

Chaque citoyen romain possède des droits civiques : il peut se marier, conclure des actes juridiques, léguer ses biens à ses héritiers. Il ne peut être jugé que devant des magistrats romains. Il dispose aussi de droits politiques, notamment ceux d'élire et d'être élu magistrat ou sénateur. Enfin, il bénéficie d'exemptions de taxes. La citoyenneté est au départ le privilège des habitants de Rome. Mais ce statut peut aussi être accordé en récompense, comme aux peuples italiens en 88 av. J.-C., puis selon le bon vouloir des empereurs à certaines cités de l'Empire (voir p. 68).

## Une mesure fiscale et politique

Parachevant cette évolution, l'empereur Caracalla, fils de Septime Sévère, décide par un édit en 212 d'octroyer la citoyenneté romaine à tous les hommes libres* de l'Empire. Il compte sans doute sur cette mesure pour augmenter les revenus de l'État. En effet, en étendant la citoyenneté romaine, il peut prélever les impôts sur les héritages des hommes libres de tout le territoire, et ainsi rétribuer de façon généreuse les soldats qui l'ont porté au pouvoir. Caracalla se lance aussi dans de nouvelles conquêtes. Tel Alexandre le Grand (voir p. 48), il organise une immense expédition militaire contre l'Empire parthe (qui a succédé à l'Empire perse) entre 214 et 217. L'édit promulgué en 212 marque également la volonté d'unifier les peuples vivant sur les territoires contrôlés par les Romains. Ainsi s'exprime le caractère universel de l'Empire.

* Ceux qui ne sont pas esclaves.

**L'édit de Caracalla**

Le papyrus de Giessen, dont il ne reste qu'un fragment, a livré le texte presque complet du texte de loi. Il est composé sur deux colonnes, écrites en grec, et comporte également deux autres édits.

Vers 215 ap. J.-C. (Bibliothèque de l'université de Giessen, Allemagne).

« Je manifeste ma reconnaissance envers les dieux en faisant participer tout mon peuple à leur culte. C'est pourquoi je donne la citoyenneté romaine à tous les hommes libres de l'Empire. »

Édit de Caracalla, papyrus de Giessen, 40 (1), vers 215 ap. J.-C.

## L'intégration des élites à l'Empire romain

Dès le début de l'Empire, des non-Romains et notamment des Ibères (habitants de la péninsule Ibérique) entrent au Sénat, l'institution la plus ancienne et la plus prestigieuse du système politique. L'empereur Claude étend ce privilège aux élites gauloises en 48 ap. J.-C. pour les récompenser de lutter fidèlement et efficacement contre les Barbares qui menacent en Belgique et en Germanie. Accorder la citoyenneté romaine aux élites des peuples conquis est une façon de renforcer leur loyauté envers Rome.

# 313

# Constantin autorise la pratique de la religion chrétienne dans l'Empire romain

**Depuis 303, le christianisme est interdit dans l'Empire romain et les chrétiens victimes de violences. L'empereur Constantin met fin à cette « grande persécution » à Milan en 313.**

## Liberté de culte et liberté de conscience

En 312, l'Empire romain est dirigé par deux Auguste (voir p. 58) : Constantin pour la partie occidentale et Licinius pour la partie orientale. L'année suivante, lors d'une rencontre à Milan, dans le nord de l'Italie, les deux empereurs adoptent une nouvelle politique à l'égard des chrétiens. Deux textes, appelés aujourd'hui improprement « édit de Milan », leur accordent la liberté de culte. Les biens qui leur avaient été confisqués lors de la « grande persécution » de 303 (voir p. 67) sous l'empereur Dioclétien leur sont restitués.

## Constantin, le premier empereur chrétien

Tandis que Licinius reste fidèle aux dieux de Rome, Constantin se convertit progressivement au christianisme. Jusqu'en 312, il se déclare le protégé de la divinité *Sol Invictus* (voir p. 44). Puis, alors qu'il lutte pour le trône impérial d'Occident contre Maxence, son rival, il reçoit la vision d'un symbole chrétien. En 325, alors qu'il a temporairement rétabli l'unité de l'Empire, il se déclare publiquement chrétien mais il ne reçoit le baptême que sur son lit de mort, en 337. Dans les années 380, l'empereur Théodose interdit les sacrifices publics et publie finalement en 391 un décret qui fait du christianisme la seule religion officielle de l'Empire. Plus aucun argent n'est versé aux cultes désormais appelés « païens ». Mais les personnes vivants dans l'Empire ne sont pas baptisées et les fonctions du clergé restent floues. L'Empire continue à se christianiser au cours du Ve siècle.

**Constantin offre sa tiare au pape Sylvestre Ier**

En 312, après sa victoire sur Maxence, Constantin, ici à genoux, devient empereur de la partie occidentale de l'Empire. À son arrivée à Rome, selon la légende, il offre au pape, évêque de Rome, des territoires autour de la capitale, qui appartiennent toujours à la papauté.

Fresque anonyme, 22,95 x 29,91 cm, XIIIe siècle (Basilique des Quatre-Saints-Couronnés, Rome).

« Pendant qu'il faisait cette prière, il eut une merveilleuse vision [...]. Une croix lumineuse avec cette inscription : vous vaincrez à la faveur de ce signe. »

Eusèbe de Césarée, *Vie de Constantin*, chapitre XVIII, IVe siècle.

## Le partage de l'Empire en 395

Après la mort de Théodose en 395, l'Empire romain est divisé entre ses deux fils : l'aîné, Arcadius (17 ans), obtient l'Orient et Honorius (10 ans) l'Occident. Ne pouvant gouverner en raison de leur âge, leurs tuteurs respectifs, Stilicon et Rufin, exercent le pouvoir à leur place. La rivalité entre les deux hommes accentue la fracture entre les deux parties de l'Empire. L'Orient est plus riche et mieux défendu. Au contraire, à partir de 395, l'Occident tombe dans une lente décadence économique et devient la proie régulière des attaques des peuples barbares (voir p. 74).

# 476

# Le dernier empereur romain d'Occident abdique

**Au cours du Vᵉ siècle, Rome est trois fois mise à sac par les Barbares : en 410 par les Wisigoths d'Alaric puis en 455 par les Vandales de Genséric. En juillet 472, le dernier pillage de la cité précipite la chute de l'Empire romain d'Occident.**

## Un enfant, dernier empereur à Rome

En 472, deux hommes gouvernent l'Empire romain d'Occident : l'empereur Julius Nepos, qui réside à Ravenne, et Oreste, commandant en chef des armées, depuis Rome. En 475, Oreste dépose Julius Nepos et confie à son fils, Romulus, le titre d'empereur. Âgé de 12 ans, celui-ci est surnommé Augustulus (« petit empereur ») par les habitants de Rome.

Profitant de ce nouvel affaiblissement du pouvoir impérial, les Goths menés par Odoacre, le fils d'un général d'Attila, exigent de nouvelles terres au sein de l'Empire d'Occident. Oreste et son fils refusent. Réfugié à Ravenne puis à Pavie, Oreste est exécuté par Odoacre en 476. Apprenant la défaite de son père, Romulus Augustule abdique.

## Roi des peuples barbares

Après avoir conquis le reste de l'Italie et fait son entrée dans Rome, Odoacre renvoie à Constantinople, la capitale de l'Empire romain d'Orient (voir p. 73), les insignes impériaux, signifiant ainsi la fin de l'Empire romain d'Occident. Il demande en échange le titre de patrice* à Zénon, l'empereur d'Orient. Or aux yeux de Zénon, Julius Nepos reste l'empereur d'Occident ! Ce n'est donc qu'après la mort de Julius Nepos en 480 que Zenon confère à Odoacre le titre de « roi des peuples barbares », gouvernant au nom du monarque de Constantinople.

* Noble romain.

**Romulus Augustule dépose les insignes impériaux devant Odoacre**
Odoacre le Barbare, c'est-à-dire celui qui ne parle ni latin ni grec, est représenté casqué et armé. Son pouvoir est d'origine militaire. Face à lui, Romulus Augustule est
drapé comme tout citoyen romain et accompagné d'un sénateur.
Gravure sur bois, anonyme, 1880.

« *[Odoacre] s'empara
de la souveraine
autorité, sans toutefois
faire d'autre mal
à l'Empereur [...].* »

Procope de Césarée, *Histoire de la
guerre contre les Goths*, chapitre I, 2,
VIᵉ siècle.

## Les royaumes barbares

Entre le Vᵉ et le VIᵉ siècle, des Barbares (Vandales, Goths, etc.) franchissent le *limes* (voir
p. 60) et se livrent au pillage des grandes
cités romaines. Mais le but principal de ces
peuples est de se fixer dans l'Empire. Ainsi,
les Goths s'installent en Pannonie (Hongrie
actuelle) puis en Aquitaine sur des territoires
concédés par les Romains. Ces « migrations
barbares » donnent naissance aux royaumes
qui constituent l'organisation politique du
Moyen Âge en Occident.

Seigneurie du couvent des Billettes, cartulaire du couvent des Billettes, vers 1520-1530 (BNF, Paris).

# Le Moyen Âge
## De 476 à 1492

La chute de l'Empire romain d'Occident
en 476 ouvre le Moyen Âge.

Entre le vi[e] et le xe siècle, l'Europe occidentale
connaît une période d'instabilité politique et
économique. Seul l'Empire carolingien parvient
à instaurer, temporairement (800–843),
un équilibre dans la région.

À partir du xie siècle, les progrès de
l'agriculture et la mise en place de nouvelles
structures politiques entraînent une
amélioration des conditions de vie. L'Église
encadre la vie des Européens.

Partis à la conquête de nouveaux territoires
en Méditerranée, les Européens entrent
en contact avec l'Empire byzantin et les
souverains musulmans. Ils commercent
également avec la Chine et, à la recherche
de nouvelles voies maritimes, découvrent
l'Amérique en 1492.

732
Bataille de Poitiers

25 décembre 800
Sacre de Charlemagne
à Rome

| 500 | 600 | 700 | 800 | 900 | 100 |

661-750 Empire
omeyyade (Damas)

800-843
Empire carolingien

750-1258 Empire abbasside (Bagdad)

395-1453 Empire byzantin (Constantinople)

622
Exil de
Mohammed
à Médine

762
Fondation
de Bagdad

537
Inauguration
de la basilique
Sainte-Sophie à
Constantinople

1023
Fuite d'Avicenne
à Ispahan
en Perse

**1066**
Bataille
d'Hastings

**1182**
Fin de la construction du chœur
de Notre-Dame de Paris

**1214**
Bataille de Bouvines

**1158**
Octroi de privilèges
aux étudiants
de Bologne

**1215**
Fondation de l'ordre
dominicain

**1429**
Sacre de
Charles VII
à Reims

**1307**
Arrestation des
Templiers par
Philippe le Bel

**1347**
Peste noire
en Europe

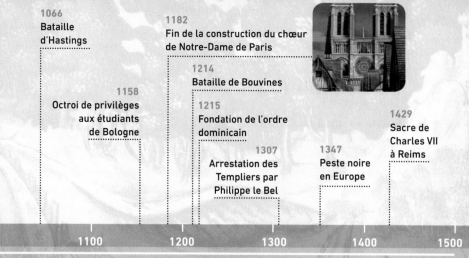

| 1100 | 1200 | 1300 | 1400 | 1500 |
|---|---|---|---|---|

XIᵉ-XVᵉ siècle Affirmation du pouvoir royal en France (Capétiens, Valois)

1095-1291 Croisades en Orient

1337-1453
Guerre de Cent Ans

**Vers 1298**
Marco Polo, *Le Livre
des merveilles*

**1099**
Prise de
Jérusalem
(première
croisade)

**Vers 1450**
Mise au point
de l'imprimerie
par Gutenberg

**1115**
Fondation
de l'abbaye
de Clairvaux

**1453**
Prise de Constantinople
par les Turcs

**1270**
Mort de Louis IX
devant Tunis

**1204**
Pillage de
Constantinople
par les croisés

**1492**
Découverte de
l'Amérique par
Christophe Colomb

# 537

# La basilique Sainte-Sophie est inaugurée à Constantinople

En 330, l'empereur Constantin décide de faire de Constantinople la capitale de l'Empire romain d'Orient. Au VIᵉ siècle, Justinien veut faire revivre la grandeur de l'Empire romain unifié en y construisant la plus splendide église de la chrétienté.

## Justinien, digne successeur des empereurs romains

Au cours de son règne (527-565), l'empereur Justinien étend ses possessions sur le pourtour méditerranéen. Ses généraux reconquièrent l'Afrique du Nord, l'Italie et le sud de l'Espagne. S'inspirant de la tradition romaine, il fait rassembler par ses juristes les lois en vigueur dans l'Empire byzantin : c'est le code Justinien. Il se lance aussi dans une ambitieuse politique de constructions, parmi lesquelles la basilique Sainte-Sophie.

## Un lieu de culte grandiose

En 532, la cathédrale Sainte-Sophie de Constantinople est incendiée au cours de violentes émeutes. Justinien souhaite alors donner à la capitale impériale un lieu de culte digne de son rang. La nouvelle basilique est construite sur un plan rectangulaire, comme les premières églises chrétiennes. Elle est surmontée d'un dôme qui culmine à 55 mètres de hauteur. Pour le soutenir, le bâtiment est consolidé par de nombreux piliers et contreforts. L'intérieur est somptueusement décoré grâce aux matériaux les plus précieux importés de toutes les régions méditerranéennes. Au sommet de la coupole, le Christ est représenté.

> « Cette église si merveilleuse a été achevée [...]. Elle s'élève à une hauteur prodigieuse, qui commande toute la Ville. »
>
> Procope de Césarée, *Des Édifices de Justinien*, tome II, chapitre I, 3, vers 560.

**Vue extérieure de la basilique Sainte-Sophie, à Istanbul**

Lorsque les Turcs envahissent Constantinople en 1453 (voir p. 132), qu'ils renomment Istanbul, ils transforment la basilique Sainte-Sophie en mosquée et ajoutent quatre minarets. En 1934, la jeune république turque fait du bâtiment un musée.

## Deux noms pour un même empire

Officiellement, l'empire gouverné par Justinien se nomme « Empire romain d'Orient ». Ses habitants, tout en parlant grec, s'appellent les « Romains ». Ce vaste territoire est aussi désigné sous le nom d'« Empire byzantin », en référence à la ville grecque, Byzance, sur laquelle Constantinople a été bâtie.

## Un empire chrétien de langue grecque

Dans l'Empire byzantin, l'Église chrétienne d'Orient est dirigée par le patriarche (évêque) de Constantinople, nommé par l'empereur (ou *basileus*), alors que celle d'Occident est dirigée par le pape, évêque de Rome. Plus que des divergences de croyances, les deux Églises ont des pratiques différentes. Ainsi, en Orient, les clercs parlent et lisent la Bible en grec et non en latin. Ils portent la barbe et peuvent se marier à l'inverse de ceux d'Occident tenus au célibat. Les chrétiens d'Orient pratiquent la triple immersion pour le baptême et les chrétiens d'Occident, une seule.

# 622

# Mohammed et ses compagnons fuient vers Médine

**L'exil de Mohammed (ou hégire en arabe) fonde l'islam, la troisième religion monothéiste du Moyen-Orient après le judaïsme et le christianisme. L'année 622 marque ainsi le début de l'ère musulmane.**

## L'échec de la conversion des païens de La Mecque

Mohammed est un caravanier né vers 570 à La Mecque, à l'est de la péninsule Arabique. Les habitants de cette région sont alors polythéistes (voir p. 42) et adorent des idoles. Vers 610, tandis qu'il s'est retiré dans une grotte sur le mont Hira, Mohammed affirme avoir reçu la visite de l'ange Gabriel qui fait de lui le prophète d'une nouvelle religion. Ainsi naît l'islam, qui signifie en arabe « soumission à la volonté de Dieu ». Mohammed essaie de convertir les habitants de La Mecque, mais ceux-ci résistent et le contraignent à l'exil.

## L'hégire, an 1 du calendrier musulman

En 622, Mohammed se réfugie à Yathrib, ville située à 400 kilomètres au nord de La Mecque. Il parvient à convertir à l'islam les habitants de la cité qui prend le nom de Médine, « la ville ». Il définit alors quatre des cinq obligations musulmanes (ou piliers) : reconnaître Allah (Dieu en arabe) et son prophète, prier cinq fois par jour, pratiquer l'aumône, jeûner pendant le mois de ramadan.

Depuis Médine, Mohammed lance une guerre contre les « infidèles », revenant victorieux à La Mecque en 630. Devenu chef religieux et politique de l'islam, il meurt en 632. Le pèlerinage à La Mecque devient alors la cinquième obligation des croyants.

### Pourquoi Mohammed, plutôt que Mahomet ?

Mohammed est le nom employé par les sources arabes pour désigner le prophète de l'islam. Fréquent en français, Mahomet serait apparu dans certains textes chrétiens du Moyen Âge avec une connotation péjorative.

ﻻﺍﻟﻪ ﺍﻻﺍﻟﻠﻪ ﻣﺤﻤﺪ ﺭﺳﻮﻝ ﺍﻟﻠﻪ ﻋﻠﻰ ﻭﻟﻰ ﺍﻟﻠﻪ

ﺍﺯﻭﻯ ﺳﻮﺍﻝ ﻓﺮﻣﻮﺩ ﻛﺎﻯ ﻋﻠﻰ ﺟﻮﺭ ﺍﺣﻜﻮﻧﻪ ﻣﻮﺍﻯ ﻛﻔﺖ ﺑﺎ ﺭﺳﻮﻝ ﺳﺪﺣﻴﺎﻥ ﻣﻮ ﻣﻨﻬﻢ ﻛﻮﺣﻜﻢ ﺗﻐﻔﻠﺸﺪﻩ ﻭﻣﻦ

## Mohammed et Ali débarrassent la Kaaba de ses idoles

Mohammed, ici habillé en vert, détruit les statues et les pierres votives situées sur la Kaaba. Ce bâtiment carré partiellement recouvert d'un voile noir est située à La Mecque (en Arabie saoudite). Il s'agit encore aujourd'hui du plus grand lieu de pèlerinage pour les musulmans.

Mir Havand, *Raudat as Safa*, miniature (détail), XVIᵉ siècle (Musée d'art islamique, Berlin).

## Sunnisme et chiisme

À la mort de Mohammed en 632, ses compagnons et sa famille se disputent le pouvoir et se divisent en deux branches. Les sunnites croient que ses disciples peuvent lui succéder et devenir ainsi califes. Au contraire, les chiites pensent que la conduite de la communauté musulmane revient à un membre de la famille du prophète, en l'occurrence son gendre Ali, puis à ses descendants. Les chefs religieux chiites sont appelées imams et commandent un clergé très hiérarchisé : ayatollahs (voir p. 354), mollahs, etc. Les chiites se distinguent également par leur vénération de Husayn, petit-fils du prophète, tué à la bataille de Kerbala, en 680. Chaque année, ils commémorent sa mort au cours de nombreuses processions en Iran, Irak, Syrie et Liban, pays où vivent majoritairement les chiites aujourd'hui.

# 732

# Charles Martel
## arrête les Arabes à Poitiers

**Depuis 711, les musulmans occupent l'Espagne et poursuivent leurs conquêtes vers le nord, à la recherche de nouvelles richesses dans le royaume mérovingien.**

## Les musulmans pillent l'Aquitaine

Le royaume fondé par Clovis à la fin du $v^e$ siècle est divisé en trois régions au siècle suivant : l'Austrasie au nord, la Neustrie au centre et l'Aquitaine au sud. Dirigée de manière quasi indépendante par le duc Eudes, l'Aquitaine subit la pression musulmane : en 721, les troupes des Omeyyades parviennent à Toulouse avant d'y être battues.

Désireux de prendre sa revanche, le gouverneur de l'émirat de Cordoue pille Bordeaux en 732, puis il se dirige vers Saint-Martin-de-Tours, le plus riche monastère du royaume. Eudes fait alors appel aux armées de Charles Martel, maire du palais* d'Austrasie et de Neustrie, et principal conseiller du roi mérovingien Thierry IV.

## Charles Martel, le nouvel homme fort

Charles Martel rassemble ses troupes à 25 kilomètres de Poitiers. Le 25 octobre, ses fantassins, puissamment armés et équipés d'une épée souple, extrêmement coupante, affrontent les assauts des cavaliers musulmans. À la fin de la journée, les Arabes sont vaincus et se replient en Espagne.

Cette défaite, sans réelle conséquence pour les Omeyyades, est en revanche une belle victoire pour Charles Martel. Elle lui permet d'étendre son influence dans le sud et prépare ainsi la prise du pouvoir sur l'ensemble du royaume mérovingien par ses descendants, les Pippinides (voir p. 88).

> *« Les gens du Nord [...] restent serrés les uns contre les autres et massacrent les Arabes à coups d'épée. »*
>
> *L'Anonyme de Cordoue, $viii^e$ siècle.*

* Chef de l'administration mérovingienne.

**L'Europe à l'époque de Charles Martel**

En 732, le royaume des Francs qui affronte la poussée des Omeyyades est dirigé par la dynastie des Mérovingiens. Il a été unifié par Clovis (481/482-511), le premier roi franc à se convertir au christianisme. Mais les divisions liées aux successions affaiblissent les souverains et les maires du palais s'imposent progressivement comme les véritables maîtres du royaume.

## Les Omeyyades

Puissante famille de La Mecque, les Omeyyades évincent Ali, le descendant direct du prophète Mohammed (voir p. 82), et fondent un nouveau califat en 661. Ils s'établissent à Damas, en Syrie, et poursuivent les conquêtes menées par les premiers califes, agrandissant leur empire jusqu'à l'Atlantique à l'ouest et l'Indus à l'est. Les Omeyyades s'appuient sur l'aristocratie arabe pour gouverner. Afin de financer leur expansion territoriale, ils augmentent fortement les impôts sur les populations non arabes qui se révoltent. La dynastie rivale, les Abbassides (voir p. 86), fédère alors les oppositions et vainc le calife omeyyade Marwan II en 750. Après cette défaite, le dernier descendant de la dynastie se réfugie en Espagne et fonde un nouvel émirat à Cordoue en 756 (voir p. 87).

# 762

# Le calife abbasside, Al-Mansur, fonde Bagdad

**Les descendants d'Abbas, l'oncle du prophète Mohammed, fondent en 750 une nouvelle dynastie, les Abbassides. Pour gouverner le monde musulman, le deuxième calife, Al-Mansur, crée la ville de Bagdad dont il veut faire le centre du monde.**

## La ville ronde

Al-Mansur cherche le lieu parfait pour sa nouvelle capitale. Il s'installe en Mésopotamie (l'actuelle Irak) où se trouvent les plaines les plus fertiles du monde musulman. L'endroit, situé à la frontière entre les zones de peuplement arabe et perse, lui permet également de satisfaire les deux principaux groupes ethniques de son empire.

La ville est circulaire, entourée d'un large fossé et d'un rempart. Au centre, une immense place accueille le palais du calife et la mosquée principale. L'anneau urbain, placé entre l'esplanade et les remparts, abrite des garnisons de soldats perses et des administrations.

## Un carrefour économique majeur

Mais très vite, la ville déborde de la cité créée par Al-Mansur. Au sud, le quartier d'Al-Khark, traversé de multiples canaux, abrite des marchés ravitaillés par des ba-

> « Al-Mansur fit une ville ronde, la seule ville ronde connue dans le monde entier. »
>
> Al-Yaqubi, *Livre des pays*, 889.

teaux provenant de Chine, d'Europe ou d'Afrique. Les vizirs* font construire de nouveaux palais sur la rive est du Tigre. Au xᵉ siècle, à son apogée, Bagdad est la ville la plus peuplée du monde et compte sans doute entre 400 000 et 500 000 habitants.

* Premier ministre du calife.

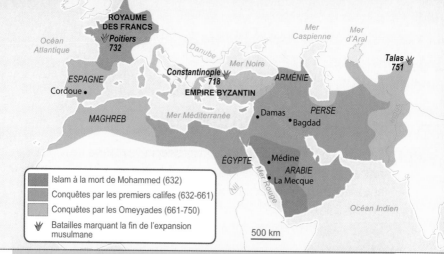

ROYAUME DES FRANCS
Poitiers 732
Océan Atlantique
ESPAGNE
Cordoue
MAGHREB
Danube
Constantinople 718
EMPIRE BYZANTIN
Mer Méditerranée
Mer Noire
ARMÉNIE
Damas
ÉGYPTE
Mer Caspienne
Mer d'Aral
Talas 751
PERSE
Bagdad
Médine
ARABIE
La Mecque
Océan Indien

Islam à la mort de Mohammed (632)
Conquêtes par les premiers califes (632-661)
Conquêtes par les Omeyyades (661-750)
Batailles marquant la fin de l'expansion musulmane

500 km

## L'empire musulman en 762

Après la mort de Mohammed, les califes entreprennent des conquêtes rapides, profitant de la faiblesse de leurs adversaires, byzantins ou perses. Au VIIIe siècle, le monde musulman s'étend de l'océan Atlantique à l'ouest au fleuve Indus à l'est.

## Cordoue, la rivale

En 711, les musulmans conquièrent la cité espagnole de Cordoue. À partir de 756, la ville devient la capitale de l'émirat de Cordoue fondé par le prince omeyyade Abd al-Rahman Ier qui a fui Damas (voir p. 85). Les émirs veulent en faire la rivale de Bagdad et font construire la plus grande et la plus belle mosquée du monde musulman, après celle de La Mecque. Cet édifice, agrandi plusieurs fois, s'étend sur 23 000 m² et représente le chef-d'œuvre de l'Espagne musulmane (Al-Andalus, voir p. 95). Vers l'an mil, la ville est peuplée de 250 000 à 500 000 habitants.

### La salle de prière de la mosquée de Cordoue

La forêt de colonnes et les arcs en fer à cheval sont les symboles de l'architecture musulmane en Espagne.

# 25 décembre 800

## Charlemagne est couronné empereur à Rome

**En 751, Pépin le Bref, fils de Charles Martel, renverse la dynastie mérovingienne et devient roi des Francs. Ses deux fils, Carloman et Charles (le futur Charlemagne), lui succèdent à sa mort en 768.**

### Charlemagne, un grand guerrier

Dès le début de son règne, Charles s'empare de l'Aquitaine (voir p. 84). À la mort de son frère Carloman en 771, il étend ses possessions en Italie, puis en Saxe, et fait d'Aix-la-Chapelle la capitale de son empire. Ses conquêtes lui permettent d'asseoir la légitimité de la dynastie carolingienne à la tête du royaume des Francs.

Au même moment, à Rome, l'autorité du pape Léon III est contestée par la noblesse locale. Le souverain pontife fait alors appel à Charlemagne, auquel il offre la dignité impériale en échange d'une protection militaire.

### Un désir d'harmonie

Le 23 novembre 800, Charlemagne fait une entrée triomphale à Rome. Le 23 décembre, il préside une grande assemblée scellant la réconciliation entre Léon III et les nobles romains. Puis, le 25 décembre, dans la basilique Saint-Pierre, il est couronné empereur par le pape avant d'être acclamé par l'assistance formée des grands dignitaires laïcs et ecclésiastiques. Durant tout son règne, Charlemagne accorde une place centrale à la religion chrétienne : il fait corriger les textes saints, unifie les chants sacrés et promeut la formation des prêtres. Depuis son palais d'Aix-la-Chapelle, il gouverne un immense territoire, tel un empereur romain.

*« Que [Charlemagne] fût assis ou debout, toute sa personne commandait le respect et respirait la dignité. »*

Éginhard, *Vie de Charlemagne*, IX<sup>e</sup> siècle.

**Le couronnement de Charlemagne par Léon III**

Cette enluminure souligne la soumission de Charlemagne face au pape Léon III qui dépose la couronne sur la tête du souverain franc. Mais selon un texte écrit sous les Carolingiens, les *Annales*, c'est le pape qui se serait prosterné devant le souverain.

*Grandes Chroniques de France*, miniature, XIVe siècle (Bibliothèque municipale de Castres).

## Le partage de Verdun

En 814, Louis le Pieux, fils de Charlemagne, devient empereur. Dès 817, il règle sa succession selon la tradition en vigueur depuis Clovis (voir p. 85). L'Empire carolingien est divisé entre ses fils : Lothaire, l'aîné, reçoit la dignité impériale et le centre de l'empire ; Louis, la partie orientale de l'empire ; Charles, la partie occidentale, territoire qui allait devenir la France.

Mais après la mort de leur père en 840, les trois fils se disputent leur part d'héritage. En 843, sous la pression des clercs et des nobles, ils se rencontrent à Verdun et signent un traité pour définir un nouveau partage qui, cette fois-ci, est respecté.

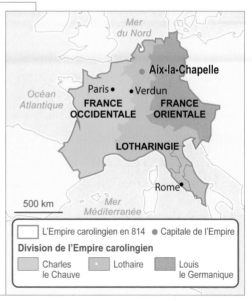

# 1023

# Avicenne se réfugie auprès de l'émir d'Ispahan en Perse

**Au XIᵉ siècle, le monde musulman est divisé en émirats, petits royaumes placés sous l'autorité du calife de Bagdad. Chacun d'eux essaie d'attirer les plus grands savants pour donner un rayonnement culturel à sa cour.**

## Un savant, infatigable voyageur

Avicenne est né en 980 près de Boukhara, une très grande ville de Perse. Il s'intéresse dès son plus jeune âge aux sciences naturelles et à la médecine. À 16 ans, il est déjà un médecin renommé. Après avoir guéri le prince de Boukhara, il est autorisé à étudier les auteurs grecs dans la grande bibliothèque de la ville. Puis il entreprend de grands voyages pour découvrir d'autres textes qu'il apprend par cœur. Il commence ensuite la rédaction d'une encyclopédie de médecine, le *Canon*.

## Le « prince des médecins »

En 1014, Avicenne s'installe à Hamadan à l'ouest de la Perse* où un émir chiite (voir p. 83) le choisit comme principal ministre. Il se consacre à ses activités politiques le jour et rédige la nuit *Le Livre de la guérison de l'âme*. Mais en 1023, la mort de son protecteur l'oblige à fuir la ville. Emprisonné, il profite de son incarcération pour écrire un nouveau traité de médecine, *Remèdes pour les maladies cardiaques*. Il se réfugie finalement auprès de l'émir d'Ispahan, ville-étape importante sur la route de la soie (voir p. 54). Il y enseigne la médecine et écrit jusqu'à sa mort en 1037.

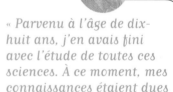

« *Parvenu à l'âge de dix-huit ans, j'en avais fini avec l'étude de toutes ces sciences. À ce moment, mes connaissances étaient dues surtout à ma mémoire.* »

Avicenne, *Le Livre de la science*, 1021-1037.

* L'Iran actuel.

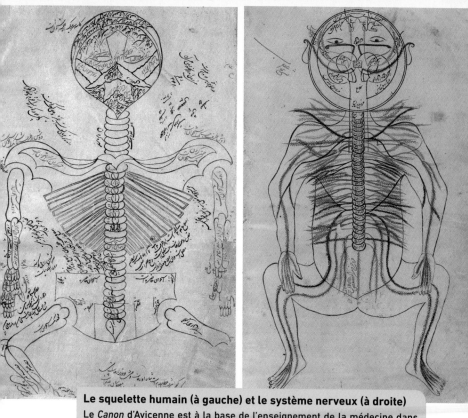

**Le squelette humain (à gauche) et le système nerveux (à droite)**
Le *Canon* d'Avicenne est à la base de l'enseignement de la médecine dans toutes les universités d'Europe et du monde musulman pendant 600 ans.
Avicenne, *Canon*, manuscrit persan de 1632 (Wellcome Library, Londres).

## Les chemins du savoir

Comme Avicenne, les scientifiques musulmans du Moyen Âge s'inspirent des savants grecs de l'Antiquité. Au cours de leurs conquêtes (voir p. 87), les Arabes s'emparent en effet de nombreuses bibliothèques byzantines où se trouvent des manuscrits grecs. Et c'est ainsi que ces textes, traduits en arabe, viennent enrichir la science musulmane. Celle-ci acquiert une telle renommée que les Européens font à leur tour traduire ces écrits de l'arabe au latin, souvent par des juifs ou des musulmans récemment convertis au christianisme et qui résident dans l'Espagne redevenue chrétienne après la *Reconquista* (voir p. 135).

**Moyen Âge**

**5^e**

# Routes
# et échanges
# en Méditerranée

Dès la fin du VIII^e siècle, les marchands musulmans rapportent à Bagdad céramiques, soieries et épices d'Extrême-Orient. Au X^e siècle, quand les califes s'installent au Caire, en Égypte, le centre du commerce se déplace alors vers la Méditerranée.

## Des échanges commerciaux

### Les marchands musulmans, pourvoyeurs de nouveaux produits

Grâce à leur connaissance de la boussole, les marchands arabes peuvent voyager sur mer ou sur terre, à la recherche de nouveaux produits. Ils établissent des comptoirs en Inde d'où ils rapportent des pierres précieuses. Les caravanes arabes, convois de marchands voyageant à dos de chameaux ou de dromadaires, parcourent également l'Asie centrale, longeant la route de la soie (voir p. 54) jusqu'en Chine. Ils traversent aussi le Sahara pour entrer en contact avec les empires d'Afrique subsaharienne et ramènent esclaves, sel et or jusqu'à Alexandrie. Les souks arabes regorgent alors de marchandises venues d'Asie ou d'Afrique.

> « C'est elle [Al-Fustat] la capitale de l'Égypte, celle où toute l'humanité vient commercer : [...] elle est l'entrepôt du Maghreb, le dock de l'Orient. »

Al-Muqaddasī, *La Meilleure Répartition pour la connaissance des provinces*, X^e siècle.

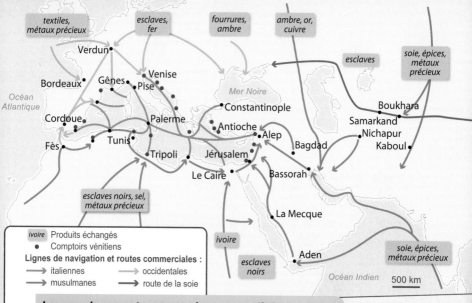

**Les grands courants commerciaux au XII<sup>e</sup> siècle**

Les produits africains, asiatiques et européens se retrouvent dans les ports de la mer Méditerranée, apportés par les commerçants arabes et redistribués par les marchands italiens.

## Les marchands italiens, maîtres du commerce en Méditerranée

À partir du XII<sup>e</sup> siècle, les Vénitiens, puis les Pisans et les Génois, s'établissent dans l'Empire byzantin, dans les villes des États latins d'Orient (voir p. 99) et dans des ports arabes du sud de la Méditerranée (Alexandrie, Tripoli). Ils achètent les produits rapportés par les musulmans et les revendent en Occident grâce à une importante flotte commerciale. À la fin du XIV<sup>e</sup> siècle, ils essaient d'entrer directement en contact avec le monde chinois. Marco Polo, son père et son oncle se lancent, depuis Venise, dans un vaste périple le long de la route de la soie (voir p. 118).

### Les épices en Occident

Dès le VIII<sup>e</sup> siècle, les commerçants arabes s'approvisionnent en noix de muscade, cannelle et poivre en Asie. Au XII<sup>e</sup> siècle, les croisades permettent aux Européens de redécouvrir les épices, oubliées depuis la fin de l'époque romaine. Les épices prennent ainsi une place de plus en plus importante dans la préparation et la conservation des plats, surtout sur la table des seigneurs.

Au XV<sup>e</sup> siècle, le prix du poivre est multiplié par 30, ce qui peut expliquer la recherche de nouvelles voies maritimes, moins longues, pour gagner l'Asie (voir p. 134).

**La riche et puissante Venise**

Fondée au VIe siècle dans une lagune du nord de la péninsule Italienne, la « Sérénissime » domine les routes maritimes de la Méditerranée au XIIe siècle.

Erhard Reuwich, gravure sur bois imprimée sur parchemin, 30 x 160 cm (détail), extraite de Bernard von Breidenbach, *Reise ins Heilige Land*, Mayence, 1486 (BNF, Paris).

# Des échanges culturels

Malgré les expéditions militaires qui opposent chrétiens et musulmans à partir du XIe siècle (voir p. 98), des échanges pacifiques dominent dans certains lieux où cohabitent les quatre civilisations de la Méditerranée : musulmane, byzantine, latine et juive.

## Le royaume de Sicile, une terre de tolérance

Cette île au sud de l'Italie occupe une position stratégique en mer Méditerranée. Elle a d'abord été conquise par les Byzantins (VIe siècle), puis par les musulmans (IXe siècle) et enfin par des chevaliers chrétiens au XIe siècle. Ces nouveaux souverains, qui viennent de Normandie, intègrent le mode de vie de leurs prédécesseurs byzantins ou musulmans. Dans leur capitale, Salerne, s'ouvre la plus ancienne école de médecine chrétienne grâce aux traductions des livres de savants musulmans (voir p. 91).

## Al-Andalus, un trait d'union entre le monde chrétien et musulman

En 711, les Arabes franchissent le détroit de Gibraltar et conquièrent la presque totalité de la péninsule Ibérique qui devient alors Al-Andalus (voir p. 87). Juifs et chrétiens apprennent l'arabe et traduisent les philosophes grecs de l'arabe au latin. Reprise en 1085 par le souverain chrétien Alphonse VI de Castille, la ville de Tolède reste pendant tout le XIIᵉ siècle le lieu où juifs, chrétiens et musulmans se côtoient pacifiquement. Son petit-fils, Alphonse VII, se fait même appeler « empereur des trois religions ».

« *C'est à Tolède que l'enseignement des Arabes [...] est dispensé aux foules. Je m'y hâtai de m'y rendre pour écouter l'enseignement des plus grands philosophes du monde.* »

Daniel de Morley, préface du *Traité de cosmologie*, XIIᵉ siècle.

arcs polylobés entrelacés : architecture musulmane

### La porte du Soleil à Tolède

Sans doute construite au Xᵉ ou au XIᵉ siècle, à l'époque où la ville est dirigée par les souverains musulmans, la porte est modifiée au XIVᵉ siècle par l'archevêque de la ville. Mêlant architectures musulmane et chrétienne, ce monument est un témoignage du mélange culturel et religieux (syncrétisme) qui existe alors dans l'Espagne médiévale.

arcs en plein cintre : architecture occidentale

arcs brisés : architecture occidentale

arcs outrepassés : architecture musulmane

# 1066

# Guillaume, duc de Normandie, remporte la bataille d'Hastings

Depuis 1042, Édouard le Confesseur règne sur l'Angleterre. Sans enfant, il désigne en 1051 Guillaume de Normandie comme héritier de la couronne à la place de son beau-frère, Harold Godwinson, comte de Wessex.

## Une guerre de succession rapidement menée

À la mort d'Édouard au début de l'année 1066, Harold affirme que le roi l'a reconnu comme héritier avant de mourir. De plus, l'assemblée des grands seigneurs anglais le choisit comme souverain. Mais Guillaume réunit une puissante armée puis débarque en Angleterre le 28 septembre 1066. Face à la menace, les troupes d'Harold reviennent du nord de l'île où elles étaient parties combattre le roi de Norvège.

Le choc a lieu le 14 octobre à Hastings. Les soldats anglais sont disposés sur les collines, ce qui leur donne l'avantage de la pente. Mais grâce à ses archers dont les flèches franchissent aisément le mur de boucliers des Anglais, Guillaume remporte la bataille.

*« Les Normands lancent des traits, frappent et percent. [...] Guillaume conduisit supérieurement cette bataille. »*

Guillaume de Poitiers, *Vie de Guillaume le Conquérant*, 1071-1077.

## Roi d'Angleterre et vassal du roi de France

Désormais appelé « le Conquérant », Guillaume est couronné roi d'Angleterre le jour de Noël 1066 dans l'église de l'abbaye de Westminster à Londres. Il charge ses barons normands de contrôler son nouveau royaume. Le pays est alors divisé entre une noblesse franque et un peuple d'origine saxonne. Par ailleurs, le roi d'Angleterre, également duc de Normandie, doit fidélité au roi de France pour son duché, augurant ainsi de nombreux conflits (voir p. 112).

NIT AD PEVENE ★ SÆ ∶·

**La tapisserie de Bayeux**

Cette broderie longue de plus de 68 mètres et large de 50 centimètres représente la conquête de l'Angleterre par Guillaume. Sur ce détail, la flotte, composée de moras (navires proches des drakkars), se dirige vers les côtes anglaises.

Tapisserie de Bayeux (détail), v. 1070
(Musée de la tapisserie de Bayeux).

## Henri II Plantagenêt (1154-1189), un vassal encombrant

■ Henri est l'arrière-petit-fils de Guillaume le Conquérant. Né en 1133, il devient duc de Normandie à 17 ans, puis en 1151, comte d'Anjou et du Maine. En 1152, il ajoute l'Aquitaine à ses possessions continentales grâce à son mariage avec Aliénor, unique héritière du duché d'Aquitaine et tout juste divorcée du roi de France Louis VII. Enfin en 1154, après des années de guerre civile, Henri s'impose comme roi d'Angleterre. Ainsi depuis le règne d'Henri II Plantagenêt, le roi d'Angleterre possède de très nombreux fiefs dans le royaume de France, acquis par héritage ou par mariage (voir p. 128). Le vassal paraît alors plus puissant que son seigneur (voir p. 126). ■

**Henri II Plantagenêt et Aliénor**

Miniature (BNF, Paris).

# 1099

## Les chrétiens s'emparent de Jérusalem lors de la première croisade

En novembre 1095, le pape Urbain II réunit les évêques à Clermont et appelle à la croisade pour délivrer le tombeau de Jésus à Jérusalem, alors occupée par les musulmans.

### Un premier départ

Le pape promet la rémission totale des péchés et donc le paradis à tous ceux qui partent combattre en Orient. Dès avril 1096, une première expédition se forme, composée de chevaliers, mais aussi d'artisans et de paysans. Ils ont cousu une croix sur leurs vêtements, à l'origine du nom de « croisés » puis de « croisade ». Mal préparés et peu disciplinés, ils se livrent à des pillages pour survivre. En Allemagne, ils massacrent des centaines de juifs. Après avoir été chassés de Hongrie et de l'Empire byzantin, les croisés arrivent finalement en Turquie où ils sont tués ou réduits en esclavage par les musulmans.

### Un deuxième contingent mieux structuré

À l'été 1096, Godefroi de Bouillon, duc de Basse-Lorraine, prend la tête d'une expédition militaire, cette fois-ci bien organisée. Victorieux des Turcs, ses soldats occupent la Syrie et le Liban actuels, où ils fondent les États latins d'Orient. Ils atteignent Jérusalem le 7 juin 1099. Plusieurs fois, l'assaut est donné contre la ville, mais en vain. Le 6 juillet, les croisés organisent une procession autour des murailles de Jérusalem, s'attirant les moqueries de leurs adversaires. Mais, le 15 juillet, ils parviennent à prendre pied sur les murailles, pillent la ville et massacrent la population juive et musulmane.

> *« Les Francs restèrent une semaine dans la ville, occupés à massacrer les musulmans. »*

Ibn al-Athîr, *Somme des histoires*, xiiᵉ siècle.

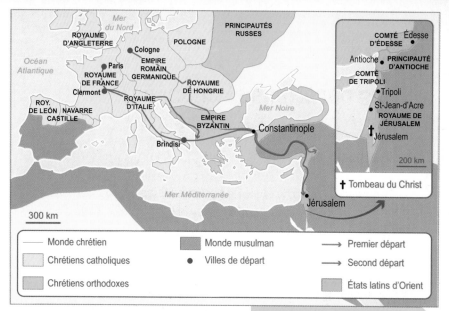

**Monde chrétien** — **Monde musulman** — → Premier départ
Chrétiens catholiques — ● Villes de départ — → Second départ
Chrétiens orthodoxes — États latins d'Orient

## Les sept croisades de secours

La formation des quatre États latins d'Orient permet aux chrétiens de s'installer durablement en Orient. Cependant ces territoires sont entourés de troupes musulmanes prêtes à attaquer. Dès 1144, le comté d'Édesse tombe aux mains des Turcs, ce qui entraîne la deuxième croisade (1146). La prise de Jérusalem en 1187 par le sultan d'Égypte et de Syrie, Saladin, déclenche la troisième croisade (1189). Malgré quatre autres expéditions au cours du XIIIe siècle, les chrétiens ne peuvent s'emparer de la ville sainte et les États latins d'Orient disparaissent. L'idée de croisade resurgit cependant au XVIe siècle lorsque l'Espagne catholique lutte contre les Turcs ottomans, notamment au moment de la bataille de Lépante en 1571.

## La première croisade (1096-1099)

Les croisés partent d'Occident (Europe) et empruntent des routes terrestres ou maritimes pour se rejoindre en Orient, souvent près de Constantinople.

## Les croisades en Orient

| | |
|---|---|
| **1095** | Urbain II appelle à la 1re croisade. |
| **1099** | Prise de Jérusalem par les croisés (fin de la 1re croisade). |
| **1146** | Eugène III appelle à la 2e croisade. |
| **1187** | Prise de Jérusalem par Saladin, Grégoire VIII appelle à la 3e croisade. |
| **1198** | Innocent III appelle à la 4e croisade. |
| **1215** | Innocent III appelle à la 5e croisade. |
| **1228** | Grégoire IX appelle à la 6e croisade. |
| **1245** | Innocent IV appelle à la 7e croisade. |
| **1263** | Urbain IV appelle à la 8e croisade. |

# 1115

## Bernard fonde
## l'abbaye de Clairvaux

**À l'initiative du pape Grégoire VII, la réforme grégorienne cherche à restaurer les mœurs du clergé et à renforcer l'autorité du pape. Les ordres monastiques, et notamment l'ordre cistercien, sont chargés de mettre en œuvre cette réforme.**

### Un idéal d'austérité

En réaction au luxe et à l'influence politique notamment de l'ordre clunisien, Robert de Molesmes fonde en 1098 l'abbaye de Cîteaux. Il s'agit de mieux respecter la règle bénédictine élaborée par Benoît de Nursie au VIᵉ siècle : renoncer au monde et aux richesses pour se consacrer uniquement à Dieu. En 1113, un noble de Bourgogne, Bernard, entre à Cîteaux. Attirant de nombreuses vocations grâce à son idéal de pauvreté, l'abbaye devient trop petite. Bernard part en 1115 fonder une nouvelle communauté à Clairvaux en Champagne.

### L'expansion de l'ordre cistercien

Voyageant dans toute l'Europe, Bernard crée de nouvelles abbayes qui dépendent de Clairvaux : on en compte une soixantaine à sa mort en 1153. Dans chacune d'elles, les terres agricoles sont cultivées par les convers, moines d'origine paysanne. Les moines de chœur, issus de la noblesse, se consacrent davantage à la prière. Ce système d'exploitation permet à l'abbaye de Clairvaux de devenir très riche. Les abbés, très influents, prennent en charge les grandes missions religieuses, les croisades (voir p. 98) ou encore la lutte contre les hérétiques (voir p. 115).

*« Vous donnez à vos églises des proportions gigantesques, vous les décorez avec somptuosité [...]. Quel rapport avec votre vie de pauvres, de moines, de gens tournés vers la méditation ? »*

Bernard de Clairvaux s'adressant aux clunisiens, *Apologie à Guillaume de saint Thierry*, chapitre XII.

## L'ordre de Cluny

Le monastère de Cluny est fondé en 909-910 dans le sud de la Bourgogne actuelle, sur des terres données par Guillaume, duc d'Aquitaine, en échange de prières pour le salut de son âme. Les moines de Cluny sont des bénédictins, appliquant la règle de vie monastique de Benoît de Nursie. S'appuyant sur un réseau dense de monastères et s'enrichissant rapidement grâce aux nombreux dons qu'il reçoit, l'ordre clunisien devient très influent et ses membres accèdent aux plus hautes responsabilités au sein de l'Église, à l'instar du pape Urbain II (voir p. 98), élu en 1088.

# 1158

## Frédéric Barberousse
### accorde des privilèges
### aux étudiants de Bologne

**Depuis la chute de l'Empire romain d'Occident, le droit écrit a pratiquement disparu d'Europe occidentale. Les lois sont alors édictées oralement. Mais à partir du XII⁰ siècle, les études juridiques, à partir de textes latins, connaissent un renouveau en Italie du Nord et particulièrement à Bologne.**

### Barberousse, successeur des empereurs romains

Appelé à régner à la mort de Conrad III en 1152, Frédéric Barberousse organise une expédition militaire en Italie en 1154 qui lui permet de se faire couronner empereur romain germanique* en juin 1155. Mais les communes d'Italie du Nord et le pape contestent son autorité. Pour asseoir son pouvoir sur des bases juridiques, Frédéric Barberousse, de retour en Italie en 1158, charge quatre professeurs des écoles de droit romain de Bologne d'élaborer des lois qui le reconnaissent comme héritier des empereurs romains.

### L'indépendance de l'université face aux pouvoirs

En échange, Frédéric Barberousse octroie des privilèges aux étudiants de Bologne par le texte appelé *Authentica « Habita »*. Désormais, ceux qui voyagent pour s'instruire peuvent circuler librement sur les routes et dans toutes les villes de l'Empire. Ils sont exemptés des impôts communaux, du devoir militaire et peuvent choisir leurs juges. Ces privilèges sont progressivement étendus aux professeurs. Ce texte sert d'exemple aux souverains français et anglais qui accordent à leur tour des privilèges aux étudiants des universités de leur pays, la Sorbonne en France, Oxford et Cambridge en Angleterre.

* Le Saint-Empire romain germanique se forme au X⁰ siècle à partir des territoires orientaux de l'Empire carolingien (voir p. 89), incluant l'Italie actuelle (voir p. 155).

**Le cours de médecine**

Le maître, vêtu d'un manteau rouge, fait la leçon à ses élèves qui sont tous tonsurés : au Moyen Âge, les étudiants dans les universités sont des clercs (des hommes d'Église). Le cours est intégralement basé sur l'analyse de livres. En médecine, l'étude sur le corps humain et particulièrement les dissections sont interdites, ce qui explique la supériorité des connaissances médicales dans le monde musulman (voir p. 91).

Barthélemy l'Anglais, *Livre des Propriétés des choses*, miniature, XIV\e siècle (BNF, Paris).

« *Saint Pierre est le père de tous les lieux et Bologne la mère de la loi.* »

Devise de l'université de Bologne.

## L'enseignement au Moyen Âge

Au Moyen Âge, les fils de la noblesse reçoivent une éducation sommaire assurée par l'Église. Mais à partir du XII\e siècle et de la redécouverte des textes grecs grâce aux savants arabes (voir p. 91), des écoles apparaissent dans les villes, puis se rassemblent pour donner naissance aux universités. Les premières années d'études sont divisées en deux cycles : le *trivium*, qui porte sur l'art du discours, et le *quadrivium*, sur les réalités à mesurer (arithmétique, géométrie, musique et astronomie). Les étudiants se spécialisent ensuite en droit, en théologie ou en médecine.

# 1182

## Le chœur de Notre-Dame de Paris est achevé

À Paris, centre politique et économique du royaume de France, une cathédrale gothique est construite. L'édifice témoigne de la puissance et de la place centrale de l'Église catholique dans l'Europe médiévale.

### Un projet ambitieux

En 1160, le nouvel évêque de Paris, Maurice de Sully, décide, avec l'appui du roi Louis VII, de faire construire une nouvelle cathédrale sur l'île de la Cité, en face du palais royal. Il souhaite que soit utilisé un style architectural nouveau, appelé gothique, qui permet de construire des édifices majestueux, comme à Saint-Denis, Senlis ou Sens. Des travaux très importants sont prévus : il faut détruire l'ancienne cathédrale, aménager un vaste parvis, percer une nouvelle rue, bâtir un palais pour l'évêque et un hôpital pour les pauvres et les malades (l'Hôtel-Dieu).

### Une lente réalisation

En 1163, le pape Alexandre III pose la première pierre du nouvel édifice. Financés par l'Église et les Parisiens, les travaux mobilisent un nombre considérable d'artisans : tailleurs de pierre, maçons, charpentiers, sculpteurs... En 1182, le chœur est achevé. Le chantier se poursuit dans la nef, puis sur la façade et enfin dans les chapelles et les

« *Ainsi, durant les six mille premières années du monde, [...] l'architecture a été la grande écriture du genre humain.* »

Victor Hugo, *Notre-Dame de Paris*, 1831.

arcs-boutants. L'édifice, terminé dans la deuxième moitié du XIIIᵉ siècle, est consacré à la Vierge Marie. Impressionnant, il atteint une longueur totale de 128 mètres et une hauteur sous voûte de 33 mètres.

**La cathédrale Notre-Dame de Paris au XIIᵉ siècle**
Au Moyen Âge, la cathédrale de pierre jaillit entre les maisons de deux ou trois étages qui l'entourent. La façade est composée de plusieurs parties. Au-dessus des trois portails se trouve l'imposante rosace (près de 10 mètres de diamètre) ornée de vitraux, puis les deux tours hautes de 69 mètres qui abritent les cloches.
Reconstitution en 3D © Dassault Systèmes.

## Du « roman » au « gothique »

Du XIᵉ au XIIᵉ siècle, les églises sont édifiées dans le style dit roman. La voûte est en berceau et les arcs arrondis. D'une hauteur limitée, les édifices possèdent des murs épais, renforcés par des contreforts extérieurs. À partir du milieu du XIIᵉ siècle, le style dit gothique voit le jour, fondé sur une nouvelle technique : la croisée d'ogives. La voûte est désormais soutenue par une croix de pierre qui fait retomber le poids sur des piliers. Une partie des forces est déchargée sur des contreforts extérieurs par des arcs-boutants. Cette technique permet de construire des édifices plus hauts, plus grands et plus lumineux puisque l'on peut désormais percer les murs de larges fenêtres décorées de vitraux formés de morceaux de verre colorés. Les portails sont agrémentés de sculptures de pierre peintes.

5<sup>e</sup>

# La société dans l'Occident féodal

Au Moyen Âge, près de 90 % de la population européenne est rurale. Les campagnes sont exploitées par les paysans dominés par les seigneurs. Mais, sous l'effet de la croissance démographique et de l'expansion du commerce, les villes se développent.

## Le monde des campagnes

### La domination des seigneurs

Au XI<sup>e</sup> siècle, presque toutes les terres appartiennent à des seigneurs laïcs (chevaliers) ou ecclésiastiques (évêques, abbés). L'argent qu'ils tirent de l'exploitation de leur seigneurie leur permet de vivre confortablement, d'entretenir une petite armée ou de construire un château. Les seigneurs possèdent le droit de ban sur leurs terres : ils rendent la justice, infligent des amendes et peuvent même, pour certains, prononcer des peines de mort. Pour bénéficier de leur protection, en cas d'attaque notamment, les habitants de la seigneurie paient un impôt, la taille. Paysans et artisans vivent généralement dans le village qui se forme, à partir des X<sup>e</sup> et XI<sup>e</sup> siècles, autour de l'église et du château, souvent les seuls bâtiments en pierre.

### L'exploitation économique de la seigneurie

La seigneurie rapporte d'importants revenus à son propriétaire. Elle comprend deux grands types de terres : la réserve, que le seigneur fait exploiter pour lui, et les tenures, qu'il concède aux paysans. En échange, ces derniers acquittent chaque année le cens (impôt fixe en argent) ou le champart (impôt en nature). Ils effectuent des corvées (jours de travail gratuits) pour le seigneur. Enfin, ils sont obligés de payer des banalités pour utiliser le moulin, le pressoir et le four construits par le seigneur.

## Le poids de l'agriculture

Aux XIIᵉ et XIIIᵉ siècles, l'Europe connaît un essor économique et démographique sans précédent, qui repose en grande partie sur les campagnes. À la veille de la peste noire qui décime le continent à partir de 1347 (voir p. 122), la population du royaume de France atteint ainsi 21 millions d'habitants. Les paysans, sous l'impulsion des seigneurs, défrichent les forêts et transforment les terres incultes en champs, prés ou vignes. L'équipement agricole se modernise et l'usage d'outils en fer permet d'augmenter les rendements. La charrue, qui permet de labourer la terre plus profondément, se généralise. Au XIVᵉ siècle, la guerre de Cent Ans (voir p. 125) met cependant un frein à cette prospérité.

**La taille des arbres**

*Heures à l'usage de Paris,* miniature, XVᵉ siècle (BNF, Paris).

# L'essor des villes

## Les fonctions des villes

À partir du XI<sup>e</sup> siècle, les bourgs s'agrandissent et de nouvelles villes voient le jour. La population urbaine, bien que très minoritaire, augmente grâce aux progrès réalisés dans les campagnes (qui nourrissent les villes), à la croissance démographique et au développement du commerce. Les petites villes, les plus nombreuses, regroupent quelques milliers d'habitants ; les plus grandes, comme Venise ou Paris, comptent près de 100 000 habitants au XIII<sup>e</sup> siècle.

La ville est un lieu de production avec de nombreux artisans regroupés en corporations. Elle est aussi le lieu des échanges avec ses halles et ses marchés. Les grandes foires, comme celles de Champagne (voir p. 119), se tiennent ainsi en ville, où habitent les marchands les plus importants.

Enfin, les centres urbains sont un lieu où s'élabore le savoir. Les écoles s'y multiplient à partir du XII<sup>e</sup> siècle et les premières universités apparaissent (voir p. 103).

**Une ville à la fin du Moyen Âge**

Le commerce est l'une des grandes activités urbaines. Sur cette place de marché imaginaire, des produits de l'artisanat (métaux, vêtements) sont proposés aux riches acheteurs tandis que les paysans des campagnes environnantes viennent vendre le surplus de leur production.

*Le Chevalier errant,* Thomas III de Saluces, enluminure, vers 1400-1405 (BNF, Paris).

## Une autonomie progressive

Peu à peu, les villes cherchent à s'émanciper du pouvoir des seigneurs. Elles négocient des chartes de franchise qui leur donnent le droit de se gérer elles-mêmes. Les bourgeois, c'est-à-dire les habitants du bourg, paient leurs impôts en ville et élisent des représentants : maires, consuls ou échevins selon les régions. Ces derniers déterminent les taxes, dirigent la ville et rendent la justice. Ils veillent également à la sécurité par la construction et l'entretien des remparts, ou encore la création d'une force armée. Les hôtels de ville qui sont alors construits témoignent de la puissance et de l'autonomie de la cité. D'autres bâtiments, comme les cathédrales (voir p. 104), montrent aussi la richesse des habitants et participent au rayonnement de la ville.

### Les corporations

Les corporations sont des associations regroupant les gens qui font le même métier dans une ville. Il est nécessaire d'en faire partie pour pouvoir exercer la profession correspondante. Les fonctions sont hiérarchisées : les maîtres sont propriétaires de leur atelier et le dirigent en employant des compagnons. Les apprentis, quant à eux, s'initient au métier, parfois dès l'âge de 12 ans. La corporation encadre la profession et fixe les règles que chaque membre doit respecter. Elle indique par exemple la durée de l'apprentissage, les produits ou les techniques qui doivent être utilisés, la somme d'argent nécessaire pour devenir maître, etc.

Il existe donc dans les villes une grande diversité de métiers et des conditions sociales variées, depuis le riche patron d'atelier jusqu'à l'humble apprenti.

**Artisans spécialisés dans le travail de la laine**
Miniature (BNF, Paris).

# 1204

## Les croisés pillent Constantinople

**La quatrième croisade organisée par les chrétiens d'Occident contre les musulmans se détourne sur Constantinople, capitale de l'Empire byzantin, successeur de l'Empire romain d'Orient.**

### Le rôle de Venise

En 1198, le pape Innocent III lance un appel à la croisade (voir p. 99) afin de délivrer Jérusalem reconquise en 1187 par Saladin, sultan d'Égypte et de Syrie. Pour traverser la Méditerranée, les croisés se tournent vers la puissante cité maritime de Venise (voir p. 94). Mais ils ne parviennent pas à réunir la somme considérable demandée pour affréter des navires. Les autorités vénitiennes exigent alors d'eux qu'ils s'emparent de Zadar, un comptoir commercial révolté sur la côte dalmate (actuelle Croatie). Durant le siège, le prince byzantin Alexis, chassé du pouvoir par son oncle, promet beaucoup d'argent et un appui militaire aux chefs de la croisade s'ils l'aident à retrouver le trône de l'Empire byzantin (voir p. 81).

### Les croisés à Constantinople

Arrivés à Constantinople, les croisés restaurent le pouvoir d'Alexis IV en 1203. Mais, impopulaire, celui-ci est bientôt chassé par une révolte. En janvier 1204, le nouvel empereur, Alexis V, exige le départ des croisés. Des négociations s'engagent mais, en avril, les croisés donnent l'assaut. Après une bataille furieuse, Constantinople est mise à sac pendant trois jours. La population est massacrée, les œuvres d'art, les trésors et les reliques emportés en Occident. Le pillage d'une ville chrétienne par d'autres chrétiens provoque un choc et marque une rupture importante entre l'Occident et l'Orient.

> *« Depuis la création du monde, on ne vit, ni ne conquit si grande richesse, ni au temps d'Alexandre, ni au temps de Charlemagne. »*
>
> Robert de Clari, *Conquête de Constantinople*, XIIIe siècle.

**La Prise de Constantinople**

Ce tableau, peint plus de trois siècles après les événements, célèbre la gloire de Venise, alors à son apogée en 1204. Les croisés sortent des galères de la Sérénissime et se ruent à l'assaut des remparts de Constantinople, brandissant les étendards marqués du lion de saint Marc, protecteur de Venise.

Domenico Tintoretto, dit le Tintoret, huile sur toile, 1580 (Palais des Doges, Venise).

## La première rupture de la chrétienté

En 1054, l'Église chrétienne d'Occident dirigée par le pape se sépare de l'Église chrétienne d'Orient (voir p. 81) dirigée par le *basileus* et le patriarche de Constantinople. C'est le schisme : désormais, co-existent l'Église catholique en Occident et l'Église orthodoxe en Orient (Empire byzantin) ainsi que dans l'est de l'Europe. En effet dans cette région, deux moines byzantins, Cyrille et Méthode, ont christianisé les populations slaves au IXe siècle. Ils ont inventé un nouvel alphabet, dit cyrillique, pour traduire la Bible en slave.

# 1214

## Philippe Auguste remporte la bataille de Bouvines

Durant son règne, le roi de France Philippe Auguste renforce son pouvoir. En 1214, il remporte contre le roi d'Angleterre et l'empereur germanique une victoire militaire qui lui confère un grand prestige.

### Des vassaux félons

Depuis 1066, le roi d'Angleterre possède des fiefs dans le royaume de France : la Normandie (voir p. 96) ainsi que de vastes territoires dans le Sud-Ouest suite au mariage d'Henri II Plantagenêt avec Alénior d'Aquitaine en 1152 (voir p. 97). En 1202, Philippe Auguste accuse le roi anglais Jean sans Terre de ne pas respecter ses devoirs de vassal (voir p. 126) et s'empare de la Normandie, de l'Anjou, du Maine et du Poitou. Cherchant à prendre sa revanche, Jean sans Terre s'allie alors avec son neveu, l'empereur germanique Othon IV, et avec les comtes de Flandre et de Boulogne, vassaux de Philippe Auguste.

### Deux victoires pour la France

Le 2 juillet 1214, l'armée anglaise est battue près d'Angers par le dauphin* Louis (futur Louis VIII). Dans le même temps, les alliés du roi d'Angleterre se préparent à affronter Philippe Auguste dans le nord de la France. Les deux armées se retrouvent face à face près de Bouvines, entre Lille et Tournai. Le dimanche 27 juillet, les troupes d'Othon IV et des comtes de Flandre et de Boulogne attaquent les Français mais sont battues en fin d'après-midi. Le retour de Philippe Auguste vers Paris est triomphal. Le roi a vaincu ses vassaux et peut considérablement agrandir le domaine royal (voir p. 128).

*« Le roi [...] tomba de la hauteur de tout son corps et fut renversé par terre, la tête en avant. »*

Guillaume Le Breton, *Philippide*, chant XI décrivant Philippe Auguste durant la bataille, XIIᵉ siècle.

* Titre porté par le fils aîné du roi, héritier de la couronne à la mort de son père.

## Philippe Auguste face à Othon IV à Bouvines

La bataille de Bouvines est avant tout un affrontement de chevaliers, fait de charges successives. Philippe Auguste (à gauche) manque de peu d'y être fait prisonnier. Mais à la fin de la journée de combats, l'empereur Othon IV (à droite) s'enfuit, abandonnant son emblème. Les comtes de Flandre et de Boulogne sont faits prisonniers et ramenés à Paris.

*Grandes Chroniques de France,* enluminure, 1375-1380 (BNF, Paris).

## L'armée du roi de France au XIIIe siècle

Au XIIIe siècle, le roi de France ne dispose pas d'une armée permanente. Pour affronter la coalition rassemblée par le roi d'Angleterre, Philippe Auguste a convoqué l'ost royal, c'est-à-dire tous les chevaliers qui sont ses vassaux et qui accomplissent ainsi leur devoir militaire (voir p. 126). L'armée est formée de cavaliers et de fantassins, suivis de chariots chargés de provisions et d'armes, prêtés par les villes, les abbayes et les évêchés. Au total, elle regroupe selon les estimations quelques milliers de chevaliers et sergents à cheval ainsi que quelques milliers de gens de pied.

# 1215

## Dominique de Guzman fonde l'ordre dominicain

**Créé pour lutter contre l'hérésie, l'ordre des frères prêcheurs s'implante dans les villes en Occident. Il répand la parole du Christ et vit de la mendicité.**

### La naissance de l'ordre

Dominique de Guzman naît vers 1170 dans une famille noble espagnole. Très tôt destiné à faire carrière dans l'Église catholique, il entre en 1196 dans l'entourage de l'évêque d'Osma.

Au début du XIIIᵉ siècle, il se rend dans le sud de la France pour combattre l'hérésie cathare (voir p. 115) et vaudoise. Avec quelques compagnons, il entreprend une campagne de prédication et de débats publics, misant sur sa force de persuasion. Il s'installe ensuite à Toulouse pour aider le clergé local. L'évêque soutient cette nouvelle communauté et accompagne Dominique en Italie pour obtenir l'appui du pape, qui reconnaît l'ordre des frères prêcheurs peu après.

### Les missions des frères prêcheurs

Dominique envoie ses compagnons à Paris, Bologne, Rome et Madrid, où ils fondent les premiers couvents. Il encourage les dominicains à faire des études pour parfaire leurs connaissances théologiques et répandre ainsi plus facilement le message de l'Église. En 1220, l'ordre renonce à toute propriété et à tout revenu. Ses membres doivent pratiquer la mendicité pour vivre, signe d'humilité et de confiance en Dieu. À la mort de Dominique en 1221, l'ordre compte plusieurs centaines de frères répartis dans 25 couvents. Plus tard, le pape fait appel aux dominicains pour s'occuper de l'Inquisition*, tandis que Dominique est canonisé** en 1234.

* Tribunal spécial de l'Église chargé de convertir puis de traquer et de punir les hérétiques.
** L'Église en fait un saint que les fidèles peuvent prier, espérant ainsi obtenir la bienveillance de Dieu, voire des miracles.

### *Le Miracle de Fanjeaux*

En 1207, à Fanjeaux dans l'Aude, Dominique débat contre un représentant des cathares. Ceux-ci s'écartent du dogme officiel de l'Église, refusant notamment les sacrements chrétiens. Les deux orateurs décident alors de recourir au jugement de Dieu. D'après la tradition, alors qu'ils jettent leurs écrits dans un feu, ceux de Dominique ne brûlent pas et s'élèvent au-dessus des flammes. En 1208 puis en 1126, deux croisades sont organisées contre les cathares. Déclarés hérétiques, ceux-ci sont persécutés par l'Inquisition.

Pedro Berruguete, peinture sur bois, 122 x 83 cm, vers 1490-1490 (Musée du Prado, Madrid).

## Les franciscains, un autre ordre mendiant

François est né à Assise en Italie en 1182. Fils d'un riche marchand, il décide à 24 ans d'imiter Jésus-Christ en renonçant à ses biens et en parcourant les routes pour prêcher. Rejoint par plusieurs compagnons, la petite communauté rencontre vite un grand succès. En 1210, François obtient l'autorisation du pape Innocent III de fonder un ordre religieux, les frères mineurs ou franciscains. Comme les dominicains, ceux-ci sont surtout implantés dans les grandes villes, se consacrent à l'enseignement, aux études et à la prédication, et vivent de la mendicité.

Deux ans après sa mort en 1226, François d'Assise est canonisé, devenant saint François.

# 1270

## Le roi de France Louis IX
## meurt en croisade devant Tunis

**Défenseur de la foi catholique, Louis IX participe à deux croisades en Orient contre les musulmans. Poursuivant l'œuvre de son grand-père Philippe Auguste, il renforce aussi l'autorité royale.**

## Un roi chrétien

Fils de Louis VIII et de Blanche de Castille, Louis IX reçoit une éducation très pieuse. Durant son règne, il fait preuve d'une grande dévotion envers Dieu, pratiquant la charité et promouvant les valeurs d'humilité et de justice. Il met aussi son pouvoir royal au service de l'Église, notamment contre les hérétiques cathares (voir p. 115). À Paris, il fait construire la Sainte-Chapelle pour abriter les reliques* de la Passion du Christ (la couronne d'épines et un morceau de la croix) qu'il a achetées aux Vénitiens et à l'empereur byzantin.

### La mort de Louis IX

Au premier plan, le roi tenant son sceptre et coiffé de sa couronne meurt dans sa tente décorée de fleurs lys dorées. Au fond, la flotte commandée par son frère Charles d'Anjou arrive en renfort et permet de remporter la bataille de Tunis contre les musulmans le 4 septembre (au deuxième plan).

*Grandes Chroniques de France*, enluminées par Jean Fouquet, vers 1455-1460 (BNF, Paris).

## Les croisades de Louis IX

En 1248, Louis IX prend la tête de la septième croisade (voir p. 99) et se lance à la conquête de l'Égypte. Mais il est fait prisonnier par les musulmans en 1250. Libéré contre une rançon, il rentre en France en 1254. En 1270, le roi embarque à Aigues-Mortes et prend la route de Tunis dans le but d'attaquer de nouveau l'Égypte. Mais arrivée sur place, l'armée forte de 10 à 15 000 hommes est décimée par une épidémie de dysenterie. Le roi tombe à son tour malade et meurt le 25 août sans avoir livré bataille. En 1297, Philippe le Bel obtient du pape que son grand-père soit canonisé : Louis IX devient Saint Louis.

* Restes du corps d'un saint ou d'un objet ou encore d'un vêtement lui ayant appartenu.

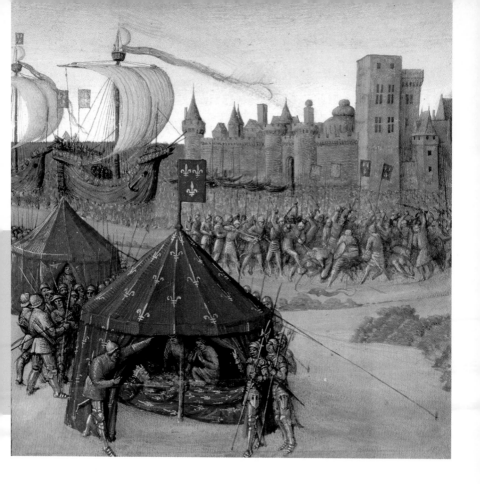

## Le rôle de l'Église catholique au Moyen Âge

L'Église jouit de revenus considérables provenant de ses terres (voir p. 106), de la dîme (impôt payé à l'Église) et des dons des fidèles. Elle occupe alors une place centrale en Occident : outre sa fonction religieuse, elle joue un rôle politique et social très important. Les clercs s'occupent par exemple de soigner les malades dans les hôpitaux et enseignent dans les écoles ou les universités (voir p. 103). Si le pape ne parvient pas à imposer son autorité sur les empereurs et les rois (voir p. 120), son influence politique reste très forte en Occident.

# Vers 1298

## Marco Polo compose
## *Le Livre des merveilles*

De retour à Venise, Marco Polo raconte son voyage en Chine, alors dominée par les Mongols. *Le Livre des merveilles* est l'un des premiers récits européens décrivant l'Asie de l'Est.

### Deux voyages et un long séjour en Chine

Niccolò et Maffeo Polo sont tous deux marchands à Venise (voir p. 94). Après un premier voyage en Asie de 1260 à 1269, les deux frères repartent en 1271 et emmènent avec eux le jeune fils de Niccolò, Marco, âgé de 17 ans. Depuis le Proche-Orient, ils traversent l'Asie mineure (Turquie actuelle) puis l'Asie centrale. Parvenus en Chine, ils rencontrent Kubilaï Khan* à Cambaluc (Beijing). Marco Polo reste ensuite au service du souverain mongol et effectue pour son compte des missions dans tout le pays pendant 16 ans.

### Le retour en Italie

En 1291, Kubilaï charge les Polo d'accompagner une princesse mongole à la cour du roi de Perse (Iran actuel). Ils partent par la mer jusqu'en Inde et au Moyen-Orient. Après avoir accompli sa mission, Marco Polo revient à Venise en 1295. Fait prisonnier lors d'une bataille contre Gênes, il dicte ses souvenirs à un compagnon de cellule. Devenu l'un des plus célèbres récits de voyage du Moyen Âge, *Le Livre des merveilles* est utilisé pour établir des cartes de l'Asie. Il est aussi lu par Christophe Colomb afin de préparer son expédition maritime (voir p. 134).

« *Il y a en effet abondance de gingembre et de soie dans la contrée, et aussi une merveilleuse multitude d'oiseaux de toutes sortes.* »

Marco Polo, *Le Livre des merveilles*, 1298.

---

* Titre donné à celui qui dirige les Mongols. Kubilaï est le petit-fils de Gengis Khan. Il règne de 1260 à 1294 sur le plus vaste empire de l'époque.

**Des marchands sur le fleuve Jaune (Huang He) en Chine**

Dans son récit, Marco Polo décrit la faune et la flore, la vie quotidienne des habitants, leurs religions, mais aussi leurs activités économiques et leurs richesses. Comme souvent au Moyen Âge, les miniatures de ce manuscrit, recopié au début du XIVᵉ siècle, représentent la Chine, ses villes et ses habitants à l'image des Européens.

Marco Polo, *Le Livre des merveilles* (ou *Le Devisement du monde*), enluminé par Maître d'Egerton, vers 1410-1412 (BNF, Paris).

## La reprise du grand commerce en Europe

À partir du XIIᵉ siècle, grâce au retour d'une relative sécurité, le grand commerce reprend en Occident. D'Inde et de Chine arrivent, par les ports de Pise, Gênes ou Venise, les épices et la soie (voir p. 92) achetés aux marchands musulmans. Le nord de l'Europe produit laine, bois et fer tandis qu'en Flandre sont confectionnés étoffes et draps. Ces produits sont échangés dans le royaume de France lors des grandes foires de Champagne, comme à Provins et Troyes, qui se tiennent deux fois l'an. L'essor du commerce entraîne celui des villes où se déroulent les foires (voir p. 108). Il enrichit considérablement les marchands.

# 1307

## Le roi de France Philippe le Bel fait arrêter les Templiers

**Les Templiers sont un ordre religieux et militaire fondé pendant les croisades pour défendre la Terre sainte. Ils sont directement placés sous l'autorité du pape. Leur procès est au cœur de la lutte engagée par Philippe le Bel contre le chef de l'Église catholique.**

### Une rivalité ancienne

Comme en atteste l'attentat d'Anagni en 1303 (voir p. 121), Philippe le Bel est en conflit ouvert avec la papauté. En effet, le roi de France remet en cause la supériorité du pouvoir pontifical sur le pouvoir royal et cherche le moyen de faire pression sur le pape. Pour cela, dès 1305, il lance des rumeurs contre les Templiers, les accusant de ne pas respecter les principes de l'Église. En 1307, prétextant de cette mauvaise réputation, Philippe le Bel les fait arrêter, au même moment et dans tout le royaume. Les dirigeants de l'ordre, parmi lesquels le grand maître Jacques de Molay, venus en France pour voir le pape, sont alors emprisonnés. Leurs biens sont confisqués.

### Procès et condamnation

Sous la torture, la plupart des prisonniers avouent avoir eu des pratiques contraires aux règles de l'Église. Menacé par le roi, le pape Clément V renonce à prendre la défense des Templiers et prononce la dissolution de l'ordre en 1312. Les quatre principaux dirigeants des Templiers sont jugés en 1314 par un tribunal d'hommes d'Église, proches du roi. Ils sont condamnés à la prison à vie mais deux d'entre eux, dont le grand maître, clament encore leur innocence. Le soir même, ils sont condamnés à périr brûlés vifs sur le bûcher.

*« Les frères de l'ordre de la chevalerie du Temple cachent le loup sous l'apparence de l'agneau et insultent la religion de notre foi sous l'habit de l'ordre. »*

Philippe le Bel à propos des Templiers, 14 septembre 1307.

**Les Templiers sur le bûcher**

Des Templiers avaient déjà été jugés avant que ne soient condamnés les dirigeants de l'ordre. Certains sont relâchés, d'autres condamnés à la prison à vie. En revanche, ceux qui reviennent sur leurs aveux sont considérés comme relaps (ils sont retombés dans l'erreur) et périssent sur le bûcher.

*Grandes Chroniques de France*, enluminure, xvᵉ siècle (British Library, Londres).

## Le pape giflé à Anagni ?

Dès le début du xivᵉ siècle, Philippe le Bel s'oppose ouvertement au pape Boniface VIII qu'il accuse d'être un hérétique et d'avoir tué son prédécesseur. En 1303, le pape prépare l'excommunication* du roi de France. En réponse, Philippe le Bel envoie en Italie une troupe de soldats conduite par son conseiller Guillaume de Nogaret. Au matin du 7 septembre 1303, ils forcent l'entrée de la résidence du pape à Anagni, près de Rome, et arrêtent Boniface VIII qui est insulté, malmené, et peut-être giflé. Le pape est finalement délivré mais, humilié, il meurt peu après à Rome. Philippe le Bel cherche ensuite à ce que Clément V, élu pape à Lyon en 1305, supprime toutes les sanctions prises contre lui et excommunie son prédécesseur Boniface VIII.

* Exclusion de la communauté chrétienne.

# 1347
# L'Europe est touchée par la peste noire

**Depuis l'Antiquité, des épidémies de peste sévissent régulièrement en Europe. Au XIVe siècle, la peste noire ravage le continent et bouleverse les sociétés.**

## Une population décimée

Rapportée d'Asie centrale par des navires marchands, la peste se propage rapidement à partir de Marseille en suivant les itinéraires commerciaux, en France puis dans le reste de l'Europe (voir p. 92). La maladie se manifeste sous deux formes : la peste dite bubonique, transmise par la puce du rat et qui donne de fortes fièvres et des grosseurs (ou bubons) noires, mortelle dans 80 % des cas ; et la peste pulmonaire, qui se répand par la salive ou la toux d'un malade, mortelle dans tous les cas. En quatre ans, la maladie tue entre 25 et 40 millions d'Européens, soit peut-être près de la moitié de la population d'alors, ce qui lui vaut son surnom de « peste noire ».

## Un traumatisme de grande ampleur

Les ravages de la peste touchent toutes les régions et toutes les catégories sociales, interrompant la plupart des activités économiques et provoquant une grave crise. La médecine étant inefficace, les populations se tournent vers Dieu, implorant son secours et son pardon lors de processions et de pèlerinages. Les minorités, comme les juifs, les étrangers, les mendiants ou les lépreux, jugées responsables du fléau, sont souvent prises pour cible. L'épidémie se poursuit jusqu'en 1352. La peste revient ensuite régulièrement en Europe jusqu'au XVIIIe siècle, mais de façon moins virulente.

« Aucune cloche ne sonnait, et personne ne pleurait parce que presque tous s'attendaient à mourir. [...] Des gens disaient et croyaient : c'est la fin du Monde. »

D'après un chroniqueur de Sienne, XIVe siècle.

**La peste à Tournai (Belgique actuelle)**

La miniature illustre la grande mortalité due à la peste. Partie de Marseille en novembre 1347, elle touche le reste du royaume de France, l'Angleterre et l'Italie en 1348, le nord de l'Europe (Irlande, Écosse, Allemagne, Pays-Bas) en 1349, la Scandinavie en 1350 puis l'Europe centrale et la Russie dans les années 1351-1352.

Gilles le Muisit (1272-1352), abbé de Saint-Martin de Tournai, *Seconde chronique*, miniature, 1349 (Bibliothèque royale de Belgique, Bruxelles).

## La médecine à la fin du Moyen Âge

Au Moyen Âge, la médecine est enseignée à l'université (voir p. 103) et jouit d'un grand prestige. Mais elle se révèle peu efficace, utilisant l'astrologie et des médicaments à base de plantes ou d'épices. Face à la peste, les médecins de la fin du Moyen Âge sont impuissants. Ils ne connaissent pas la cause précise de la maladie et pensent qu'elle est due à une mauvaise disposition des planètes provoquant un air impur. Les médecins recom-mandent donc en premier lieu de fuir les lieux infestés, ce qui a pour effet d'accélérer la propagation de la peste. Ils conseillent de respirer des parfums et de faire des feux pour assainir l'air. Certains ont aussi recours à des remèdes inopérants et dangereux comme l'incision des bubons. Les seules mesures utiles qui sont prises consistent à mettre en quarantaine les malades, ce qui empêche la contagion mais ne soigne pas les patients.

# 1429
## Charles VII
## est sacré roi à Reims

Depuis 1337, les rois anglais et français se disputent la couronne de France et ses territoires : c'est la guerre de Cent Ans. En 1422, Charles VII hérite d'un royaume divisé. Dans son entreprise de reconquête, il reçoit l'aide d'une jeune fille, Jeanne d'Arc.

## Un roi affaibli

Exclu de la succession par son père, Charles VII ne règne que sur le sud du royaume de France, tandis que les Anglais occupent le Nord et Paris. Ils sont soutenus par les Bourguignons qui dominent l'Est et Reims, la ville du sacre. En octobre 1428, les Anglais font le siège d'Orléans qui protège l'accès des territoires de Charles VII. Le roi reçoit alors la visite de Jeanne d'Arc, une jeune bergère de 13 ans. Celle-ci prétend avoir entendu des voix qui lui demandent de délivrer le royaume de la présence des Anglais. Jeanne convainc Charles VII de lui confier une petite armée pour porter secours à Orléans.

## L'intervention de Jeanne d'Arc

Grâce à son charisme, Jeanne retourne la situation et les Anglais lèvent leur siège en mai 1429. Puis elle persuade Charles VII de se faire sacrer dans la cathédrale de Reims. L'autorité et le prestige du souverain sont ainsi renforcés et il apparaît désormais comme un roi légitime, choisi par Dieu. L'armée royale se dirige ensuite vers Paris, mais la capitale résiste. Jeanne est faite prisonnière à Compiègne par les Bourguignons, puis livrée aux Anglais qui la jugent pour hérésie. Relapse, elle est condamnée au bûcher et brûlée vive le 30 mai 1431. Son action a néanmoins permis à Charles VII de reprendre l'avantage.

> « Que reste-t-il mes amis à ce dauphin si gentil [Charles VII] ?
> Orléans, Beaugency, Notre-Dame de Cléry, Vendôme, Vendôme ! »

Carillon de Vendôme, chanson du début des années 1420.

## Le sacre de Charles VII à Reims

Le sacre des rois de France a lieu traditionnellement à Reims. Le souverain reçoit d'abord l'onction (voir p. 129) qui fait de lui un être choisi par Dieu, puis les insignes de la royauté (couronne, sceptre, main de justice, anneau, manteau bleu avec des fleurs de lys dorées).

*Vigiles de Charles VII*, miniature, vers 1484 (BNF, Paris).

### La guerre de Cent Ans en quelques dates

| | |
|---|---|
| **1337** | Édouard III d'Angleterre revendique la couronne de France. |
| **1346** | Victoire des Anglais à Crécy. |
| **1347** | Prise de Calais par les Anglais. |
| **1356** | Victoire des Anglais à Poitiers, capture du roi de France Jean Le Bon. |
| **1360** | Traité de Brétigny : la France abandonne de nombreux territoires aux Anglais. |
| **1369-1380** | Reconquêtes françaises sous le règne de Charles V. |
| **1407** | Début de la guerre civile en France entre Armagnacs et Bourguignons. |
| **1415** | Victoire des Anglais à Azincourt puis conquête de la Normandie. |
| **1420** | Traité de Troyes : le roi de France Charles VI déshérite son fils et offre la succession au roi d'Angleterre. |
| **1431** | Mort de Jeanne d'Arc à Rouen. |
| **1435** | Alliance de Charles VII et du duc de Bourgogne. |
| **1453** | Victoire des Français à Castillon. |

**Moyen Âge**

**5ᵉ**

# L'affirmation du pouvoir royal

En 987, Hugues Capet est désigné roi des Francs. Cependant, au XIᵉ siècle, le pouvoir royal reste limité face à celui des seigneurs. Progressivement, les monarques de la dynastie capétienne, puis leurs cousins Valois, le renforcent et posent les bases d'un État moderne.

## Le système féodal

### Des seigneurs entourés de vassaux

La féodalité est le système politique qui domine en Occident au XIᵉ siècle. Les seigneurs exercent le pouvoir et s'entourent de vassaux qui sont des chevaliers ou des seigneurs moins puissants. Ces derniers prêtent un serment de fidélité lors de la cérémonie de l'hommage et doivent remplir des obligations en échange d'un fief.

Au sein de la société féodale, la principale fonction des seigneurs et de leurs vassaux est de combattre. Ils forment progressivement ce que l'on appelle la noblesse. Deux autres ordres existent : ceux qui prient, le clergé (les hommes

### Seigneur-vassal : des obligations réciproques

Le seigneur s'engage à protéger son vassal et lui remet un fief (d'où vient le mot féodalité), généralement une terre qui procure des revenus (voir p. 106). En échange, le vassal doit être loyal et conseiller son seigneur. Il fournit également une aide militaire : il défend le seigneur s'il est attaqué et participe aux expéditions guerrières quarante jours par an. Le vassal doit contribuer au paiement d'une rançon si le seigneur est fait prisonnier. De même, si ce dernier prépare une croisade, marie sa fille ou fait de son fils un chevalier (adoubement), les vassaux participent aux frais.

**La cérémonie de l'hommage**
La cérémonie de l'hommage est très codifiée. Le vassal agenouillé met ses mains dans celles du seigneur en signe de soumission. Puis il prononce son serment, parfois prêté sur la Bible ou sur une relique. Enfin le seigneur le relève, lui donne un baiser en signe d'égalité et lui remet un objet qui symbolise le fief.

*Capbreu de Tautavel*, miniature, XIIIᵉ siècle (Archives départementales des Pyrénées orientales).

d'Église), et ceux qui travaillent (paysans, artisans, marchands), soit la majorité de la population, plus tard désignés sous le nom de tiers état (voir p. 199).

## La pyramide vassalique

Progressivement, les seigneurs se lient les uns aux autres. Une pyramide se forme avec, à la base, les chevaliers et les petits seigneurs et, en haut, les seigneurs les plus importants, qui possèdent les titres de prince, duc ou comte. En théorie, le roi se situe au sommet de la pyramide. Il défend l'idée qu'il est le suzerain (le seigneur de tous les seigneurs) et n'est le vassal de personne. Dans la réalité, au XIᵉ siècle, l'autorité des rois en France ne s'impose véritablement que sur le domaine royal. Ailleurs, les grands seigneurs, s'appuyant sur leurs vassaux, sont autonomes et n'obéissent pas toujours. Le roi, qui manque de moyens, a ainsi du mal à faire respecter ses décisions dans l'ensemble du royaume.

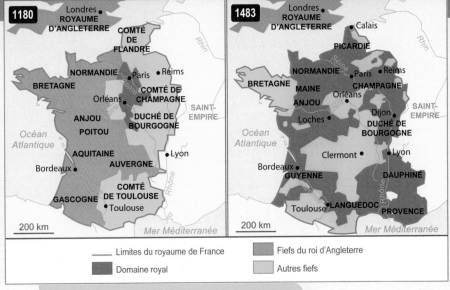

**L'évolution du domaine royal**

Par des guerres, des mariages ou des héritages, les rois de France étendent leur domaine sur lequel ils exercent une autorité directe et qui leur procure d'importants revenus.

# Le renforcement du pouvoir royal (XIIIᵉ–XVᵉ siècle)

## L'agrandissement du domaine royal

Les rois se succèdent de père en fils, d'abord dans la famille capétienne, puis dans la branche cousine des Valois à partir de 1328. Cette stabilité dynastique, confortée par la cérémonie du sacre, assied l'autorité royale.

Peu à peu, les rois renforcent leur pouvoir en utilisant notamment le système féodal. Ils s'imposent face aux grands seigneurs en les obligeant à prêter hommage. En 1202, Philippe Auguste use ainsi de son droit féodal pour confisquer les fiefs du roi anglais Jean sans Terre et combat ses vassaux révoltés (voir p. 112), agrandissant ainsi considérablement le domaine royal. À l'origine centré autour de Paris et Orléans, celui-ci couvre la plus grande partie du royaume à la fin du XVᵉ siècle.

## L'essor de l'administration

Pour gérer le domaine royal et faire appliquer leurs décisions, les rois s'entourent de conseillers compétents, souvent des légistes (spécialistes du droit). Le Parlement, spécialisé dans les affaires de justice, et la Chambre des comptes, dans celles des finances, sont créés. Les rois nomment des baillis et des sénéchaux qui les représentent et s'occupent de la justice, de l'armée et des impôts dans le domaine royal. Ils remettent également en cause l'influence du pape en France (voir p. 120).

Enfin, la guerre de Cent Ans, qui oppose la France et l'Angleterre de 1337 à 1453 (voir p. 125), oblige le pouvoir royal à lever régulièrement des impôts et à entretenir une armée permanente de 10 000 hommes. À la fin du XV$^e$ siècle, le roi dispose désormais des moyens pour imposer son autorité.

### Des rois sacrés

Les rois de France sont sacrés dans la cathédrale de Reims au début de leur règne. La cérémonie se décompose en deux étapes. Le roi est d'abord oint, c'est-à-dire marqué d'une huile sainte qui symbolise le choix de Dieu. Puis on lui remet les *Regalia*, les insignes de la royauté (voir p. 125). Le roi est désormais un être à part, intermédiaire entre Dieu et les hommes. Selon la tradition, il dispose d'ailleurs du pouvoir de guérir les écrouelles, une maladie de peau d'origine tuberculeuse. À certaines occasions, le roi pose ses mains sur des malades tandis que l'on prononce la formule rituelle : « Le roi te touche, Dieu te guérit. »

**La mise en place des états généraux**

Dès le début du XV$^e$ siècle, les rois de France convoquent des états généraux, par exemple pour exiger de nouveaux impôts. Ces assemblées regroupent des représentants des trois ordres (noblesse, clergé, tiers état) mais n'ont qu'un rôle purement consultatif pour la monarchie.

Philippe de Commynes, *Mémoires*, miniature, XV$^e$ siècle (Musée départemental Thomas-Dobrée, Nantes).

# Vers 1450

## Johannes Gutenberg met au point l'imprimerie

**Jusqu'à la moitié du XVᵉ siècle, les livres sont des manuscrits recopiés dans des ateliers ou dans des monastères. L'imprimerie révolutionne le monde de l'écrit et de la pensée.**

## Le perfectionnement des techniques

Né à Mayence (Allemagne actuelle) vers 1400, Johannes Gutenberg est un ingénieur spécialisé dans les métaux. S'inspirant de la gravure sur bois et de procédés déjà connus en Corée et en Chine, il met au point des caractères mobiles en métal qui représentent les lettres, les chiffres et les signes de ponctuation. Cette technique permet ainsi de reproduire n'importe quel texte, assez rapidement, et en des centaines d'exemplaires. Imprimés sur du papier moins coûteux que le parchemin, les livres sont beaucoup moins chers à produire que les manuscrits.

## La « révolution » du livre imprimé

Le premier livre imprimé par Gutenberg est une Bible tirée à 180 exemplaires. Puis l'invention se répand rapidement, d'abord dans le Saint-Empire puis dans le reste de l'Europe. L'organisation des livres se modifie avec l'apparition de la pagination et des chapitres. Grâce à l'imprimerie, les libraires produisent rapidement et en grand nombre des textes religieux, littéraires ou scientifiques. L'imprimerie accompagne le mouvement de l'humanisme (voir p. 146), en permettant la reproduction d'ouvrages rédigés pendant l'Antiquité, et accélère la diffusion des connaissances et des idées en Europe.

**Bible de Gutenberg**
Mayence, vers 1455 (BNF, Paris).

## Les livres au Moyen Âge

Au Moyen Âge, les livres sont recopiés à la main (on parle de manuscrits), d'abord dans les ateliers des monastères (appelés *scriptoria*) puis des villes. Le procédé est très long et génère des erreurs. De plus, les livres sont écrits sur des parchemins, en peau de mouton, de veau ou d'agneau et sont décorés de miniatures ou d'enluminures. Ce sont donc des objets de luxe que seules les personnes les plus riches, princes, évêques ou grands marchands, peuvent acheter. À la fin du Moyen Âge, l'augmentation du recours à l'écrit par les administrations, les universités, l'Église ainsi que les progrès de l'alphabétisation et de la scolarisation entraînent la recherche de nouvelles techniques pour produire des livres moins coûteux et en plus grand nombre.

# 1453

# La prise de Constantinople met fin à l'Empire byzantin

**Au xvᵉ siècle, l'Empire byzantin est très affaibli et a déjà perdu de nombreux territoires. Face à lui, l'Empire ottoman s'affirme et Mehmet II, sultan depuis 1451, entreprend le siège de Constantinople.**

## Des préparatifs de grande ampleur

Alors que la capitale de l'Empire byzantin (voir p. 81), peuplée d'environ 40 000 habitants, est défendue par moins de 8 000 soldats postés derrière les massives fortifications de la ville, Mehmet II réunit une armée de 150 000 hommes ainsi qu'une puissante flotte. Il fait construire un fort pour contrôler le détroit du Bosphore et empêcher l'arrivée de renforts. Dès lors, les Turcs peuvent attaquer Constantinople à la fois par terre et par mer. Ils s'appuient également sur une artillerie considérable et notamment un canon capable de lancer des boulets de 500 kilogrammes. Le siège commence le 5 avril 1453.

## La chute de Constantinople

Le 29 mai à l'aube, les Turcs pénètrent dans la ville par une brèche percée dans les murailles. Les défenseurs sont rapidement submergés, 2 000 à 3 000 d'entre eux sont tués. Les survivants sont faits prisonniers puis libérés contre une rançon ou réduits en esclavage.

Mehmet II, devenu le Conquérant, fait alors de Constantinople sa capitale et repeuple la ville avec des populations déplacées de force depuis les provinces de son empire. La basilique Sainte-Sophie est transformée en mosquée (voir p. 80) tandis que la ville prend progressivement le nom d'Istanbul. La chute de Constantinople met fin à l'« Empire romain d'Orient » et a un grand retentissement en Occident. Elle permet à l'Empire ottoman de s'imposer comme une grande puissance en Méditerranée et lui ouvre les portes de l'Europe (voir p. 150).

## Le siège de Constantinople

La ville est encerclée et les canons turcs (à gauche) bombardent les murailles. Sur les remparts, au-dessus de la porte, se tient Constantin XI. Le dernier empereur byzantin meurt le 29 mai 1453 en défendant sa capitale comme un simple combattant.

Fresque du XVIᵉ siècle (Monastère de Moldovita, Roumanie).

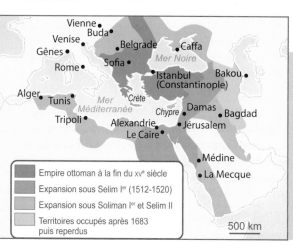

Vienne
Buda
Venise
Gênes
Rome
Belgrade
Caffa
Mer Noire
Sofia
Istanbul
(Constantinople)
Bakou
Alger
Tunis
Mer Méditerranée
Crète
Chypre
Damas
Bagdad
Tripoli
Alexandrie
Jérusalem
Le Caire
Médine
La Mecque

Empire ottoman à la fin du XVᵉ siècle
Expansion sous Selim Iᵉʳ (1512-1520)
Expansion sous Soliman Iᵉʳ et Selim II
Territoires occupés après 1683 puis reperdus

500 km

## La constitution de l'Empire ottoman

Les Ottomans sont une dynastie turque, fondée au début du XIVᵉ siècle. À la fin du XVIᵉ siècle, ils dominent une grande partie du bassin méditerranéen. L'Empire ottoman devient alors multi-ethnique (plusieurs peuples) et multi-confessionnel (musulmans, juifs, chrétiens vivent dans l'Empire).

# 1492
# Christophe Colomb
# découvre l'Amérique

**Le navigateur génois est le premier Européen à découvrir l'Amérique. Son voyage annonce la colonisation d'un nouveau continent.**

## Un projet ambitieux et novateur

Inspiré par le géographe grec Ptolémée (IIe siècle) et par des récits de voyage comme celui de Marco Polo (voir p. 118), Christophe Colomb pense qu'il est possible d'atteindre l'Asie en traversant l'océan Atlantique. À la fin de la *Reconquista*, le roi et la reine d'Espagne acceptent de le soutenir. Le voyage a pour buts d'évangéliser les populations, d'établir une route commerciale courte et directe avec l'Asie et de s'emparer des terres et des richesses ainsi découvertes. Trois navires – deux caravelles et une nef – quittent le port de Palos le 3 août 1492 avec à leur bord une centaine d'hommes et des provisions pour un an.

> ### D'où vient le nom « Amérique » ?
>
> En 1507, un géographe lorrain nomme « America » le continent découvert par les Européens. Il utilise le prénom d'un explorateur de Florence, Amerigo Vespucci, qui réalise après Colomb plusieurs expéditions en Amérique pour le compte du Portugal et de l'Espagne.

## La rencontre avec d'autres civilisations

Après une escale aux Canaries, les navires mettent le cap à l'ouest. Au bout de trois semaines, Colomb comprend que ses calculs initiaux sont faux tandis que l'équipage manifeste son inquiétude. Mais, le 12 octobre, les trois navires arrivent sur un îlot des Bahamas, Guanahani, dont Colomb prend possession au nom des souverains espagnols et qu'il baptise San Salvador. Croyant être en Asie, il nomme ses habitants les « Indiens ». Colomb poursuit ensuite l'exploration avec Juana (Cuba) puis Hispaniola (Haïti) où il fonde une colonie. En janvier 1493, il prend le chemin du retour et parvient à Palos le 15 mars. Il effectue par la suite trois autres voyages qui approfondissent ses découvertes.

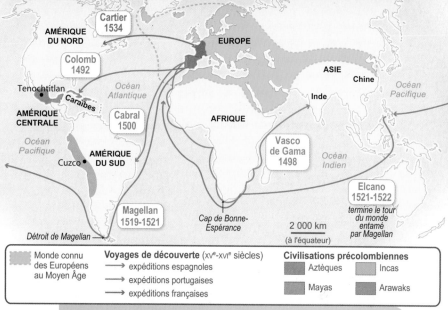

AMÉRIQUE DU NORD

Cartier 1534

EUROPE

Colomb 1492

ASIE

Chine

Tenochtitlan

Océan Atlantique

Inde

Océan Pacifique

Caraïbes

AMÉRIQUE CENTRALE

Cabral 1500

AFRIQUE

Océan Pacifique

AMÉRIQUE DU SUD

Vasco de Gama 1498

Océan Indien

Cuzco

Elcano 1521-1522

Magellan 1519-1521

Cap de Bonne-Espérance

termine le tour du monde entamé par Magellan

Détroit de Magellan

2 000 km

(à l'équateur)

Monde connu des Européens au Moyen Âge

**Voyages de découverte** (XVᵉ-XVIᵉ siècles)
→ expéditions espagnoles
→ expéditions portugaises
→ expéditions françaises

**Civilisations précolombiennes**
Aztèques    Incas
Mayas    Arawaks

### Les grands voyages de découverte

Après Christophe Colomb, c'est le Portugais Vasco de Gama qui découvre en 1498 la route des Indes en contournant l'Afrique (voir p. 161). Puis l'expédition conduite par Fernand de Magellan parvient à réaliser un tour du monde de 1519 à 1522. Plus au nord, le Français Jacques Cartier explore le fleuve Saint-Laurent (actuel Canada) en 1534.

## La fin de la *Reconquista*

Depuis les conquêtes du VIIIᵉ siècle (voir p. 87), les musulmans occupent une grande partie de la péninsule Ibérique (Portugal et Espagne actuels). À partir du XIᵉ siècle, les chrétiens entreprennent la reconquête (*reconquista* en espagnol) de ces territoires. Celle-ci est très lente mais au XIVᵉ siècle, les musulmans ne possèdent plus qu'un petit royaume dans le sud-est de la péninsule, autour de la ville de Grenade.

Le 2 janvier 1492, la prise de cette dernière par les armées chrétiennes met fin à la *Reconquista*. C'est à la suite de cette victoire que les souverains espagnols, Ferdinand d'Aragon et Isabelle de Castille, reçoivent du pape Alexandre VI le titre de « rois catholiques ».

Enfin maîtres de la plus grande partie de la péninsule Ibérique, ils peuvent se consacrer à d'ambitieuses expéditions maritimes, au nom de la religion, comme celle que leur propose depuis quelques années un navigateur génois nommé Christophe Colomb.

# Les Temps

Anicet Charles Gabriel Lemonnier, *Lecture de la tragédie de L'Orphelin de la Chine de Voltaire dans le salon de madame Geoffrin*, huile sur toile, 196 x 129 cm, 1812 (Musée national du château de Malmaison).

# modernes

## Du XVIᵉ au XVIIIᵉ siècle

Au XVIᵉ siècle, l'Europe s'ouvre sur le monde grâce aux Grandes découvertes. Des changements culturels importants touchent le savoir, l'art et la religion. L'apparition de nouvelles Églises chrétiennes, dites protestantes, plonge le continent dans une longue période de guerres.

Sur le plan politique, le pouvoir des rois se renforce dans la plupart des États, notamment en France avec l'affirmation de la monarchie absolue au XVIIᵉ siècle.

Le XVIIIᵉ siècle est celui des Lumières, portées par des philosophes, des écrivains, des artistes et des savants qui remettent en cause l'absolutisme et la société inégalitaire. Des révolutions éclatent en Amérique puis en France, mettant en pratique ces nouveaux principes.

**1515**
Victoire de François I<sup>er</sup> à Marignan

**1517**
Martin Luther, « 95 thèses »

**1555**
Paix d'Augsbourg entre catholiques et protestants (Saint-Empire)

**24 août 1572**
Massacre de la Saint-Barthélemy

**1610**
Assassinat d'Henri IV par François Ravaillac

**1618**
Début de la guerre de Trente Ans

**1500** — **1550** — **1600** — **1650**

**1415-1534**
**Grandes découvertes**

**XVII<sup>e</sup>-XVIII<sup>e</sup> siècle**

**1494-XVIII<sup>e</sup> siècle Constitution des empires coloniaux**

**XV<sup>e</sup>-XVI<sup>e</sup> siècle Humanisme et Renaissance en Europe**

**1517-1648 Réformes et guerres de religion en Europe**

**1539**
Le français, langue officielle du royaume de France

**1635**
Diego Vélasquez, *Les Lances*

**1522**
Siège de Rhodes par les Ottomans

**1588**
Défaite de l' « Invincible Armada »

**1602**
Création de la compagnie des Indes orientales (Provinces-Unies)

**1504**
Michel-Ange, *David*

**1649**
Exécution de Charles I<sup>er</sup> d'Angleterre

**1661**
Début du règne
personnel de
Louis XIV

**5 mai 1789**
Ouverture des
états généraux

**4 juillet 1776**
Indépendance des
colonies anglaises
d'Amérique

1700        1750        1800

Essor du commerce triangulaire et de la traite négrière

**1682-1715 Louis XIV à Versailles**

**1700-1789 L'Europe des Lumières**

**1750**
Voltaire à la cour de
Frédéric II de Prusse

**1689**
Déclaration des
droits (Angleterre)

**1768**
Début du premier
voyage de
James Cook
dans le Pacifique

**1703**
Fondation
de Saint-Pétersbourg
par Pierre le Grand
(Russie)

**1786**
W. A. Mozart,
*Les Noces de Figaro*

# 1504

## En Italie, Michel–Ange achève son David

À la fin du xvᵉ siècle, la république de Florence s'affirme tant sur le plan politique qu'artistique. En 1501, les autorités de la cathédrale commandent à Michel–Ange la réalisation d'une sculpture pour décorer l'édifice.

### Un chef-d'œuvre de la Renaissance

En 1501, Michel-Ange, qui n'a que 26 ans, est déjà un artiste réputé en Italie. Il est à la fois peintre, sculpteur, poète et architecte. Trois années lui sont nécessaires pour réaliser la statue : taillée dans un seul bloc de marbre blanc, elle mesure 4,34 mètres de haut et pèse près de 5,5 tonnes. Elle représente David, un jeune berger qui dans la Bible parvint à terrasser, armé de sa seule fronde, le géant Goliath. Caractéristique des œuvres de la Renaissance, la statue magnifie le corps humain, des muscles jusqu'aux veines de la main, et exprime la détermination du personnage avant son combat.

### Une œuvre politique

Achevée en 1504, la sculpture n'est finalement pas exposée dans la cathédrale mais devant le Palazzo Vecchio, siège du gouvernement de la cité. Pour la jeune république, ce David constitue un symbole de son affirmation politique et de sa résistance face aux puissants États qui l'entourent.

« Une fois que vous avez vu le David, vous ne devez plus chercher à voir une autre sculpture plus belle que celle-ci, parce qu'elle n'existe pas. »

Giorgio Vasari (peintre, architecte et écrivain italien), Vies des meilleurs peintres, sculpteurs et architectes, 1550.

Michel-Ange, quant à lui, voit sa renommée encore accrue : l'année suivante, il part travailler pour le pape Jules II qui lui commande la peinture des plafonds de la chapelle Sixtine à Rome.

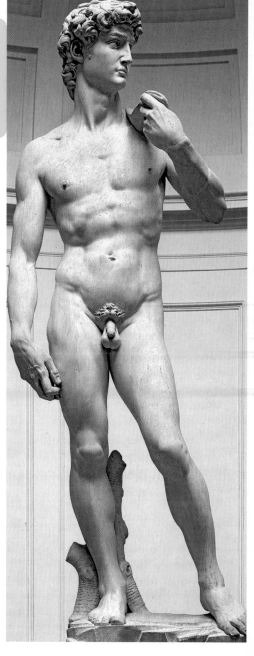

**Le *David* de Michel-Ange**

David tient une fronde dans sa main gauche et une pierre dans sa main droite. Contrairement à la tradition, il est représenté avant le combat, semblant défier son adversaire du regard.

Sculpture en marbre, 1501-1504 (Galerie de l'Académie, Florence).

## La Renaissance artistique

Couvrant les XV^e et XVI^e siècles, la Renaissance est une période de redécouverte de l'Antiquité, après un Moyen Âge jugé obscur et sans intérêt, plus attaché aux symboles qu'à la réalité. À l'inverse, les artistes de la Renaissance accordent une grande importance aux détails du corps humain et à l'expression des sentiments. Ils s'attachent à la réalisation des décors et perfectionnent les règles de la perspective. Leur but est de représenter la beauté avec réalisme.

La Renaissance naît dans les villes peuplées et prospères du nord de l'Italie où vivent des gens très fortunés, grands seigneurs ou riches marchands. Ce sont eux qui, avec l'Église, jouent le rôle de mécènes, entretenant les artistes et les payant pour réaliser des commandes.

# 1515

# François Ier remporte la bataille de Marignan

À la fin du XVe siècle, les rois de France revendiquent des territoires en Italie. La victoire de Marignan permet à François Ier, qui vient de monter sur le trône à 20 ans, de contrôler pendant un temps le duché de Milan.

## Une bataille exceptionnelle

Le 13 septembre 1515, à la tête d'une armée de 35 000 hommes, François Ier affronte à Marignan, près de Milan, les 25 000 soldats suisses engagés par le duc de Milan. Les charges des chevaliers français et du roi lui-même se brisent contre les carrés des piquiers* suisses qui parviennent même à enfoncer les lignes ennemies.

« Et croyez, Madame, que nous avons été 28 heures à cheval, l'armet [casque] à la tête, sans boire ni manger. »

Lettre de François Ier à sa mère Louise de Savoie, 14 septembre 1515.

Le lendemain, le cours de la bataille s'inverse. Les Français, qui ont creusé des tranchées et changé la disposition de leurs canons durant la nuit, déciment leurs adversaires. L'arrivée des alliés vénitiens permet de repousser les Suisses. Assiégée, Milan se rend quelques jours plus tard.

## La perte des possessions italiennes

François Ier récupère un territoire peuplé et prospère. La victoire lui confère un important prestige en France, renforçant son pouvoir (voir p. 152). Cependant en 1521, l'empereur Charles Quint s'empare du duché de Milan. François Ier prend alors la tête d'une armée pour l'Italie du Nord mais il est battu à Pavie en 1525. Fait prisonnier, il n'est relâché qu'un an plus tard en échange d'une forte rançon et de la promesse de renoncer aux possessions italiennes.

* Soldat à pied armé d'une longue pique en frêne de 5 mètres.

**La bataille de Marignan**

À la tête de l'armée française à gauche, François Iᵉʳ attaque les piquiers suisses à droite. Dans une lettre à sa mère, le jeune roi écrit qu'il a effectué personnellement 25 charges. Au total, la bataille est extrêmement meurtrière, faisant 12 000 à 17 000 morts.

Bas-relief du tombeau de François Iᵉʳ (Basilique de Saint-Denis, France).

## La diffusion de la Renaissance italienne en France

Née en Italie (voir p. 141), la Renaissance se diffuse en Europe et notamment en France, dans la région parisienne et dans la vallée de la Loire. Lors de leurs expéditions en Italie, les rois de France ont été impressionnés par les œuvres d'art qu'ils y ont découvertes. Ils attirent alors en France des artistes : François Iᵉʳ invite ainsi Léonard de Vinci en 1516. Ils font aussi construire des châteaux inspirés des modèles italiens comme celui de Chambord (ci-contre) dont les travaux débutent en 1519.

# 1517

# Martin Luther

## critique l'Église catholique

Au début du XVIᵉ siècle, des chrétiens dénoncent les dérives de l'Église catholique et du clergé. Le moine allemand Martin Luther propose une réforme qui aboutit à un nouveau courant chrétien : le protestantisme.

### 95 thèses contre les abus

Parmi les abus, Martin Luther critique le commerce des « indulgences ». Vendues par l'Église pour financer la construction de la basilique Saint-Pierre de Rome, ces lettres sont censées assurer aux fidèles d'accéder au paradis. Choqué par cette pratique, Luther fait connaître ses critiques et aurait affiché, le 31 octobre 1517, « 95 thèses » sur les portes de l'église de Wittenberg en Saxe, dans le sud-est de l'Allemagne actuelle.

*« Celui qui voyant son prochain dans l'indigence [pauvreté], le délaisse pour acheter des indulgences, ne s'achète pas l'indulgence du pape mais l'indignation de Dieu. »*

Martin Luther, « 95 thèses », 1517.

### La fondation d'une nouvelle Église

Son opposition persistante vaut à Luther d'être excommunié* par le pape en 1521, puis mis au ban du Saint-Empire par Charles Quint (voir p. 155). Protégé par le prince de Saxe, Luther fixe en 1530 les bases de son Église, dite luthérienne. Il rejette l'autorité du pape et du clergé, ne reconnaissant que celle de la Bible. Les bonnes actions ne permettent pas d'accéder au paradis, seule la grâce (le choix de Dieu) le peut. Deux sacrements sont conservés : le baptême et la communion. Enfin, Luther traduit la Bible en allemand pour que chacun puisse la comprendre. Cette nouvelle Église connaît un large succès. La population du Saint-Empire puis de l'Europe se divise entre chrétiens catholiques et protestants (voir p. 154).

* Exclu de l'Église catholique et de la communauté des croyants.

**Le temple calviniste de Lyon**

Le culte protestant a lieu dans un temple sous la direction d'un pasteur (qui peut se marier), sorte de guide pour la communauté. La décoration du bâtiment est assez sobre, il n'y a pas de représentation des saints. Le culte se déroule dans la langue du pays, et non en latin comme chez les catholiques, pour que les fidèles puissent comprendre.

Attribué à Jean Perrissin, *Intérieur du Temple de Paradis à Lyon*, huile sur toile,1564, (Musée international de la Réforme, Genève, Suisse).

## Les autres Églises protestantes

Très vite, les idées de Martin Luther gagnent le nord du Saint-Empire et l'Europe. En France, les protestants sont rapidement persécutés : l'un d'entre eux, Jean Calvin, se réfugie à Genève. Il y publie en 1536 les principes de sa propre Église, dite calviniste. Celle-ci se diffuse en France, en Écosse ou dans les Provinces-Unies (actuels Pays-Bas). En Angleterre, voyant son divorce avec Catherine d'Aragon refusé par le pape, le roi Henri VIII Tudor rompt avec Rome et fonde l'Église dite anglicane en 1534.

# Humanisme et Réformes en Occident

**L'Europe connaît de profonds changements culturels entre la fin du Moyen Âge et le début des Temps modernes. De nouvelles manières de penser, de représenter le monde et de croire en Dieu apparaissent.**

## Une nouvelle approche du savoir

### L'humanisme

L'humanisme naît dans les riches cités italiennes à la fin du Moyen Âge avant de se diffuser en Europe. Des penseurs comme Érasme, François Rabelais ou Nicolas Machiavel mettent l'homme au cœur de leur réflexion. Ils redécouvrent des textes écrits durant l'Antiquité, accordant de l'importance non seulement à la pensée des auteurs mais aussi à la pureté de la langue latine ou grecque. Ils publient de nombreux traités de pédagogie (savoir apprendre) en insistant sur la formation intellectuelle, sur la réflexion morale (savoir ce qui est bien ou mal) et sur les exercices physiques.

### Les progrès scientifiques

Les humanistes définissent progressivement de nouvelles méthodes fondées sur l'observation et l'expérimentation à partir desquelles ils établissent des lois scientifiques. Ils explorent de nouveaux domaines. André Vésale dissèque des cadavres pour améliorer les connaissances en anatomie tandis que Copernic puis Galilée s'intéressent aux astres. Les savants créent de nouveaux instruments d'étude et de mesure comme le microscope, la lunette astronomique ou le baromètre. Ils remettent en cause les enseignements du clergé ou de la Bible, ce qui leur vaut d'être condamnés par l'Église catholique.

### Le système de Copernic

Au XVIᵉ siècle, Nicolas Copernic émet l'hypothèse que, contrairement à la croyance du Moyen Âge, c'est le Soleil immobile qui est au centre de l'univers et que la Terre tourne autour de lui. Au début du XVIIᵉ siècle, Galilée confirme par ses observations cette théorie. Condamné par un tribunal de l'Église, il doit reconnaître qu'il s'est trompé.

Andreas Cellarius (astronome), *Atlas coelestis*, 1708 (BNF, Paris).

## La diffusion du savoir

Grâce aux livres imprimés (voir p. 130), les humanistes font connaître leurs découvertes et leurs réflexions dans toute l'Europe. Ils voyagent beaucoup et entretiennent une abondante correspondance, échangeant des idées ou débattant entre eux. Des penseurs comme Nicolas Machiavel ou encore Thomas More développent une pensée politique autour de la façon dont les hommes sont gouvernés.

## Érasme, le « prince des humanistes »

Né au Pays-Bas dans les années 1460, Érasme fait de brillantes études et devient moine. Fin connaisseur des auteurs antiques, latins et grecs, il voyage beaucoup en Italie, en Angleterre, en France et en Suisse. Il rencontre d'autres humanistes comme l'Anglais Thomas More.

Dans ses ouvrages, Érasme défend l'idée que l'homme est responsable de ses choix et doit utiliser son libre arbitre pour savoir ce qui est bien ou mal. Il est aussi un ardent pacifiste qui dénonce les calamités de la guerre. ■

# Les bouleversements religieux

## Réforme et Contre-Réforme

Dès la fin du xv<sup>e</sup> siècle, des chrétiens influencés par l'humanisme veulent un rapport plus direct avec Dieu. Ils réfléchissent aussi aux moyens d'accéder au paradis et sont choqués par certains comportements du clergé catholique. De nouvelles Églises, dites protestantes, apparaissent alors en Europe (voir p. 144). Face à leur succès, l'Église catholique réagit. À partir de 1545, le pape réunit un concile à Trente, en Italie. Cette assemblée de clercs réaffirme les croyances catholiques et prévoit de former les prêtres pour corriger les abus. Les jésuites sont chargés d'enseigner la religion dans des collèges et sont envoyés en Asie et en Amérique (voir p. 160). Enfin, de somptueuses églises sont construites pour impressionner les fidèles.

**L'Extase de sainte Thérèse**

Contrairement aux protestants, l'Église catholique encourage le culte des saints. La sculpture rappelle l'épisode de la vie de sainte Thérèse transpercée par une flèche, symbole de l'amour de Dieu. L'expression des émotions et le drapé des étoffes sont les principales caractéristiques de l'art baroque dans la sculpture.

Le Bernin, groupe en marbre, 1645-1652 (Chapelle Cornaro de l'église Santa Maria della Vittoria, Rome).

### L'art baroque

L'art baroque est né en Italie à la fin du xvi<sup>e</sup> siècle. En architecture, il se caractérise par une préférence pour les courbes, la profusion des décors et la multiplication des sculptures. En peinture, les couleurs vives dominent et les scènes, avec leurs nombreux personnages représentés, donnent l'illusion du mouvement. Pierre Paul Rubens en est l'un des principaux représentants (voir p. 167). L'Église catholique utilise l'art baroque pour émouvoir les fidèles face à l'austérité prônée par le protestantisme (voir p. 144). Très présent dans le sud de l'Europe, en France et dans les colonies d'Amérique du Sud, ce courant s'oppose à l'art de la Renaissance (voir p. 141), plus sobre et plus équilibré, et coexiste avec l'art classique (voir p. 177).

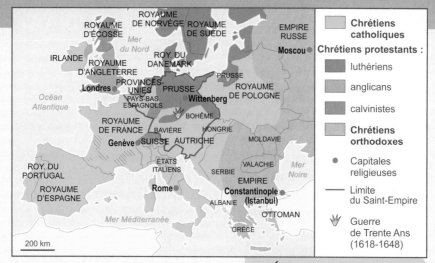

**Les Églises chrétiennes en Europe**

| | |
|---|---|
| | **Chrétiens catholiques** |
| | **Chrétiens protestants :** |
| | luthériens |
| | anglicans |
| | calvinistes |
| | **Chrétiens orthodoxes** |
| ● | Capitales religieuses |
| — | Limite du Saint-Empire |
| ⚜ | Guerre de Trente Ans (1618-1648) |

## Les guerres de religion

Dans un premier temps, les souverains catholiques voient en la Réforme une remise en cause de leur autorité et cherchent à préserver l'unité religieuse de leur État par la guerre. N'y parvenant pas, ils s'orientent vers un compromis et jouent un rôle d'arbitre. Dans le Saint-Empire, l'empereur Charles Quint renonce à imposer le catholicisme aux princes réformés (voir p. 154). En France, huit guerres civiles opposent protestants et catholiques pendant plus de trente ans (voir p. 157) jusqu'à l'édit de Nantes, remis en cause par Louis XIV (voir p. 175). L'Espagne catholique se résout à reconnaître l'indépendance des Provinces-Unies calvinistes. Enfin, ce sont des rivalités à la fois politiques et religieuses qui expliquent la guerre de Trente Ans (voir p. 168). Toutefois, l'idée de liberté religieuse progresse au XVIIIe siècle avec les Lumières (voir p. 186).

> **Les Églises chrétiennes en Europe**
>
> L'Europe est divisée en trois courants chrétiens. Au sud, les pays catholiques ; au nord, les pays protestants (luthériens, calvinistes et anglicans) ; à l'est, les populations orthodoxes.

### Les guerres de religion en Europe

| 1531 | Constitution de la ligue de Smalkalde regroupant des États protestants du Saint-Empire. |
|---|---|
| 1547 | Défaite des États protestants à la bataille de Mühlberg. |
| 1555 | Paix d'Augsbourg (Saint-Empire). |
| 1562-1598 | Guerres de religion (France). |
| 1579 | Révolte des Provinces-Unies calvinistes contre l'Espagne catholique. |
| 1618-1648 | Guerre de Trente Ans (Europe). |
| 1685 | Révocation de l'édit de Nantes en France. |

# 1522

# Les Ottomans assiègent la ville de Rhodes

**Devenu sultan en 1520, Soliman dit le Magnifique veut poursuivre l'expansion de l'Empire ottoman. Après la prise de Belgrade (Serbie actuelle) en 1521, il attaque l'île de Rhodes dont la position permet de contrôler les routes maritimes de la Méditerranée.**

## Une île tenue par les chrétiens

Depuis le début du XVIᵉ siècle, l'île de Rhodes est occupée par les chevaliers hospitaliers* chrétiens qui encouragent la piraterie contre les musulmans. La ville elle-même est protégée par de solides fortifications, une puissante artillerie et environ 16 000 hommes. En 1522, Soliman réunit une flotte de 170 à 200 navires transportant plusieurs dizaines de milliers d'hommes, des vivres,

**L'Empire ottoman au XVIᵉ siècle**

des munitions et du matériel. Les Ottomans débutent le siège en juillet.

## La victoire ottomane après cinq mois de siège

Sans renforts de l'extérieur et alors que les vivres et la poudre pour les canons commencent à manquer, le grand maître des chevaliers hospitaliers, pressé par les habitants de la ville, ouvre les négociations avec Soliman le 10 décembre. Le sultan accorde des conditions de reddition plutôt favorables, les combattants chrétiens pouvant quitter Rhodes pour Malte sans être inquiétés. En janvier 1523, les Ottomans prennent possession de l'île qui devient une province de l'Empire, renforçant la présence musulmane en Méditerranée.

---

* L'ordre hospitalier de Saint-Jean de Jérusalem a été créé au moment des croisades. C'est un ordre religieux et militaire qui a pour but de combattre les musulmans et de soigner les chrétiens.

**Le siège de Rhodes**

Au premier plan à droite, Soliman dirige les opérations du siège. À gauche, ses hommes creusent des tranchées et placent des mines pour affaiblir les murailles de la ville défendues par les chevaliers chrétiens représentés à l'arrière-plan.

Illustration du *Suleyman-nama*, poème relatant le règne de Soliman, 1557 (Bibliothèque du palais de Topkapi, Istanbul).

## Le sultan dans l'Empire ottoman

Le sultan, qui prend ensuite le titre de calife, dirige l'Empire ottoman depuis son palais de Topkapi à Constantinople devenue Istanbul (voir p. 132). Détenant un pouvoir absolu, il est le chef des armées et nomme les principaux fonctionnaires, dont le grand vizir (sorte de Premier ministre) et les personnalités religieuses. Le sultan veille à la paix intérieure de l'empire, qui regroupe des provinces très diverses avec des peuples ayant chacun des langues et des coutumes très différentes.

Le sultan fait appliquer le droit musulman (la *charia*) découlant du Coran. Si l'islam domine dans l'empire, les juifs et les chrétiens sont tolérés et ne subissent pas de persécutions. Durant son long règne de 1520 à 1566, Soliman fait de son empire l'un des plus puissants d'Europe sur les plans militaire, économique et politique. Il encourage également les arts et la culture : à Istanbul, il fait construire par l'architecte Sinan une magnifique mosquée qui porte son nom.

# 1539

## François I<sup>er</sup> impose le français comme langue officielle

**Dans son château de Villers–Cotterêts, le roi de France signe une loi pour réformer la justice et l'administration. Il cherche ainsi à unifier son royaume et à renforcer son pouvoir.**

### Contrôler la société

L'ordonnance* de Villers-Cotterêts compte 192 articles, dont trois particulièrement importants. L'article 51 oblige les curés à enregistrer les baptêmes – autrement dit les naissances –, ce qui permet de connaître et de mieux compter la population.

Les articles 110 et 111 imposent que les décisions royales, les actes administratifs ou judiciaires soient rédigés en français, et non en latin. La langue du roi, surtout parlée alors en Île-de-France, devient ainsi celle du royaume face aux patois régionaux : langue d'oïl et breton au Nord ; langue d'oc, provençal et basque au Sud. Le français se diffuse progressivement dans le pays.

> « *Et parce que de tels problèmes sont souvent survenus sur la compréhension des mots latins, nous voulons dorénavant que tous arrêts, [...] et autres actes de justices soient prononcés [...] en français [...].* »
>
> Article 111 de l'ordonnance de Villers-Cotterêts, 1539.

### Renforcer le pouvoir royal

Tout au long de son règne (1515-1547), François I<sup>er</sup> cherche à consolider la monarchie. Grâce au concordat de Bologne signé avec le pape en 1516, il contrôle l'Église de France en nommant les évêques et les abbés. Il renforce aussi l'administration grâce à la création d'un conseil des « ministres » et à l'augmentation du nombre de fonctionnaires. Pour financer l'armée, les impôts, désormais permanents, sont augmentés. François I<sup>er</sup> pose ainsi les bases d'un État monarchique moderne.

* Texte de loi sous l'Ancien Régime.

**François I<sup>er</sup> entouré de ses conseillers**

En 1527, le roi réunit la cour des pairs pour juger un grand seigneur, Charles de Bourbon, coupable de trahison. À droite du roi, se tient le chancelier Duprat (ministre de la Justice) en tenue de cardinal et à gauche, Charles, le plus jeune fils de François I<sup>er</sup>.
Procès de Charles de Bourbon, 1527 (BNF, Paris).

## Un royaume peuplé et riche

En 1515, le royaume de France couvre environ 450 000 kilomètres carrés et il est l'un des plus peuplés d'Europe. Le nombre d'habitants passe d'environ 15 millions au début du règne de François I<sup>er</sup> à 17 millions à sa mort en 1547. La très grande majorité d'entre eux sont des paysans qui vivent à la campagne. Les villes se développent également grâce à l'artisanat et au commerce. Paris est ainsi l'une des plus grandes villes d'Europe, comptant 250 000 habitants. L'augmentation de la population s'explique d'abord par une meilleure alimentation et la quasi-disparition des famines grâce à des récoltes plus abondantes, mais aussi par le recul de la peste (voir p. 122) et du nombre de guerres. Le roi anglais Henri VIII Tudor évoque alors un « plaisant, opulent et abondant royaume ».

# 1555
# Catholiques **et protestants**
## signent la paix d'Augsbourg

**Depuis l'apparition de l'Église luthérienne en 1530, le Saint-Empire est plongé dans une guerre entre États catholiques et États protestants. En 1555, l'empereur Charles Quint se résigne à une paix avec ses adversaires « réformés ».**

## Deux confessions autorisées

Souverain catholique, Charles Quint souhaite faire du catholicisme la religion unique du Saint-Empire. Mais il ne parvient pas à s'imposer face aux princes protestants (voir p. 144) réunis au sein d'une ligue depuis 1531. Tandis qu'aux frontières Français et Ottomans menacent, l'empereur se résout en 1552 à autoriser le culte luthérien dans l'Empire. Puis il charge son frère Ferdinand de convoquer une assemblée (ou Diète) à Augsbourg pour régler définitivement le problème religieux. Après plusieurs mois de négociations, la paix est signée en septembre 1555 : elle permet aux princes de choisir leur religion, catholique ou protestante, et de l'imposer à leurs sujets.

300 km ----- Frontières actuelles

**Le Saint-Empire romain germanique en 1548**

## L'abdication de Charles Quint

Pour Charles Quint, la paix d'Augsbourg est un échec : il n'a pas réussi à unifier l'Empire et son autorité a été remise en cause par les princes protestants. Un mois après la signature, il abandonne le pouvoir puis se retire dans un monastère. Le titre d'empereur et les territoires autrichiens reviennent à son frère Ferdinand Iᵉʳ tandis que son fils Philippe II hérite des possessions espagnoles, augmentées des colonies. La puissante famille des Habsbourg, désormais divisée en deux branches cousines, règne alors sur de vastes territoires qui encerclent la France.

## Portrait équestre de Charles Quint à Mühlberg

Charles de Habsbourg, dit Charles Quint, est roi d'Espagne en 1516 à l'âge de 16 ans. Élu empereur en 1519 face à François Ier, il règne sur un « empire sur lequel le Soleil ne se couche jamais », composé de nombreux territoires européens et de colonies en Amérique du Sud.

Titien, huile sur toile, 279 x 332 cm, vers 1547 (Musée du Prado, Madrid).

## Le Saint-Empire romain germanique

Constitué de 350 États plus ou moins autonomes, le Saint-Empire, fondé au Xe siècle, se veut l'héritier de l'Empire romain et de l'empire constitué par Charlemagne en 800 (voir p. 88). L'empereur est élu par sept grands électeurs qui sont des princes de l'Empire. À partir du XIIIe siècle, il est le plus souvent choisi dans la famille des Habsbourg d'Autriche qui, grâce aux mariages, a étendu ses possessions. Si l'empereur jouit d'un grand prestige, il peine à imposer ses décisions aux princes allemands.

## L'Allemagne en quelques dates

| | |
|---|---|
| 1517 | « 95 thèses » de Martin Luther. |
| 1555 | Paix d'Augsbourg : division du Saint-Empire entre États catholiques et luthériens. |
| 1815 | Création de la Confédération germanique regroupant 38 États au congrès de Vienne. |
| 1871 | Création de l'Empire allemand (IIe Reich). |
| 1918 | Défaite militaire de l'Allemagne et proclamation de la République de Weimar. |
| 1933-1945 | Adolf Hitler est à la tête de l'Allemagne nazie (IIIe Reich). |
| 1949 | Division de l'Allemagne entre la République fédérale d'Allemagne (RFA) à l'Ouest et la République démocratique allemande (RDA) à l'Est. |
| 1961-1989 | Mur de Berlin. |
| 1990 | Réunification de l'Allemagne. |

# 1572

## Les protestants sont massacrés le jour de la Saint-Barthélemy

Depuis l'assassinat de protestants à Wassy en 1562, princes catholiques et protestants s'affrontent en France.
Le massacre de la Saint-Barthélemy est le point culminant des guerres de religion dans le royaume.

### Le massacre et la reprise des guerres de religion

En 1570, une paix est signée entre protestants et catholiques à Saint-Germain-en-Laye. Elle prévoit le mariage du prince réformé (voir p. 144) Henri de Navarre et de Marguerite de Valois, sœur catholique du roi Charles IX. Le 18 août 1572, la cérémonie se déroule à Paris, dans un climat très tendu. Prétextant de la présence de nombreux seigneurs protestants venus pour l'occasion, les proches du roi agitent la menace d'un complot et convainquent Charles IX d'agir. Le 24, vers deux heures du matin, les chefs protestants dont l'amiral Gaspard de Coligny sont massacrés. La fureur populaire se déchaîne alors : en une semaine, 5 000 à 10 000 protestants sont tués à Paris et en province.

### L'avènement d'Henri IV

Protégé par Charles IX pendant le massacre, Henri de Navarre s'impose progressivement comme le chef du parti protestant et reprend le combat contre les princes catholiques. En 1589, Henri III, qui a succédé à Charles IX, est assassiné. C'est alors Henri de Navarre, en sa qualité de plus proche parent, qui monte sur le trône sous le nom d'Henri IV. Mais de nombreux seigneurs catholiques, regroupés dans la Ligue* soutenue par l'Espagne, combattent ce roi protestant. Henri IV accepte de se convertir en 1593, se fait sacrer en 1594, puis entre dans Paris. Son autorité est renforcée et les contestations des seigneurs catholiques cessent.

* Organisation politique et religieuse créée par les catholiques en 1576 pour défendre leurs droits.

**Le Massacre de la Saint-Barthélemy**
Le peintre, protestant, insiste sur la violence et l'ampleur des massacres.
À l'arrière-plan, en noir, la mère de Charles IX, la reine Catherine de Médicis,
contemple des cadavres qui viennent d'être sortis du Louvre. Elle est l'une de ceux
qui poussent le roi à ordonner l'assassinat des chefs protestants.
François Dubois, huile sur bois, 154 x 94 cm, 1576-1584 (Musée cantonal des beaux-arts, Lausanne).

## La fin des guerres de religion : l'édit de Nantes (1598)

Les guerres de religion ravagent le royaume depuis 1562. Pour mettre fin au conflit et se poser en arbitre au-dessus des seigneurs, Henri IV signe en 1598 à Nantes un édit de tolérance. Cette loi reconnaît l'égalité entre catholiques et protestants dans l'accès aux emplois ainsi que la liberté pour chacun de choisir sa religion (liberté de conscience) et de la pratiquer n'importe où, à titre privé. En revanche, l'édit n'autorise le culte protestant que dans certains lieux. Enfin, les protestants disposent de 144 places fortes où ils peuvent entretenir des soldats, ce qui leur confère un poids politique et militaire.

## Plus de trente ans de guerres civiles en France

| Mars 1562-mars 1563 | 1re guerre de religion. |
|---|---|
| Septembre 1567-mars 1568 | 2e guerre de religion. |
| Mars 1569-août 1570 | 3e guerre de religion. |
| Août 1572-juillet 1573 | 4e guerre de religion. |
| Novembre 1574-mai 1576 | 5e guerre de religion. |
| Décembre 1576-octobre 1577 | 6e guerre de religion. |
| Novembre 1579-novembre 1580 | 7e guerre de religion. |
| Juillet 1585-juin 1598 | 8e guerre de religion. |

# 1588

## L'« Invincible Armada » espagnole échoue à envahir l'Angleterre

**Dans les années 1560, les relations entre l'Angleterre d'Élisabeth Iʳᵉ et l'Espagne de Philippe II se détériorent. En 1588, ce dernier organise l'invasion des îles britanniques.**

### Des rivalités politiques et religieuses

Depuis plusieurs années, les tensions sont fortes entre l'Angleterre et l'Espagne. Madrid voit son commerce avec l'Amérique menacé par les attaques des corsaires* anglais. En Flandre, l'Angleterre soutient les insurgés calvinistes en lutte contre la domination espagnole (voir p. 165). Enfin, en 1587, Élisabeth Iʳᵉ, chef de l'Église anglicane (voir p. 145), fait exécuter Marie Stuart, sa rivale catholique. En réponse, le roi « très catholique » Philippe II décide d'envahir l'Angleterre. Il réunit 130 navires, près de 30 000 hommes et des machines de siège. Cette puissante « armada » (flotte de guerre) doit rejoindre d'autres bateaux espagnols en Flandre.

### Une défaite sans appel

Dans la Manche, les navires anglais harcèlent les Espagnols. Puis, le 8 août, dans la baie de Gravelines au large de Calais, ils parviennent à disperser la flotte ennemie dont ils incendient plusieurs bateaux. Les Espagnols renoncent alors à leur invasion. Dans sa fuite, l'armada, surnommée désormais « invincible » par dérision, subit plusieurs tempêtes qui déciment encore ses forces.

Cet échec cinglant affaiblit l'Espagne qui perd sa domination sur l'Atlantique et consolide le pouvoir d'Élisabeth Iʳᵉ.

> *« Je sais que j'ai le corps d'une faible femme mais je possède le cœur et l'estomac d'un roi, et qui plus est, d'un roi d'Angleterre et je mets en garde [...] l'Espagne ou tout autre prince d'Europe qui oserait envahir mon royaume. »*

Élisabeth Iʳᵉ devant ses troupes, 9 août 1588.

* Navire civil armé, autorisé par le roi ou la reine à attaquer des bateaux de guerre ou de commerce ennemis.

**_Élisabeth I^re, dit « Le Portrait de l'Armada »_**
Élisabeth I^re, fille d'Henri VIII, règne sur l'Angleterre de 1558 à 1603. Sur ce tableau réalisé pour célébrer la victoire de 1588, elle est représentée devant les navires anglais à gauche et les navires espagnols périssant dans une tempête à droite.
George Gower, huile sur bois, 97,8 × 72,4 cm, après 1588 (National Portrait Gallery, Londres).

## Le théâtre, divertissement de l'époque élisabéthaine

Sous le règne d'Élisabeth I^re, les Anglais se passionnent pour le théâtre. À Londres, il existe plusieurs troupes de comédiens dont celle des _Lord Chamberlain's Men_ de William Shakespeare (1564-1616). Ce dernier demeure l'un des auteurs de théâtre les plus connus d'Angleterre. Ses quelque quarante pièces sont alors jouées dans de grands amphithéâtres ouverts. La scène se trouve dans la cour intérieure où se pressent les spectateurs les plus modestes tandis que les plus aisés assistent aux longues représentations depuis les galeries, qui sont généralement couvertes et où ils peuvent être assis. Le Globe est l'un des trois grands théâtres de l'époque. Construit en 1599 sur les bords de la Tamise, il peut contenir 3 000 spectateurs. Il accueille la troupe de Shakespeare avant d'être détruit par un incendie en 1613.

# L'Europe s'ouvre sur le monde

À la fin du Moyen Âge, les Européens découvrent de nouveaux territoires. Ils fondent des colonies avec lesquelles ils développent des échanges commerciaux. Dans ce cadre, la traite des esclaves s'intensifie aux XVII<sup>e</sup> et XVIII<sup>e</sup> siècles.

## Les Européens dominent le monde

### Les Grandes découvertes

À la fin du Moyen Âge, les Européens ont accompli des progrès techniques en matière de navigation. La boussole et l'astrolabe leur permettent de mieux se repérer ; les navires, comme la caravelle, se font plus rapides et plus maniables. Les Portugais, sous l'impulsion du prince Henri le Navigateur, puis les Espagnols à la fin de la Reconquista*, organisent les premiers voyages. Ils ont pour but de faire du commerce avec l'Asie en contournant le monde musulman qui jouait jusque-là un rôle d'intermédiaire. Ils espèrent aussi mettre la main sur de nouvelles terres et sur leurs richesses. Enfin, ils souhaitent convertir des populations au christianisme. Progressivement, grâce aux explorations, les connaissances géographiques s'améliorent.

### La conquête de nouveaux territoires en Amérique

Avec leurs armes à feu et en jouant sur les divisions des peuples amérindiens, les Espagnols et les Portugais parviennent à conquérir de vastes territoires avec un petit nombre d'hommes. Ainsi, entre 1519 et 1521, Hernán Cortés vainc l'empire aztèque et s'empare du Mexique avec quelques centaines de

* Reconquête des royaumes musulmans de la péninsule ibérique par les souverains chrétiens en 1492.

conquistadores. Il baptise cette colonie Nouvelle-Espagne. En 1533, Francisco Pizarro combat la civilisation inca au Pérou. Pour éviter une confrontation, Portugais et Espagnols se partagent, dès 1494, les terres conquises lors du traité de Tordesillas approuvé par le pape Alexandre VI.

### La capture d'Atahualpa, empereur inca

En 1531, moins de 200 conquistadores débarquent dans l'Empire inca, peuplé de 10 millions d'habitants. En 1533, Francisco Pizarro condamne l'empereur à mort. Les conquistadores poursuivent la conquête avec une grande violence.

Juan Lepiani, huile sur toile (détail), 1920-1927 (Museo de Arte de Lima, Pérou).

## Les Grandes découvertes

| | |
|---|---|
| **1415-1460** | Les expéditions organisées par Henri le Navigateur permettent aux Portugais de découvrir les côtes occidentales de l'Afrique. |
| **1488** | Le Portugais Bartolomeu Dias franchit le cap de Bonne-Espérance. |
| **1492** | Le Génois Christophe Colomb parvient en Amérique pour le compte des souverains d'Espagne (voir p. 134). |
| **1498** | Le Portugais Vasco de Gama parvient en Inde. |
| **1500** | Le Portugais Pedro Álvares Cabral parvient au Brésil. |
| **1502** | Le Florentin Amerigo Vespucci effectue un premier voyage en Amérique du Sud pour le Portugal. |
| **1519-1522** | Le Portugais Fernand de Magellan effectue un tour du monde pour l'Espagne. |
| **1534** | Le Français Jacques Cartier explore l'embouchure du Saint-Laurent au Québec. |

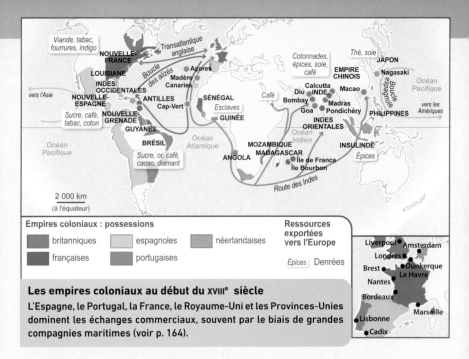

Empires coloniaux : possessions

- britanniques
- françaises
- espagnoles
- portugaises
- néerlandaises

Ressources exportées vers l'Europe

*Épices* Denrées

**Les empires coloniaux au début du XVIIIᵉ siècle**
L'Espagne, le Portugal, la France, le Royaume-Uni et les Provinces-Unies dominent les échanges commerciaux, souvent par le biais de grandes compagnies maritimes (voir p. 164).

# Les Européens dominent les échanges

## La création des colonies

Les Européens transforment les territoires découverts et conquis en colonies. Ils prennent possession des terres et réduisent souvent en esclavage les populations locales, condamnées à travailler dans les exploitations agricoles et dans les mines d'or ou d'argent. Sur les littoraux africains ou asiatiques, les Européens créent des ports pour le commerce, appelés comptoirs, qui permettent aux navires de faire escale.

## Le commerce avec les colonies

Les États européens se dotent de puissantes flottes de commerce. En Amérique, ils pillent les ressources minières des colonies, assurant la richesse de l'Espagne. Les produits agricoles comme le cacao, le tabac ou le sucre cultivés en Amérique sont exportés vers l'Europe. D'Asie, les Européens rapportent des épices, du thé ou de la soie. La colonisation et le commerce créent des tensions entre les pays européens (voir p. 158).

# La traite négrière

Les conquêtes et les maladies ayant décimé les populations amérindiennes, les colons européens ont besoin d'une nouvelle main-d'œuvre. Le commerce triangulaire débute ainsi au XVe siècle et devient très important au XVIIe et surtout au XVIIIe siècle. Partis d'un port européen, les navires se rendent en Afrique avec à leur bord des tissus, des armes et de l'alcool. Avec l'argent tiré de ces marchandises, les négociants achètent des esclaves qui sont ensuite vendus en Amérique aux propriétaires des plantations. Les navires repartent vers l'Europe chargés de sucre, de coton, de café ou de tabac produits dans de grandes exploitations agricoles. Ce commerce triangulaire enrichit considérablement les marchands européens et les ports qui se trouvent sur le littoral atlantique, comme Nantes, Bordeaux ou Liverpool.

## L'économie de plantation

Dans les colonies d'Amérique, des Antilles et de l'océan Indien, les colons européens ont créé d'immenses exploitations agricoles de canne à sucre, de tabac ou de coton, appelées plantations. La main-d'œuvre est constituée d'esclaves achetés aux enchères par les colons. Les journées de travail sont longues et très pénibles, les châtiments corporels fréquents. En moyenne, les esclaves survivent pendant 10 ans dans une plantation. Pour tenter de limiter les abus, les pays européens édictent des lois comme le Code noir en France (1685). Il fixe les punitions des esclaves, très lourdes en cas de fuite ou d'agression physique, et prévoit que le maître doit s'occuper de son esclave même s'il est vieux ou malade.

### Le Marie-Séraphique

Ce navire négrier, financé par des marchands de Nantes, transporte des esclaves d'Afrique en Amérique, enchaînés et entassés à l'entrepont. On estime à 1,5 million le nombre d'esclaves tués durant la traversée de l'Atlantique du XVe au XIXe siècle.

Aquarelles réalisées à la demande de l'armateur du *Marie-Séraphique*, vers 1770 (Musée d'histoire de Nantes).

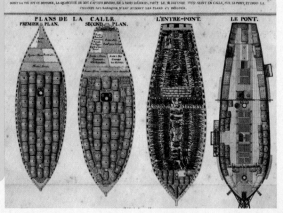

PLAN, PROFIL, ET DISTRIBUTION DU NAVIRE LA MARIE SERAPHIQUE

# 1602

## La Compagnie des Indes orientales est créée

**Au xvii<sup>e</sup> siècle, la République des Provinces-Unies (actuels Pays-Bas) devient une grande puissance maritime et commerciale. La Compagnie des Indes orientales lui permet de se bâtir un empire colonial dans le sud-est de l'Asie.**

## Une puissante compagnie commerciale

En 1602, les états généraux (assemblée représentative) des Provinces-Unies fusionnent toutes les compagnies de commerce du pays pour en créer une seule : la Compagnie des Indes orientales ou VOC*. Cette dernière reçoit le monopole des échanges entre les Provinces-Unies et l'Asie, et le droit d'avoir une armée, de signer des traités ou de fabriquer de la monnaie. Elle importe des épices, des tissus et de la porcelaine. Son développement est rapide : en 1610, 2 000 marins sont embarqués sur ses navires.

*« L'opulence des Hollandais qui [...] ne sont qu'une poignée de gens, réduits en un coin de terre [...] est un exemple et une preuve de l'utilité du commerce [...]. »*

Cardinal de Richelieu,
*Testament politique*, 1688.

## La constitution d'un empire colonial

La VOC prend possession de territoires en Asie, essentiellement en Indonésie. À partir de 1619, elle s'installe sur l'île de Java et fonde la ville de Batavia (actuelle Jakarta) qui devient le cœur de cet empire commercial. Les revenus générés par son activité sont très importants et les marchands s'enrichissent considérablement. Amsterdam, principal port des Provinces-Unies, devient l'une des premières places financières et commerciales d'Europe. La ville se pare de magnifiques demeures construites le long des canaux.

* *Vereenigde Oostindische Compagnie* (en néerlandais) ou Compagnie unifiée des Indes orientales. La Compagnie des Indes occidentales pour l'Amérique et l'Afrique est créée en 1621.

**Un important marchand de la Compagnie des Indes orientales, probablement Jacob Mathieusen, et son épouse**

Le riche marchand qui a commandé ce portrait montre les navires de la Compagnie qui ont fait sa fortune : ce sont à la fois des navires de guerre et marchands.

Albert Cuyp, huile sur toile, 208 x 135 cm, vers 1640-1660 (Rijksmuseum, Amsterdam).

## La création des Provinces-Unies

Au XVIe siècle, les « Pays-Bas » sont une vaste région comprenant la Belgique, le Luxembourg et les Pays-Bas actuels. Ces territoires appartiennent à la famille des Habsbourg puis à l'Espagne de Philippe II en 1556 (voir p. 154) et deviennent les Pays-Bas espagnols. Dans les années 1570, les provinces du Nord, protestantes calvinistes (voir p. 145), se révoltent contre l'Espagne catholique. En 1581, elles créent les Provinces-Unies, tandis que la Belgique et le Luxembourg actuels restent fidèles à Philippe II. Après une guerre de 80 ans, entrecoupée de trêves, les Provinces-Unies sont définitivement reconnues indépendantes en 1648.

## Des Provinces-Unies aux Pays-Bas

| | |
|---|---|
| **1581** | Création des Provinces-Unies. |
| **1795** | Les Provinces-Unies deviennent la République batave. |
| **1806** | La République batave devient le royaume de Hollande. |
| **1815** | Le congrès de Vienne crée un royaume des Pays-Bas intégrant la Belgique. |
| **1830** | Indépendance de la Belgique. |
| **1848** | Les Pays-Bas deviennent une monarchie parlementaire. |
| **1940-1944** | Occupation par l'Allemagne nazie. |
| **1949** | Indépendance de l'Indonésie, principale colonie des Pays-Bas. |
| **1957** | Les Pays-Bas intègrent la Communauté économique européenne (CEE). |

# 1610
# Henri IV est assassiné
## par François Ravaillac

**Après avoir rétabli la paix religieuse et restauré l'autorité royale (voir p. 157), Henri IV est assassiné à Paris. Son fils Louis XIII, âgé de 8 ans, lui succède.**

## La mort d'Henri IV

En mai 1610, Henri IV s'apprête à partir à la guerre. Le roi de France soutient deux princes protestants contre l'empereur catholique Rodolphe II allié à Philippe III d'Espagne. Le 13 mai, la reine Marie de Médicis est couronnée au cas où il arrive malheur à son mari durant la campagne militaire.

Le lendemain, vers 16 heures, le carrosse du roi quitte le Louvre pour se rendre chez son principal ministre, le duc de Sully. Il emprunte la rue de la Ferronnerie, étroite et très encombrée. Il est stoppé par une charrette qui bloque le passage. Un individu surgit alors de la foule, se hisse dans le carrosse et poignarde Henri IV. Le roi meurt peu après.

## D'un roi à l'autre

L'assassin, François Ravaillac, est immédiatement arrêté. Torturé, il avoue avoir agi de manière préméditée, mais seul, pour débarrasser la France d'un tyran et sauver la religion catholique. Ravaillac subit le châtiment des régicides : placé sur une roue, il est frappé puis écartelé. Ses membres sont ensuite brûlés et les cendres dispersées.

Le jeune fils d'Henri IV, Louis XIII, devient roi. Après la régence* exercée par sa mère, celui-ci poursuit l'œuvre de son père et engage la France dans la guerre de Trente Ans (voir p. 168).

> *« Le roi est mort, vive le roi ! »*
>
> Formule rituelle prononcée à la fin des funérailles d'un roi de France.

* Gouvernement d'une monarchie exercé pendant la minorité, l'absence ou l'incapacité d'un roi.

**L'Apothéose d'Henri IV et la proclamation de la régence de Marie de Médicis, le 14 mai 1610**

À gauche, Henri IV est emmené par Jupiter et Saturne sur l'Olympe. À ses pieds, le serpent percé d'une flèche évoque François Ravaillac. À droite, la reine Marie de Médicis est entourée par Minerve, déesse de la sagesse, et par la Prudence qui lui présente la France agenouillée.

Pierre Paul Rubens, huile sur toile, 727 x 394 cm, 1624 (Musée du Louvre, Paris).

## Le règne de Louis XIII (1610-1643)

Louis XIII, âgé de 8 ans, est immédiatement proclamé roi même si jusqu'à sa majorité, fixée à 13-14 ans, la régence est exercée par sa mère Marie de Médicis. À partir de 1624, Louis XIII choisit comme Premier ministre le cardinal de Richelieu. Poursuivant le renforcement de l'autorité royale, ils luttent ensemble contre les nobles récalcitrants et contre les protestants. En 1628, après un an de siège, le roi soumet ainsi la place forte protestante de La Rochelle. Sur le plan extérieur, la France entre en guerre contre le Saint-Empire (voir p. 168) et contre l'Espagne. À la mort de Louis XIII en 1643, son fils Louis XIV devient roi à l'âge de 5 ans. ■

# 1618

## La guerre de Trente Ans commence

Malgré la paix d'Augsbourg de 1555, les tensions religieuses restent vives dans le Saint–Empire. À Prague, les nobles protestants se révoltent contre leur roi et contre l'empereur Mathias Iᵉʳ qui veulent restreindre leurs droits.

**L'Arbre aux pendus**
Le recueil de 18 eaux-fortes, intitulé *Les Misères et les malheurs de la guerre*, dénonce les atrocités commises durant la guerre de Trente Ans. Cette planche montre des voleurs pendus par des soldats. Les autres gravures représentent des pillages, des monastères dévastés, des villages incendiés ou des soldats mutilés.
Jacques Callot, eau-forte, 1633
(Bibliothèque municipale de Toulouse).

### La défenestration de Prague

En 1617, à peine élu roi de Bohême, le très catholique Ferdinand de Habsbourg veut revenir sur le principe de liberté religieuse accordé par la paix d'Augsbourg (voir p. 154). Le 23 mai 1618, des nobles protestants viennent exprimer leur mécontentement au château de Prague. Après une longue dispute, des représentants de l'empereur sont jetés par la fenêtre. Ils ne sont que légèrement blessés, mais cet événement met le feu aux poudres.

### Protestants contre catholiques

Devenu empereur après la mort de Mathias Iᵉʳ en 1619, Ferdinand II, soutenu par les princes catholiques et par l'Espagne, bat l'année suivante les protestants à la bataille de la Montagne blanche, près de Prague. Ces derniers reçoivent alors l'aide des royaumes protestants du Danemark et de Suède mais aussi indirectement de la France qui veut limiter la puissance des Habsbourg. La guerre, qui se déroule en grande partie dans le Saint-Empire, prend ainsi une dimension européenne.

## À la tête du Saint-Empire romain germanique

| | |
|---|---|
| **1519-1556** | Charles Quint |
| **1556-1564** | Ferdinand I$^{er}$ (frère de Charles Quint) |
| **1564-1576** | Maximilien II (fils de Ferdinand I$^{er}$) |
| **1576-1612** | Rodolphe II (fils de Maximilien II) |
| **1612-1619** | Mathias I$^{er}$ (frère de Rodolphe II) |
| **1619-1637** | Ferdinand II (cousin de Mathias I$^{er}$) |
| **1637-1657** | Ferdinand III (fils de Ferdinand II) |
| **1658-1705** | Léopold I$^{er}$ (fils de Ferdinand III) |
| **1705-1711** | Joseph I$^{er}$ (fils de Léopold I$^{er}$) |
| **1711-1740** | Charles VI (frère de Joseph I$^{er}$) |
| **1740** | Début de la guerre de succession d'Autriche |
| **1742-1745** | Charles VII |
| **1745-1765** | François I$^{er}$ (époux de Marie-Thérèse, fille de Charles VI) |
| **1765-1790** | Joseph II (fils de François I$^{er}$) |
| **1790-1792** | Léopold II (frère de Joseph II) |
| **1792-1806** | François II (fils de Léopold II) |

### Le difficile retour à la paix

À partir de 1635, la guerre de Trente Ans frappe la majeure partie de l'Europe. Elle ne prend fin qu'en 1648 avec les traités de Westphalie.

Le Saint-Empire en sort affaibli : la Suisse et les Provinces-Unies deviennent indépendantes tandis que la France gagne des territoires à l'Est.

Le conflit se poursuit encore entre l'Espagne et la France jusqu'à la signature du traité des Pyrénées en 1659. Pour sceller la paix entre les deux pays, Louis XIV épouse Marie-Thérèse, la fille du roi d'Espagne Philippe IV, en 1660.

# 1635
## Vélasquez peint *Les Lances*
## pour Philippe IV d'Espagne

Au début du XVIIᵉ siècle, l'Espagne est une puissance très riche grâce à son empire colonial en Amérique. Diego Vélasquez est chargé d'exécuter un tableau à la gloire de Philippe IV.

## Le peintre du roi

Originaire de Séville, Diego Vélasquez débute son apprentissage à l'âge de 12 ans, avant d'entrer officiellement dans la corporation des peintres à 18 ans. Lors d'un séjour à Madrid, son talent est remarqué et il réalise son premier portrait de Philippe IV. Vélasquez devient alors peintre du roi en 1623, puis il achève sa formation par un voyage en Italie pour étudier les grands maîtres. À son retour, le souverain lui demande, ainsi qu'à d'autres peintres, de représenter les principaux succès militaires de l'Espagne pour décorer un palais qu'il fait construire près de Madrid.

## Une victoire contre les Hollandais

Vélasquez choisit un événement de la guerre contre les Provinces-Unies, en lutte pour leur indépendance (voir p. 165) : le 5 juin 1625, au bout de dix mois, le commandant hollandais de la forteresse de Breda se rend au général de l'armée espagnole. Vélasquez peint cette scène, dix ans plus tard, de manière originale, en rendant hommage au vaincu. Ce dernier est à la même hauteur que le vainqueur, lequel pose une main bienveillante sur son épaule. Honorer le courage de son adversaire est aussi un moyen de rehausser sa victoire.

### Quelques œuvres de Diego Vélasquez

|  |  |
|---|---|
| Vers 1618 | *Trois hommes à table, le déjeuner* |
| 1619 | *Adoration des Mages* |
| 1623-1624 | *Philippe IV* |
| 1634 | *Gaspar de Guzmán, comte-duc d'Olivares, à cheval* |
| 1647 | *Vénus à son miroir* |
| 1650 | *Innocent X* |
| 1656 | *Les Ménines* |
| 1659 | *L'Infante Marguerite en bleu* |

## Le Siècle d'or en Espagne

Aux XVIe et XVIIe siècles, la monarchie et l'aristocratie espagnoles, enrichies par le commerce et les ressources minières de l'empire colonial (voir p. 162), sont d'actifs mécènes et commandent de nombreuses œuvres. La période est caractérisée par une grande vitalité artistique qui touche tous les domaines. Les artistes espagnols sont alors réputés dans toute l'Europe. Ainsi, Miguel de Cervantès (1547-1616) raconte les exploits de son fameux héros Don Quichotte accompagné du fidèle Sancho Pança, parcourant l'Espagne pour réparer les injustices.

### Les Lances
### (ou *La Reddition de Breda*)

Le chef hollandais Justin de Nassau tend les clés de la ville à son adversaire, le général Ambrogio Spinola. À droite est représentée l'armée espagnole qui utilise de longues piques pour former les *tercios* (l'infanterie), réputés invincibles jusqu'à la bataille de Rocroi contre les Français en 1643.

Diego Vélasquez, huile sur toile, 307 x 367 cm, 1635 (Musée du Prado, Madrid).

# 1649
## Charles Ier d'Angleterre est décapité

À partir de 1642, la Grande Rébellion divise l'Angleterre entre les partisans du roi et ceux du Parlement. Elle débouche en 1649 sur l'exécution de Charles Ier, tandis que la république est instaurée.

## Un roi de droit divin

Charles Ier veut gouverner comme un roi absolu, estimant tenir son pouvoir de Dieu. Mais il se heurte à une partie de la noblesse et au Parlement qui réclament la fin des arrestations arbitraires et entendent être consultés avant de lever de nouveaux impôts. Le roi, accusé d'être trop proche du catholicisme dans un pays protestant (voir p. 145), s'attire également l'hostilité d'une majorité d'Anglais.

En 1642, Charles Ier quitte le palais royal de Londres, se réfugie à Oxford et rassemble son armée. Après plusieurs batailles, cette première guerre civile se termine par la victoire des partisans du Parlement en 1646.

## Le procès du roi

Une seconde guerre civile s'ouvre à la fin de l'année 1647. Mais les armées du Parlement, commandées par Oliver Cromwell, sont victorieuses en août 1648. Le roi est arrêté puis jugé du 20 au 27 janvier 1649 à Westminster par une haute cour spéciale qui l'accuse de tyrannie et de trahison. Charles Ier n'accepte pas ce tribunal et refuse de répondre aux questions. Il est condamné à mort.

*« J'ai une mission que Dieu a fait arriver en mes mains par une longue succession d'aïeux. Je ne la trahirai pas au point de répondre à une autorité nouvelle et illégitime. »*

Charles Ier à ses juges le premier jour de son procès, 20 janvier 1649.

Après avoir prié longuement et fait ses adieux à ses proches, il est décapité à la hache le 30 janvier 1649. Le 7 février, la monarchie est abolie.

**Charles I<sup>er</sup>, roi d'Angleterre, dit *Portrait du roi à la chasse***

Charles I<sup>er</sup>, de la famille des Stuart, règne de 1625 à 1649 sur l'Angleterre, l'Irlande et l'Écosse. Il succède à son père Jacques I<sup>er</sup>, roi d'Écosse devenu roi d'Angleterre à la mort de sa cousine Élisabeth I<sup>re</sup> (voir p. 159). Charles I<sup>er</sup> est un excellent cavalier qui se passionne pour la chasse. Il épouse la fille d'Henri IV avec qui il a quatre enfants dont deux deviennent rois à leur tour : Charles II après 1660 et Jacques II (voir p. 180).

Antoine Van Dyck, huile sur toile, 266 x 207 cm, 1635 (Musée du Louvre, Paris).

## Un court intermède républicain avant le retour à la monarchie

À partir de 1649, l'Angleterre est dirigée par un Conseil d'État composé de 41 membres dont Oliver Cromwell, l'un des commandants de l'armée durant les guerres civiles. Après avoir maté les révoltes irlandaises et écossaises fidèles à la royauté, Cromwell dissout le Parlement en avril 1653. La république devient une sorte de dictature dirigée par des militaires, avant d'évoluer vers un régime monarchique. Cromwell est nommé « Lord-protecteur », titre réservé au régent sous la royauté, et reçoit le droit de nommer son successeur. À sa mort en 1658, son fils Richard lui succède mais il ne parvient pas à se maintenir au pouvoir. Il renonce à sa fonction en 1659 et le Parlement appelle Charles II, fils de Charles I<sup>er</sup>, à revenir sur le trône en 1660.

# 1661
# Louis XIV décide
# de gouverner seul

**À la mort du cardinal Mazarin, Louis XIV décide de régner sans Premier ministre et pose les fondements de la monarchie absolue.**

## Vers une monarchie absolue

Lorsque Louis XIII meurt en 1643 (voir p. 167), Louis XIV n'a que 5 ans. La régence est confiée à sa mère Anne d'Autriche, conseillée par le cardinal Jules Mazarin. Celui-ci initie le jeune roi, dont il est le parrain, aux affaires de l'État. À 13 ans, Louis XIV est déclaré majeur et Mazarin demeure son principal ministre jusqu'à sa mort le 9 mars 1661. Le lendemain, le roi convoque les membres de son Conseil et leur annonce qu'il veut gouverner seul. Considérant tenir son pouvoir de Dieu, il entend prendre toutes les décisions, sans qu'elles puissent être remises en cause.

## Un règne marqué par la guerre

Le roi soumet la noblesse et s'entoure de ministres choisis pour leurs compétences, comme Jean-Baptiste Colbert. Dans les provinces, les intendants de police, justice et finances sont chargés de relayer les décisions du monarque et d'assurer l'ordre. Renforçant sa gloire et agrandissant son royaume, Louis XIV mène de nombreuses guerres qui entraînent une forte augmentation des impôts et un endettement de l'État. Cette pression fiscale et les mauvaises récoltes des années 1692-1693, dues à des conditions climatiques difficiles, provoquent un ralentissement de l'économie.

### Les guerres de Louis XIV

| | |
|---|---|
| 1667-1668 | Guerre de Dévolution : Louis XIV annexe une partie de la Flandre. |
| 1672-1678 | Guerre de Hollande : Louis XIV annexe la Franche-Comté et des territoires au nord-est du royaume. |
| 1679-1683 | Politique des « réunions » : Louis XIV annexe une série de territoires dont Strasbourg en 1681. |
| 1688-1697 | Guerre de la Ligue d'Augsbourg : Louis XIV conserve Strasbourg et l'Alsace. |
| 1701-1714 | Guerre de Succession d'Espagne : le petit-fils de Louis XIV devient roi d'Espagne mais renonce à la couronne de France. |

**Portrait en pied de Louis XIV en grand costume royal**

Ce portrait officiel est destiné à l'origine au petit-fils de Louis XIV, devenu roi d'Espagne sous le nom de Philippe V. Mais Louis XIV apprécie tellement ce tableau montrant sa puissance qu'il le conserve et le place dans ses Grands Appartements à Versailles, afin d'être vu de tous.

Hyacinthe Rigaud, huile sur toile, 194 x 277 cm, 1701 (Musée du Louvre, Paris).

## La révocation de l'édit de Nantes (1685)

Pour Louis XIV, la minorité de protestants qui vit en France depuis l'édit de Nantes (voir p. 157) est un défi à son autorité. Défenseur de l'Église catholique, le roi cherche dès le début de son règne à limiter la liberté de culte dans le royaume. Au début des années 1680, les dragons (soldats du roi) sont envoyés chez des protestants pour les forcer à se convertir.

En 1685, devant l'afflux des listes de conversion envoyées par les intendants à Versailles, Louis XIV juge que l'édit de Nantes est devenu inutile et décide sa révocation (annulation). Par l'édit de Fontainebleau, le culte protestant est désormais interdit en France. Les temples sont détruits et 200 000 protestants se réfugient dans les pays luthériens ou calvinistes.

# Louis XIV à Versailles

Gouvernant sans Premier ministre depuis 1661, Louis XIV s'installe à Versailles en 1682. Le château du Roi-Soleil devient le théâtre de la monarchie absolue.

## Un château à la gloire de Louis XIV

### Le choix de Versailles

Louis XIV n'est pas satisfait de sa résidence du Louvre à Paris qu'il estime peu commode. Il songe également à s'éloigner de la capitale où il a connu dans sa jeunesse la Fronde, une révolte du Parlement de Paris et de certains grands seigneurs, qui l'avait obligé à fuir. Il souhaite faire construire un grand château, près de forêts où il pourrait chasser. En 1661, Louis XIV ordonne de faire agrandir un pavillon de chasse isolé dans lequel venait son père, Louis XIII.

**Versailles en chiffres**

**Superficie :** 63 154 m²

**Nombre de pièces :** 2 300

**Nombre de fenêtres :** 1 944

**Nombre de cheminées :** 352

**Coût de la construction (1664-1715) :** 80 millions de livres

**Nombre d'ouvriers :** jusqu'à 36 000 travaillant sur le chantier du château et aux alentours

### Un chantier permanent

Des travaux gigantesques d'assèchement et d'agrandissement sont entrepris par les architectes Louis Le Vau puis, après sa mort, par Jules Hardouin-Mansart tandis que la ville de Versailles commence à sortir de terre. Les deux hommes conçoivent une « enveloppe » de pierre autour de l'ancien château de brique. La décoration intérieure du palais est confiée au peintre Charles Le Brun qui réalise aussi les dessins du mobilier d'argent et des statues du parc.

Pour l'aménagement des jardins, André Le Nôtre joue sur la perspective, la disposition de bosquets, de bassins et de fontaines, et la symétrie pour mettre en valeur le château.

## Un symbole du pouvoir absolu

Le plus grand château de son époque est construit dans un style classique très apprécié de Louis XIV : les lignes droites et la symétrie expriment l'ordre et rappellent l'autorité du monarque.

D'autres éléments montrent la puissance du roi. Sa chambre est placée au centre du château, selon un axe est-ouest qui évoque la course du Soleil, l'un des emblèmes de Louis XIV. Le château (l'espace du roi) se situe entre les jardins (l'espace de Dieu) et la ville (l'espace des hommes), rappelant à tous que le roi est un intermédiaire entre Dieu et ses sujets.

### Le château de Versailles

Le tableau représente le château en 1668, avec au centre l'édifice construit par Louis XIII. Côté ville, deux ailes ont déjà été rajoutées, tandis qu'au fond s'étend l'immense parc avec les bassins et le grand canal. Sous Louis XIV, le château de Versailles devient le centre du pouvoir politique. Louis XV et Louis XVI y résident également. En octobre 1789, les Parisiennes, qui manquent de pain, vont chercher le roi à Versailles et le contraignent à revenir s'installer à Paris, au palais des Tuileries.

Pierre Patel, *Vue du château et des jardins de Versailles*, huile sur toile, 161 x 115 cm, 1668 (Musée national du Château de Versailles).

# Le centre politique du royaume

## La résidence du gouvernement et de la cour

À partir de 1682, Louis XIV et le gouvernement s'installent à Versailles. La cour* se fixe et cesse d'être itinérante même si le roi continue d'effectuer des séjours dans d'autres châteaux comme ceux de Saint-Germain-en-Laye ou de Marly. Versailles accueille la famille royale, les ministres et les principaux conseillers mais aussi plus d'un millier de nobles et quatre mille serviteurs. C'est un lieu ouvert puisque Louis XIV se veut un roi accessible à ses sujets. Chacun peut donc venir le rencontrer et lui demander une faveur.

## La mise en scène du pouvoir royal

Louis XIV vit en public et adopte un emploi du temps très régulier. Il se lève, prends ses repas, se rend à la messe et se couche à heure fixe, devant ses courtisans. Les fins de matinée sont généralement consacrées au travail avec les ministres et les conseillers, les après-midi à la promenade ou à la chasse et les soirées aux divertissements, jeux, bals ou théâtres. L'étiquette, un protocole strict respecté à Versailles, s'impose à tous et montre le rang de chacun à la cour. On s'incline devant le roi, les hommes se découvrent et les femmes font la révérence. En présence de Louis XIV, seules les dames de haut rang sont assises : le roi a droit à un fauteuil, les princesses à une chaise et les duchesses à un tabouret. Tous les regards sont tournés en permanence vers le roi qui a su attirer à Versailles la noblesse pour mieux la contrôler.

\* Ensemble des personnes qui vivent dans l'entourage du roi, appartenant généralement à la noblesse.

## Louis XIV, protecteur des arts

Le roi est durant sa jeunesse un bon danseur qui se produit devant la cour lors de grands spectacles. Plus tard, passionné par les arts, il joue le rôle de mécène pour les écrivains, les peintres, les musiciens, soutenant Molière ou Jean-Baptiste Lully. Mais cette démarche personnelle s'accompagne d'un objectif politique. Louis XIV utilise à son profit la création pour développer une propagande royale, en magnifiant son image, en rendant hommage à sa gloire et à celle de son royaume. Des académies royales sont créées pour subventionner et contrôler les artistes.

Troisième Journée .
Le Malade imaginaire, Comédie représentée dans le Jardin de Versailles devant la Grotte .

Dies tertius .
Deliçiosum sive Odei imaginarius Comœdia acta in Hortis Versaliarum ad ferea Cryptæ .

### Le Malade imaginaire, comédie représentée dans les jardins de Versailles devant la grotte de Thétis

Pour célébrer la reconquête de la Franche-Comté en 1674, Louis XIV organise six journées de festivités à Versailles. Deux représentations théâtrales sont données, une comédie, *Le Malade imaginaire* de Molière, et une tragédie, *Iphigénie* de Racine. Les divertissements sont indispensables pour occuper la noblesse qui s'ennuie parfois à Versailles et pour montrer les largesses du roi.

Jean Le Pautre, *La Fête donnée par Louis XIV pour célébrer la reconquête de la Franche-Comté, à Versailles en 1674*, estampe, 42 x 19,6 cm, 1676 (Musée national du Château de Versailles).

# 1689

# La Déclaration des droits
## pose les bases d'une monarchie
## parlementaire en Angleterre

**Après la république, la monarchie est restaurée en 1660.
Jacques II chassé du pouvoir, le nouveau roi, Guillaume III,
reconnaît les droits du Parlement.**

## La Glorieuse Révolution

En 1685, à la mort de Charles II (voir p. 173), son frère Jacques II lui succède. Le nouveau roi, catholique, veut imposer sa volonté au Parlement et favoriser la nomination de catholiques aux postes officiels. En 1688, des parlementaires puis des évêques anglicans font appel à la fille de Jacques II, Marie II, et à son mari, Guillaume d'Orange, gouverneur des Provinces-Unies, pour renverser le roi. Ayant débarqué en novembre avec 12 000 hommes, Guillaume est bien accueilli par la population anglaise et prend lentement la route de Londres. Apeuré, Jacques II se réfugie en France en décembre.

## La Déclaration des droits

Le Parlement confie alors le pouvoir à Marie et à Guillaume. Il leur impose toutefois un texte qui limite leur pouvoir à son profit : la Déclaration des droits (*Bill of Rights*). Le souverain est tenu de respecter la liberté de parole au Parlement et il ne peut édicter de lois ni lever d'impôts sans l'accord de ce dernier. La présence d'une armée en temps de paix est illégale. Ce texte formalise ainsi une monarchie parlementaire respectant un équilibre des pouvoirs qui inspire au XVIIIe siècle de nombreux philosophes des Lumières (voir p. 186).

*« La paix publique et le bonheur d'un État sont en danger dès lors que les lois, les libertés et les coutumes établies par l'autorité légale sont ouvertement bafouées. »*

Guillaume d'Orange, proclamation au peuple anglais, 30 septembre 1688.

**La Chambre des communes en session**

Le Parlement est le cœur de la vie politique anglaise. Il est composé de deux chambres (assemblées) : la Chambres des communes où siègent des députés élus au suffrage censitaire* et la Chambre des lords où siègent des grands seigneurs nommés par le roi. Les deux chambres votent les lois et le budget (pouvoir législatif) et contrôlent le gouvernement qui fait appliquer les lois (pouvoir exécutif).

* Le droit de vote est alors soumis à des conditions de revenu.

Peter Tillemans, huile sur toile, 123,2 x 137,2 cm, 1714 (Palais de Westminster, Londres).

## L'Angleterre en quelques dates

| | |
|---|---|
| 1066 | Le duc de Normandie, Guillaume le Conquérant, devient roi d'Angleterre. |
| 1215 | La Grande Charte limite les pouvoirs du roi. |
| 1534 | Henri VIII rompt avec le pape et l'Église catholique. |
| 1542 | Premier acte d'Union : la principauté du pays de Galles est rattachée à l'Angleterre. |
| 1642-1649 | Première Révolution : la Grande Rébellion. |
| 1688 | Seconde Révolution : la Glorieuse Révolution. |
| 1707 | Deuxième acte d'Union : création du Royaume-Uni de Grande-Bretagne (Angleterre, pays de Galles, Écosse). |
| 1800 | Troisième acte d'Union : création du Royaume-Uni de Grande-Bretagne et d'Irlande. |
| 1921 | Royaume-Uni de Grande-Bretagne et d'Irlande du Nord. |
| 1922 | Indépendance de la République d'Irlande (EIRE). |

# 1703

## Pierre le Grand
## **fonde Saint-Pétersbourg**

De retour d'un voyage en Europe, le tsar Pierre I<sup>er</sup>, dit le Grand, entreprend de moderniser son empire. En 1703, il commence la construction d'une nouvelle ville, Saint-Pétersbourg.

### « Ouvrir une fenêtre sur l'Europe »

Pierre le Grand décide de construire Saint-Pétersbourg sur un territoire qu'il vient de gagner à la Suède. Situé à l'embouchure de la Neva, sur les bords de la mer Baltique, le site est marécageux, avec de nombreuses îles. Proche du cercle polaire, il y fait très froid : le fleuve est pris par les glaces en hiver. Enfin, la région est peu peuplée. Mais le tsar y fait construire un port, ce qui permet de développer une marine de guerre et de commercer avec les pays d'Europe. La première pierre de la forteresse est posée en 1703.

**L'Empire russe au XVIII<sup>e</sup> siècle**

### Une ville symbole de modernité

Des règles de construction modernes ont été établies par les architectes de la ville : les maisons sont en pierre et les façades alignées, les avenues sont larges, ponctuées par de grandes places. Pour l'édifier, le tsar fait appel à des dizaines de milliers de paysans, dont beaucoup périssent tant les conditions de travail sont éprouvantes. Pierre le Grand oblige également une centaine de nobles et de marchands, ainsi que des milliers d'ouvriers qualifiés à venir habiter la ville. En 1712, il transfère la capitale de Moscou à Saint-Pétersbourg, où il s'installe avec sa cour, malgré les résistances de la noblesse. La ville passe de 8 000 habitants en 1710 à 40 000 en 1725.

**Vue des rives de la Neva à Saint-Pétersbourg**

La forteresse Pierre-et-Paul (au fond sur la gauche) abrite une cathédrale où sont enterrés les tsars depuis Pierre le Grand. En 1914, la ville prend un nom plus russe, Petrograd (« ville de Pierre »). Avec l'avènement du régime communiste, Moscou devient la nouvelle capitale (1917) et Saint-Pétersbourg est renommée Leningrad (1924). Elle retrouve son premier nom en 1991, après la chute du régime communiste.

Huile sur toile, 1753 (Musée Russe, Saint-Pétersbourg).

## La Russie, une puissance émergente au XVIIIe siècle

Sous Pierre Ier (1682-1725), la Russie devient une grande puissance européenne. Le tsar lance une série de réformes pour réorganiser l'administration de son empire. Grâce à une armée nombreuse, il repousse la menace suédoise. Le pays, peuplé de 12 à 13 millions d'habitants et encore largement agricole, s'ouvre aux innovations industrielles et au commerce extérieur. Sur le plan politique cependant, le tsar règne sans partage, en monarque absolu. La tsarine Catherine II (voir p. 189) poursuit la modernisation entamée par Pierre le Grand. Elle agrandit considérablement le territoire au détriment de la Pologne et de l'Empire ottoman et fait de Saint-Pétersbourg, alors peuplée de près de 200 000 habitants, une grande capitale intellectuelle et artistique.

# 1750

# Frédéric II de Prusse
## invite Voltaire à sa cour

Au xvIIIᵉ siècle, les idées des Lumières se diffusent en Europe et de nombreux philosophes critiquent la monarchie absolue. Certains penseurs, comme Voltaire, sont écoutés par des rois qui se veulent des « despotes éclairés ».

## L'invitation du roi de Prusse

François Marie Arouet, dit Voltaire, est un philosophe réputé en Europe. À partir de 1736, il échange des lettres avec l'héritier du trône du royaume de Prusse. Quand ce dernier devient roi en 1740, il invite Voltaire à sa cour. Grand admirateur de la culture française, Frédéric II aime s'entourer de savants, d'écrivains et de penseurs. Voltaire accepte finalement l'invitation en 1750 après la mort de sa maîtresse, madame du Châtelet, et alors que ses pièces de théâtre reçoivent un accueil réservé à Paris. Le philosophe, tout en poursuivant son propre travail, est chargé de corriger les poèmes du souverain qu'il voit chaque jour et dont il devient un familier.

### Les principales œuvres de Voltaire (1694-1778)

| | |
|---|---|
| **1734** | *Lettres philosophiques.* |
| **1747** | *Zadig.* |
| **1751** | *Le Siècle de Louis XIV.* |
| **1759** | *Candide.* |
| **1763** | *Traité sur la tolérance.* |
| **1764** | *Dictionnaire philosophique.* |

## Le départ de Voltaire

Pourtant, les relations se détériorent progressivement entre les deux hommes. Les critiques de Voltaire sont mal perçues par Frédéric II tandis que le philosophe a l'impression d'être utilisé par le souverain. Quand Voltaire publie un livre contre un scientifique français, protégé du roi de Prusse, ce dernier fait interdire l'ouvrage. Le philosophe quitte alors la cour en mars 1753. Au final, si Frédéric II écrit beaucoup et discute avec des penseurs en privé, il applique peu les idées des Lumières (voir p. 186) dans son royaume. Le « roi-philosophe » accorde une liberté religieuse à ses sujets, mais il gouverne comme un roi absolu.

**Voltaire et Frédéric II**

Voltaire est logé au château du Sans-Souci, résidence d'été construite par Frédéric II près de Potsdam, au sud-ouest de Berlin. L'écrivain reçoit une forte pension pour son travail de correcteur.

Gravure du XIXᵉ siècle (BNF, Paris).

## L'émergence de la Prusse au XVIIIᵉ siècle

Sous le règne de Frédéric II (1740-1786), la Prusse devient une des principales puissances d'Europe centrale, capable de rivaliser avec l'Autriche. Depuis sa capitale, Berlin, le roi donne la priorité à l'armée et fait la guerre à ses voisins. Il agrandit ainsi le pays qui passe de 120 000 à 195 000 kilomètres carrés, avec des territoires désormais reliés les uns aux autres, formant presque un seul bloc. Dans le même temps, la population est multipliée par trois, atteignant 6 millions d'habitants en 1786. Pour unifier le royaume et mieux le gérer, Frédéric II développe son administration, ce qui permet aussi une meilleure rentrée des impôts. La Prusse est l'État qui parvient à réaliser l'unité allemande en 1871 (voir p. 243).

# L'Europe des Lumières

Au XVIIIᵉ siècle, des philosophes et des savants européens critiquent la monarchie absolue et les sociétés inégalitaires. Ils veulent diffuser les connaissances (les lumières) pour faire reculer l'ignorance (les ténèbres), en s'appuyant sur l'esprit critique.

## « Ose savoir »

### De nombreux progrès scientifiques

Au XVIIIᵉ siècle, les connaissances progressent dans tous les domaines. Le chimiste français Antoine Lavoisier découvre la composition de l'air et de l'eau. Le Français Buffon et le Suédois Linné décrivent et classent toutes les espèces végétales et animales, notamment celles rapportées des colonies ou des voyages de découverte (voir p. 160).

La méthode scientifique nourrit la réflexion philosophique.

*« Aucun homme n'a reçu de la nature le droit de commander aux autres. La liberté est un présent du Ciel, et chaque individu de la même espèce a le droit d'en jouir aussitôt qu'il jouit de la raison. »*

Denis Diderot, « Autorité politique », *Encyclopédie*, 1751-1772.

### Un mouvement de pensée européen

Les philosophes des Lumières sont français (Voltaire, Rousseau, Montesquieu), allemands (Kant, Goethe), anglais (Locke)... Ils sont généralement issus de la bourgeoisie ou de la noblesse. Rejetant la superstition et l'ignorance, ils n'admettent pas comme preuve ou évidence ce que disent la tradition et

**Voltaire et l'affaire Calas**

En 1762, le protestant Jean Calas est torturé et condamné à mort pour le meurtre de son fils. Convaincu de son innocence, Voltaire publie un *Traité sur la tolérance* (1763) qui défend la liberté religieuse et obtient la révision du procès. En 1765, Jean Calas est innocenté et sa mémoire réhabilitée.

*Voltaire promet son appui à la famille Calas*, école française, XVIIIᵉ siècle (Musée Antoine Lecuyer, Saint-Quentin).

l'Église. Ils estiment qu'il faut au contraire penser par soi-même, utiliser sa raison, c'est-à-dire son propre jugement éclairé par des connaissances. Grâce à cela, l'homme devient libre.

## Une réflexion dans tous les domaines

Les philosophes défendent avant tout l'idée de liberté. Ils critiquent la monarchie absolue et dénoncent les inégalités. Montesquieu prône la séparation des pouvoirs (exécutif, législatif, judiciaire) et Diderot pense que le pouvoir (souveraineté) vient du peuple. Certains, comme Voltaire ou Hume, combattent l'intolérance. Dans le domaine économique, Adam Smith défend la libre circulation des marchandises.

# La diffusion des Lumières

## La circulation des idées nouvelles

Les philosophes des Lumières voyagent et écrivent, bénéficiant de progrès techniques qui rendent les communications plus faciles. Parfois en désaccord, ils débattent entre eux et nourrissent une importante correspondance. Malgré la censure, la plupart de leurs idées sont diffusées par des livres et par les revues d'opinions et les journaux qui apparaissent au XVIIIᵉ siècle. Les thèses des philosophes sont aussi exposées au sein de sociétés savantes, dans les cafés ou dans les salons. Les pièces de théâtre et les opéras comme *Les Noces de Figaro* de W. A. Mozart (voir p. 194) diffusent également les idées des Lumières.

**Lecture de la tragédie de** L'Orphelin de la Chine *de Voltaire dans le salon de madame Geoffrin*

Ce tableau reconstitue une scène dans un salon célèbre. Jean le Rond d'Alembert y lit une pièce de Voltaire, dont le buste trône au centre de la pièce, devant des membres de la haute noblesse, de la bourgeoisie et du clergé. Les salons sont un moyen de se faire connaître et de rencontrer des protecteurs.

Anicet Charles Gabriel Lemonnier, huile sur toile, 196 x 129 cm, 1812 (Musée national du Château de Malmaison).

## L'influence des Lumières

Des écrivains se mettent au service de souverains, tels Voltaire pour Frédéric II (voir p. 184) ou Diderot pour Catherine II de Russie. Mais si les « despotes éclairés » s'intéressent aux philosophes des Lumières, ils continuent de gouverner en monarques absolus. En Amérique, la Déclaration d'Indépendance (voir p. 192) puis la Constitution américaine offrent un modèle d'application des idées des Lumières. Celles-ci imprègnent progressivement les sociétés européennes en se diffusant d'abord dans les villes, puis dans les campagnes. Elles sont largement reprises dans la rédaction des cahiers de doléances en France, peu avant que n'éclate la Révolution française en 1789 (voir p. 196).

ENCYCLOPÉDIE,
OU
DICTIONNAIRE RAISONNÉ
DES SCIENCES,
DES ARTS ET DES MÉTIERS,
PAR UNE SOCIÉTÉ DE GENS DE LETTRES.

Mis en ordre & publié par M. DIDEROT, de l'Académie Royale des Sciences & des Belles-Lettres de Prusse ; & quant à la PARTIE MATHÉMATIQUE, par M. D'ALEMBERT, de l'Académie Royale des Sciences de Paris, de celle de Prusse, & de la Société Royale de Londres.

*Tantùm series juncturaque pollet,*
*Tantùm de medio sumptis accedit honoris !* HORAT.

TOME PREMIER.

A PARIS,
Chez
BRIASSON, rue Saint Jacques, à la Science.
DAVID l'aîné, rue Saint Jacques, à la Plume d'or.
LE BRETON, Imprimeur ordinaire du Roy, rue de la Harpe.
DURAND, rue Saint Jacques, à Saint Landry, & au Griffon.

M. DCC. LI.
AVEC APPROBATION ET PRIVILEGE DU ROY.

**Page de titre du premier tome de l'*Encyclopédie***

Rédigée en France à partir de 1751 sous la direction de Denis Diderot et de Jean le Rond d'Alembert l'*Encyclopédie* rassemble toutes les connaissances de l'époque. Elle est achevée en 1772.

## Catherine II de Russie, une « despote éclairée » ?

La Russie est une monarchie absolue avec une société très inégalitaire (voir p. 183). Impératrice de 1762 à 1796, Catherine II manifeste dans un premier temps un intérêt pour les idées des Lumières. Elle prône la tolérance, encourage l'éducation en créant des écoles et tente une réforme politique en convoquant une commission législative. Elle correspond avec Voltaire et invite Diderot à venir séjourner en Russie. Mais dans le même temps, l'impératrice renforce et étend le servage (paysans privés de droits), continue à gouverner en monarque absolue et autorise la torture contre ses adversaires. Effrayée par la Révolution française (voir p. 204), Catherine II finit par condamner les Lumières et évoque des « erreurs de jeunesse ». ■

# 1768

## James Cook entame son premier voyage dans le Pacifique

Jusqu'au XVIIIᵉ siècle, l'océan Pacifique est peu connu des Européens. Les savants pensent y trouver un vaste continent. Des expéditions maritimes, à la fois scientifiques et commerciales, sont organisées.

### James Cook en Australie

Alors que plusieurs voyages y ont déjà eu lieu – le Français Louis-Antoine de Bougainville explore Tahiti en 1768 –, James Cook est chargé par le gouvernement britannique d'explorer le Pacifique sud. Le 26 août 1768, il quitte l'Angleterre à bord de l'*Endeavour*, embarquant avec lui botanistes, astronomes et dessinateurs chargés d'enrichir les connaissances sur les populations, les animaux et les plantes. Au cours de ce voyage, Cook cartographie la Nouvelle-Zélande et, en avril 1770, découvre les côtes orientales de l'Australie.

### Deux autres voyages

Un an seulement après son retour en 1771, Cook repart avec deux navires, la *Resolution* et l'*Adventure* : il entreprend l'exploration de la banquise sud de l'Antarctique puis, en 1774, il est le premier Européen à accoster en Nouvelle-Calédonie. En 1776, la *Resolution* et la *Discovery* prennent la route du Pacifique nord pour un troisième voyage. Cook atteint les îles Hawaï, qu'il nomme Sandwich, en janvier 1778 puis cherche un passage par le détroit de Béring. Revenu à Hawaï en février 1779, une altercation éclate entre les membres de son équipage et les habitants. Cook, qui protège la fuite de ses hommes, est alors atteint par un projectile et succombe à sa blessure.

**Les trois voyages de James Cook**

James Cook explore l'océan Pacifique très méthodiquement, adoptant une route en zigzag et non en ligne droite. Il dresse des cartes très précises permettant une très bonne connaissance géographique de la zone et des terres découvertes.

« [Les scientifiques de l'expédition] trouvèrent dans cette baie une si grande quantité de plantes que je lui donnais le nom de baie de la Botanique [Botany Bay]. [...]
Les naturels du pays sont de taille moyenne, leur corps est droit et leurs membres minces. Leur peau est de la couleur de la suie de bois. »

James Cook à propos de l'Australie, *Journal de bord*, 1770.

En 1770, Cook prend possession des côtes orientales de l'Australie au nom de la Couronne britannique. En 1788, les premiers colons anglais, qui sont pour la plupart des condamnés, s'installent à Botany Bay (site actuel de Sidney). La colonie connaît au XIXe siècle une forte expansion économique – on y découvre de l'or en 1851 – et démographique, au détriment des Aborigènes, installés sur ces terres depuis 60 000 ans. En 1901, l'Australie devient indépendante : si le roi d'Angleterre est toujours officiellement le chef de l'État, le gouvernement australien est de fait autonome. À partir des années 1970, le pays s'ouvre vers ses voisins asiatiques tandis que le gouvernement accorde davantage de droits aux Aborigènes et une meilleure reconnaissance de leur culture.

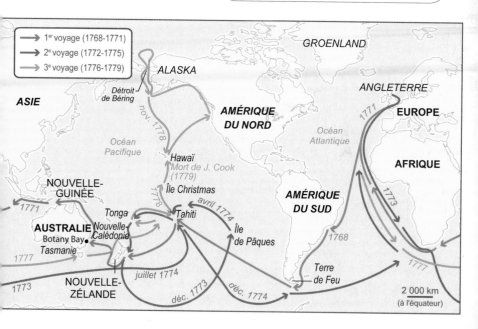

1er voyage (1768-1771)
2e voyage (1772-1775)
3e voyage (1776-1779)

GROENLAND
ALASKA
ASIE
Détroit de Béring
nov. 1778
AMÉRIQUE DU NORD
ANGLETERRE
EUROPE
1771
Océan Pacifique
Océan Atlantique
Hawaï
Mort de J. Cook (1779)
AFRIQUE
NOUVELLE-GUINÉE
Île Christmas
1778
1771
Tonga
Tahiti
avril 1774
AMÉRIQUE DU SUD
1773
AUSTRALIE
Nouvelle-Calédonie
Île de Pâques
Botany Bay
1768
Tasmanie
1777
juillet 1774
déc. 1773
déc. 1774
1777
NOUVELLE-ZÉLANDE
Terre de Feu
1773
2 000 km (à l'équateur)

# 4 juillet 1776

## Les colonies d'Amérique proclament leur indépendance

**4ᵉ**

Après la guerre de Sept Ans (1756–1763) contre la France, le roi George III veut redresser les finances du Royaume-Uni. Il impose alors de nouveaux impôts aux treize colonies anglaises de la côte est de l'Amérique du Nord sans leur accorder plus de droits politiques. Exaspérées, celles-ci protestent.

### Une déclaration révolutionnaire

Pour briser la résistance des colonies, George III et le Parlement de Londres envoient l'armée en Amérique. Des représentants des treize colonies se réunissent alors en Congrès à Philadelphie et, le 4 juillet 1776, proclament l'indépendance des « États-Unis d'Amérique ». Le texte s'inspire des idées des Lumières (voir p. 186) : il affirme que la liberté est un droit naturel inaliénable* et que les citoyens peuvent se révolter si ce principe n'est pas respecté.

*« Tous les hommes sont créés égaux ; ils sont dotés par le Créateur de certains droits inaliénables ; parmi ces droits se trouvent la vie, la liberté et la recherche du bonheur. »*

Déclaration d'indépendance (extrait), 4 juillet 1776.

### Une longue guerre

Dans un premier temps, la guerre se déroule à l'avantage des Anglais qui parviennent à s'emparer des villes de New York et de Philadelphie. Mais les « insurgés », commandés par George Washington, reprennent bientôt le dessus, notamment à la bataille de Saratoga en 1777. Ils peuvent compter sur des soutiens extérieurs, notamment de la France qui envoie des troupes à partir de 1778. Après plusieurs défaites, dont celle de Yorktown en 1781, le Royaume-Uni doit reconnaître l'indépendance des États-Unis en 1783.

* Qui ne peut être dénié ou retiré.

**Le Siège de Yorktown, en octobre 1781**

Le général français Rochambeau, qui tend le bras, et le général américain Washington, à sa gauche, donnent leurs ordres devant Yorktown. Derrière Rochambeau se trouve La Fayette qui participe aux opérations. La prise de la ville le 19 octobre 1781 accélère la victoire des Américains.

Louis-Charles-Auguste Couder, huile sur toile, 543 x 465 cm, 1836 (Musée national du Château de Versailles).

## La Constitution des États-Unis

Formés au départ des treize anciennes colonies anglaises, les États-Unis rédigent une Constitution dont le texte est adopté le 17 septembre 1787. Le peuple, souverain, élit ses représentants. Les pouvoirs sont séparés : le pouvoir exécutif est confié au Président tandis que le pouvoir législatif appartient au Congrès formé du Sénat et de la Chambre des représentants. George Washington est le premier président des États-Unis, élu en 1789 pour quatre ans.

## Les États-Unis en quelques dates

| | |
|---|---|
| 1492 | Découverte de l'Amérique par Christophe Colomb. |
| 1776 | Déclaration d'indépendance des États-Unis. |
| 1787 | Constitution des États-Unis. |
| 1848 | La Californie, prise au Mexique, intègre les États-Unis. |
| 1861-1865 | Guerre de Sécession : victoire des États du Nord et abolition de l'esclavage. |
| 1959 | Hawaï devient le 50e État des États-Unis. |

# 1786

## Mozart **compose à Vienne**
## *Les Noces de Figaro*

Initié très tôt à la musique, Wolfgang Amadeus Mozart s'installe à Vienne en 1781, l'une des capitales artistiques de l'Europe et le foyer d'une intense activité musicale. Il compose de nombreux opéras restés aujourd'hui des chefs-d'œuvre.

## Un génie précoce

Mozart naît en 1756 à Salzbourg, capitale d'une principauté du Saint-Empire (voir p. 155). Son père Léopold, violoniste et compositeur, lui enseigne la musique. À 6 ans, Mozart joue du violon et du clavecin. Il parcourt l'Europe avec son père et sa sœur à la rencontre de célèbres compositeurs : Paris, Londres, l'Italie (berceau de l'opéra), Vienne et Munich. Il compose sa première symphonie à 8 ans, son premier opéra trois ans plus tard.

Passé, à contrecœur, au service du prince-archevêque de Salzbourg, Mozart se sent bridé. En 1781, il part à Vienne où il donne des leçons pour vivre.

## Mozart à Vienne

« Despote éclairé » (voir p. 189), très cultivé, l'empereur Joseph II encourage la création artistique. La musique fait partie de l'éducation de la noblesse et de la bourgeoisie qui commandent des œuvres ou donnent des concerts dans leurs salons.

C'est dans ce contexte que Mozart compose avec Lorenzo Da Ponte *Les Noces de Figaro*, opéra adapté d'une comédie de l'écrivain français Beaumarchais, *Le Mariage de Figaro*, qui dénonce les privilèges des nobles. Ils travaillent rapidement et en secret, Joseph II ayant fait interdire la pièce. Da Ponte convainc finalement l'empereur d'autoriser l'opéra, moins critique que la pièce de théâtre. La première représentation, donnée devant la cour le 1ᵉʳ mai 1786, est un succès. Mozart compose d'autres œuvres mais, épuisé par son travail, il meurt en 1791 à l'âge de 35 ans, laissant le *Requiem* inachevé.

**Nannerl, Wolfgang et Léopold Mozart**

Mozart a composé 626 œuvres dont 18 opéras. Dans *Les Noces de Figaro*, Figaro, le valet du comte, est fiancé à Suzanne, la femme de chambre de la comtesse. Mais le comte veut séduire Suzanne et empêcher son mariage. L'opéra ridiculise le noble, paresseux et nuisible face à son valet, intelligent et rusé.

Giovanni Nepomuceno della Croce, huile sur toile, 1780-1781 (Maison de Mozart, Salzbourg).

## L'Autriche au XVIIIᵉ siècle

L'Autriche est un État du Saint-Empire, dirigé par la puissante famille des Habsbourg (voir p. 154). Au début du XVIIIᵉ siècle, grâce à ses victoires contre la France et contre l'Empire ottoman, l'Autriche s'agrandit. Toutefois, les Habsbourg règnent sur des territoires dispersés, avec des peuples qui gardent leur langue et leur organisation. Marie-Thérèse (1740-1780) puis son fils Joseph II (1780-1790) cherchent à centraliser le royaume et à renforcer son unité. Joseph II impose l'allemand comme langue de l'administration et Vienne devient la seule capitale. Mais ces réformes sont mal acceptées par les Tchèques, les Hongrois et les Serbes, et Joseph II doit reculer, d'autant que la guerre reprend contre les Turcs en 1787. En 1867, François-Joseph se fait couronner roi de Hongrie, et l'État prend le nom d'Empire austro-hongrois jusqu'à la défaite de 1918.

## Quelques œuvres de Mozart

|  |  |
|---|---|
| 1767 | Premier opéra, *Apollo et Hyacinthus*, composé à 11 ans. |
| 1775 | Concertos pour violon n° 3, 4 et 5. |
| 1778 | Concerto pour flûte et harpe. |
| 1779 | Messe du Couronnement (en ut majeur). |
| 1786 | *Les Noces de Figaro*, en italien, sur un livret de Lorenzo da Ponte. |
| 1787 | *Don Giovanni*, en italien, sur un livret de Lorenzo da Ponte. |
| 1788 | Symphonies 39 à 41 (les trois dernières symphonies de Mozart). |
| 1790 | *Cosi fan tutte*, en italien, sur un livret de Lorenzo da Ponte. |
| 1791 | *La Flûte enchantée*, en allemand. |

# 5 mai 1789

## Louis XVI ouvre la première séance des états généraux

Pour faire face aux difficultés financières de la France, le roi convoque les états généraux. Les représentants des trois ordres de la société, clergé, noblesse et tiers état, sont réunis pour trouver une solution.

### Les difficultés de la monarchie française

Quand Louis XVI monte sur le trône en 1774, son arrivée suscite de grands espoirs de réforme après les règnes absolutistes de Louis XIV (voir p. 174) et de Louis XV. Mais le roi ne parvient pas à régler la crise financière qui mine la France depuis le début du XVIIIe siècle.

L'endettement s'aggrave encore avec le soutien aux Américains lors de la guerre d'indépendance (voir p. 192). De plus, l'hiver rigoureux de 1788 entraîne de mauvaises récoltes, provoquant une grave crise économique qui touche les paysans mais aussi les artisans et les commerçants.

### Les états généraux

C'est dans ce contexte que Louis XVI décide de réunir les états généraux. Cette assemblée des représentants du clergé, de la noblesse et du tiers état (voir p. 129) a un avis consultatif, sans pouvoir de décision. Sa convocation est soumise à la volonté du roi : la dernière date ainsi de 1614.

Environ 1 200 députés sont élus en mars-avril 1789 dans les trois ordres qui rédigent à cette occasion des cahiers de doléances.

Lors de la séance d'ouverture à Versailles le 5 mai 1789, Louis XVI réaffirme qu'il est un roi de droit divin, donc choisi par Dieu et disposant d'un pouvoir absolu. Très vite, un bras de fer s'engage entre le monarque et le tiers état concernant les modalités de vote aux états généraux, par tête ou par ordre (voir p. 202).

## Les cahiers de doléances

Au moment où chaque ordre élit ses représentants, des cahiers de doléances sont rédigés à la demande du roi. Si ceux du clergé et de la noblesse manifestent dans l'ensemble leur satisfaction, les cahiers du tiers état témoignent des aspirations de la grande majorité des Français pour un nouveau régime politique et un nouveau mode d'organisation de la société. Tout en rappelant leur attachement à Louis XVI et à la monarchie, ils réclament ainsi que les états généraux soient convoqués régulièrement, et non plus seulement quand le roi le désire. Ils souhaitent également la suppression des privilèges et la création de nouveaux impôts payés par l'ensemble de la société. Des synthèses des cahiers sont ensuite envoyées à Versailles.

**Ouverture des états généraux à Versailles, le 5 mai 1789**

Dans la grande salle des Menus Plaisirs à Versailles, Louis XVI, sa famille et ses conseillers sont placés sur une estrade. À droite du roi, siègent les 308 représentants du clergé et à sa gauche, les 290 députés de la noblesse. Au fond, vêtus de noir, se trouvent les 598 représentants du tiers état.

Isidore Stanislas Helman, gravure d'après un dessin de C. Monet, 1790 (BNF, Paris).

André Rixens, *Laminage de l'acier*, huile sur toile, 258 x 362 cm, 1887
(Écomusée du Creusot-Montceau).

# Le XIXᵉ siècle

## De 1789 à 1914

La période révolutionnaire et l'Empire (1789–1815) transforment profondément la France sur les plans politique, économique et social. Ces changements se propagent dans le reste de l'Europe.

Au début du XIXᵉ siècle, l'industrialisation naissante introduit également des bouleversements économiques et sociaux en Europe. Sur le plan politique, le continent est le théâtre de mouvements libéraux et nationaux avec la formation de nouveaux États comme la Belgique, la Grèce, l'Italie ou l'Allemagne.

Tandis que les principales nations européennes colonisent l'Afrique et l'Asie, les États-Unis commencent à s'affirmer comme une grande puissance.

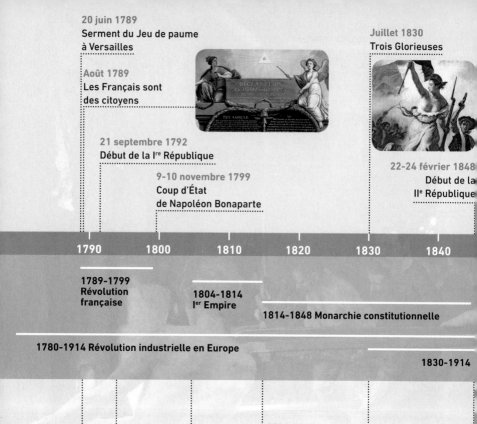

**20 juin 1789**
Serment du Jeu de paume
à Versailles

**Août 1789**
Les Français sont
des citoyens

**Juillet 1830**
Trois Glorieuses

**21 septembre 1792**
Début de la I$^{re}$ République

**9-10 novembre 1799**
Coup d'État
de Napoléon Bonaparte

**22-24 février 1848**
Début de la
II$^e$ République

**1790**   **1800**   **1810**   **1820**   **1830**   **1840**

**1789-1799**
**Révolution**
**française**

**1804-1814**
**I$^{er}$ Empire**

**1814-1848 Monarchie constitutionnelle**

**1780-1914 Révolution industrielle en Europe**

**1830-1914**

**1814-1815**
Congrès de Vienne

**1830**
Indépendance
de la Grèce

**2 décembre 1804**
Sacre de Napoléon

**28 juillet 1794**
Exécution de Robespierre,
fin de la Terreur

**Février 1848**
Karl Marx
et Friedrich Engels,
*Manifeste du*
*Parti communiste*

**14 juillet 1789**
Prise de la Bastille

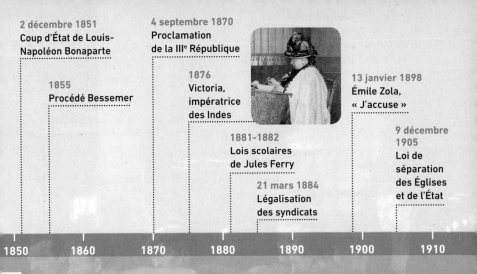

**2 décembre 1851**
Coup d'État de Louis-Napoléon Bonaparte

**1855**
Procédé Bessemer

**4 septembre 1870**
Proclamation de la IIIe République

**1876**
Victoria, impératrice des Indes

**1881-1882**
Lois scolaires de Jules Ferry

**21 mars 1884**
Légalisation des syndicats

**13 janvier 1898**
Émile Zola, « J'accuse »

**9 décembre 1905**
Loi de séparation des Églises et de l'État

1850    1860    1870    1880    1890    1900    1910

**1848-1851 IIe Rép.**

**1852-1870 IInd Empire**

**1870-1940 IIIe République**

**Expansion coloniale européenne**

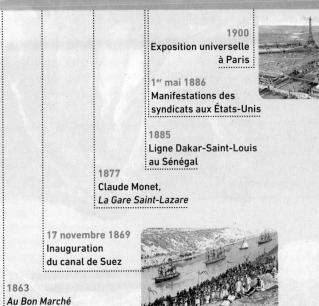

**1900**
Exposition universelle à Paris

**1er mai 1886**
Manifestations des syndicats aux États-Unis

**1885**
Ligne Dakar-Saint-Louis au Sénégal

**1877**
Claude Monet, *La Gare Saint-Lazare*

**17 novembre 1869**
Inauguration du canal de Suez

**1863**
*Au Bon Marché*

# 20 juin 1789

## Les députés prêtent serment au Jeu de paume à Versailles

**Face à l'intransigeance de Louis XVI, des représentants des états généraux décident de rédiger une Constitution pour la France. C'est la fin de la monarchie absolue.**

### La création d'une Assemblée nationale

Dès l'ouverture des états généraux à Versailles (voir p. 196), Louis XVI confirme que le vote doit avoir lieu par ordre et non par tête : dès lors, face au clergé et à la noblesse qui ont chacun une voix, le tiers état ne peut qu'être minoritaire. Or ses représentants, influencés par les Lumières (voir p. 186) et la monarchie britannique (voir p. 180), entendent jouer un rôle politique. Le 17 juin 1789, ils se déclarent Assemblée nationale*. Ils sont rejoints par des membres du bas clergé et de la noblesse. Le roi, qui n'admet pas cette remise en cause de son autorité, déclare l'Assemblée illégale. Il fait fermer la salle de réunion, empêchant ainsi les députés de se rassembler.

### Le serment du Jeu de paume

Le 20 juin, dans une salle voisine où se disputent habituellement des parties de jeu de paume, l'ancêtre du tennis, les députés jurent de ne pas se séparer avant d'avoir donné à la France une Constitution qui limite les pouvoirs du roi. Face à ce nouveau défi, Louis XVI menace le 23 juin de dissoudre les états généraux et ordonne à ses représentants de quitter la salle pour travailler par ordre. La plupart d'entre eux refusent. Le 27 juin, le roi se résout à reconnaître l'Assemblée nationale.

*« Nous sommes ici par la volonté du peuple, et nous n'en sortirons que par la force des baïonnettes ! »*

Le comte de Mirabeau,
élu du tiers état,
séance du 23 juin 1789.

* Assemblée qui représente la nation, c'est-à-dire l'ensemble de la population.

**Le *Serment du Jeu de paume***

Le 20 juin 1789, dans la salle du Jeu de paume, tous les députés, sauf un à droite, lèvent le bras pour prêter le serment proposé par l'astronome Jean Bailly, debout sur une table.

Jacques-Louis David, dessin, 1791 (Musée national du Château de Versailles).

## « Qu'est-ce que le tiers état ? »

Cette question est le titre d'une brochure rédigée en 1789 par l'abbé Sieyès. Le tiers état regroupe alors tous ceux qui n'appartiennent ni à la noblesse ni au clergé, soit 96 % des 28 millions de Français en 1789. Cet ordre possède moins de privilèges que les deux autres, payant notamment la très grande majorité des impôts. Il comprend à la fois de riches marchands, des banquiers, des avocats mais aussi les paysans les plus pauvres.

Aux états généraux de 1789, la plupart des représentants du tiers état sont issus de la bourgeoisie lettrée des villes ; on y trouve aussi quelques nobles et un seul paysan. Pour Sieyès, influencé par les Lumières (voir p. 186), le tiers état qui est « tout » (la quasi-totalité de la population) n'est « rien » dans le domaine politique, mais veut devenir « quelque chose ». C'est dans ce but qu'il se déclare Assemblée nationale en juin et prête le serment du Jeu de paume.

# 14 juillet 1789

## Les Parisiens prennent la Bastille

**Se sentant menacés par les troupes rassemblées sur ordre du roi autour de la capitale, les Parisiens s'arment et attaquent la forteresse de la Bastille dans l'est de Paris.**

### Les craintes des Parisiens

Si Louis XVI a reconnu la légalité de l'Assemblée nationale (voir p. 202), il fait cependant venir début juillet près de 20 000 soldats autour de Paris. Puis, alors que l'Assemblée nationale se proclame constituante* le 9 juillet, le roi renvoie le très populaire ministre des Finances, Jacques Necker. Le 12 juillet, les Parisiens apprennent la nouvelle. Des orateurs, comme l'avocat Camille Desmoulins, dénoncent le coup de force politique et militaire du roi. L'agitation enfle dans la capitale.

« *Citoyens, il n'y a pas un moment à perdre. J'arrive de Versailles. Monsieur Necker est renvoyé. Ce soir, tous les bataillons suisses et allemands sortiront du Champ-de-Mars pour nous égorger.* »

Camille Desmoulins, 12 juillet 1789.

### À l'assaut de la Bastille

Au matin du 14 juillet, 40 000 Parisiens s'emparent de fusils et de canons à la caserne des Invalides. Puis ils se rendent à la forteresse de la Bastille. Son gouverneur, le marquis de Launay, refuse d'ouvrir les portes et de livrer la poudre. Les soldats tirent sur la foule. Après de violents combats dans l'après-midi, les Parisiens pénètrent dans la place et tuent de Launay, dont la tête est plantée au bout d'une pique. Les combats font une centaine de morts.

Informé le lendemain à Versailles, Louis XVI rappelle Necker aux Finances et éloigne les troupes de Paris.

\* Assemblée chargée de rédiger une Constitution.

**Prise de la Bastille et arrestation du gouverneur M. de Launay le 14 juillet 1789**

La Bastille sert de dépôt de munitions, de garnison militaire et de prison. Symbole de l'arbitraire royal car le roi peut y enfermer qui il veut par lettre de cachet, elle est démolie après 1789.

Anonyme, huile sur toile, 58 x 73 cm (Musée national du Château de Versailles).

## Des symboles républicains issus de la Révolution

Le 14 juillet est choisi comme jour de la fête nationale en 1880, en référence à la prise de la Bastille par le peuple en armes, mais aussi à la fête de la Fédération du 14 juillet 1790 (voir p. 217). Les trois couleurs bleu, blanc et rouge deviennent celles de la France : entre le bleu et le rouge de la ville de Paris figure le blanc de la monarchie. Elles sont d'abord portées en cocarde, puis adoptées par les sans-culottes (voir p. 208). Marianne, allégorie de la République coiffée du bonnet phrygien, *La Marseillaise* et la devise « Liberté, Égalité, Fraternité » apparaissent également durant la période révolutionnaire. Officiels sous la IIIe République, certains symboles sont inscrits dans les Constitutions de 1946 et de 1958.

# Août 1789

## Les Français deviennent des citoyens

Après des violences dans tout le royaume, les députés votent des textes qui garantissent les changements politiques et sociaux apportés par la Révolution.

### L'abolition des privilèges et la fin de la société d'ordres

Depuis juillet, se répand dans le pays une rumeur selon laquelle les nobles recrutent des mercenaires pour semer la terreur dans les campagnes : c'est la « Grande Peur ». En réaction, les paysans prennent les armes, attaquent les châteaux et brûlent les titres de propriété des nobles. Pour ramener le calme, les députés votent avec enthousiasme, dans la nuit du 4 août 1789, l'abolition des privilèges, de la dîme* et des corvées**. Ils offrent aussi aux paysans la possibilité de racheter les terres à leur seigneur.

### La Déclaration des droits de l'homme et du citoyen

S'inspirant des Lumières (voir p. 186) et de l'exemple américain (voir p. 192), les députés mettent par écrit les nouveaux principes qui régissent la France.

Le 26 août, l'Assemblée vote un texte composé d'un préambule et de 17 articles. Les hommes disposent de droits naturels, que personne ne peut leur enlever. Ils naissent et demeurent libres et égaux en droits. La nation (l'ensemble des citoyens) est souveraine : les citoyens sont à l'origine de la loi, élisent leurs représentants et décident des impôts.

**Les droits de l'homme**

| | |
|---|---|
| 1689 | Déclaration des droits en Angleterre (*Bill of Rights*) (voir p. 180). |
| 1776 | Déclaration d'indépendance des États-Unis (voir p. 192). |
| 1789 | Déclaration des droits de l'homme et du citoyen en France. |
| 1948 | Déclaration universelle des droits de l'homme (Organisation des Nations unies). |

\* Impôt payé par le tiers état à l'Église.
\*\* Jour de travail obligatoire et gratuit dû par le paysan au seigneur.

## La Déclaration des droits de l'homme et du citoyen

La forme retenue par l'artiste pour la Déclaration reprend celle des Tables de la Loi données par Dieu à Moïse dans la Bible. Sous l'œil de l'Être suprême (Dieu) **1**, la France **2** a brisé ses chaînes tandis qu'en face se trouve la Renommée **3**. Plusieurs symboles sont représentés comme le bonnet phrygien **4** (la liberté), le serpent **5** (l'éternité) ou les faisceaux **6** (l'unité).

Jean-Jacques-François Le Barbier, huile sur bois, 56 x 71 cm, 1789 (Musée Carnavalet, Paris).

## Les Français se divisent autour de la question religieuse

En novembre 1789, l'Assemblée nationale vote la confiscation des biens du clergé : mis en vente, ils doivent combler le déficit budgétaire. Puis, afin de mieux contrôler les hommes d'Église, elle adopte en juillet 1790 la Constitution civile du clergé : les évêques et les curés sont désormais élus et payés par l'État.

L'Assemblée oblige par ailleurs les prêtres français à prêter serment à la Constitution. Le clergé se divise alors entre prêtres « jureurs », qui acceptent cette obligation parfois du bout des lèvres, et prêtres « réfractaires », qui la refusent, soutenus par une partie de la population et par le pape Pie VI.

# 21 septembre 1792

## Les députés installent la Ire République en France

La Constitution votée en septembre 1791 laisse le pouvoir exécutif à Louis XVI, désormais roi des Français. Cependant, une part croissante de la population souhaite abolir la monarchie.

## La fin de la monarchie constitutionnelle

Depuis avril 1792, la France, en guerre contre la Prusse et l'Autriche, subit des défaites. Pour beaucoup, c'est le résultat du double jeu de Louis XVI, soutenu par la coalition ennemie. Le 10 août, des milliers de sans-culottes* et de soldats fédérés venus de Marseille ou de Bretagne prennent le palais des Tuileries, où résident le roi et ses proches depuis octobre 1789. La famille royale se réfugie à l'Assemblée législative. Incapable de ramener le calme, celle-ci suspend la monarchie et décide l'élection d'une nouvelle assemblée, la Convention, au suffrage universel masculin.

## Un nouveau régime politique

Le 20 septembre 1792, l'armée française écarte la menace de l'invasion de son territoire après sa victoire à Valmy contre l'armée prussienne.

La Convention se réunit pour la première fois le 21 septembre : à l'unanimité, les députés votent l'abolition de la royauté. Le lendemain, le 22 septembre, les documents sont datés de l'an I de la République.

*« Pour les vaincre, messieurs, il nous faut de l'audace, encore de l'audace, toujours de l'audace, et la France est sauvée. »*

Georges Danton, ministre de la Justice, évoquant la menace prussienne à l'Assemblée, 2 septembre 1792.

---

* Nom donné aux hommes qui portent le pantalon, et non la culotte et les bas de soie comme les nobles ou les bourgeois. De condition généralement modeste, les sans-culottes sont partisans de mesures radicales pour soutenir la Révolution.

**La Bataille de Valmy**

Après la prise de Longwy et de Verdun, les troupes austro-prussiennes, commandées par le duc de Brunswick, marchent sur Paris. L'armée du général Dumouriez, renforcée par celle du général Kellerman, les arrête sur le plateau de Valmy le 20 septembre 1792 après une intense canonnade aux cris de « Vive la nation ! ».

Horace Vernet, huile sur toile, 287 x 175 cm, 1826 (National Gallery, Londres).

## Louis XVI : de Varennes à l'échafaud

Dans la nuit du 20 au 21 juin 1791, Louis XVI et sa famille, déguisés, s'enfuient vers l'est. Reconnus en chemin, ils sont arrêtés à Varennes et reconduits à Paris.

Dès lors, une partie de la population retire sa confiance au roi. L'utilisation par Louis XVI de son droit de veto contre des lois votées par l'Assemblée renforce le sentiment de défiance. Le divorce est définitif quand le duc de Brunswick, qui commande l'armée austro-prussienne, envoie une lettre menaçant les Parisiens de représailles s'ils font du mal au roi ou à sa famille. Louis XVI est désormais considéré comme un traître par une large partie des députés et des Parisiens.

Après l'abolition de la royauté le 21 septembre 1792, il est jugé par la Convention pour haute trahison. À une courte majorité, les députés votent la mort de celui que l'on nomme désormais Louis Capet. Le 21 janvier 1793, ce dernier est guillotiné place de la Révolution (actuelle place de la Concorde).

# 28 juillet 1794

## L'exécution de Robespierre met fin à la Terreur

Après avoir guillotiné Louis XVI le 21 janvier 1793, la nouvelle République prend des mesures exceptionnelles pour répondre aux menaces intérieures et extérieures.

### La Terreur à l'ordre du jour

Début 1793, la République fait face à une coalition de pays européens et à des révoltes intérieures, notamment en Vendée. La Convention (voir p. 208) ordonne alors une première levée en masse* et crée un gouvernement spécial, le Comité de salut public, rapidement influencé par Maximilien de Robespierre. Le Comité décide une seconde levée en masse puis fait voter en septembre la loi des suspects qui permet d'arrêter tous les « ennemis » supposés de la Révolution. Jugé par un tribunal révolutionnaire de manière expéditive, le « suspect » doit fournir la preuve de son attachement à la République. Dans le cas contraire, il est guillotiné.

**L'exécution de Maximilien de Robespierre**

La fin de Robespierre est à l'image de la Terreur qu'il a pratiquée. Au total, sur 500 000 « suspects » arrêtés dans toute la France (2 % de la population), 40 000 sont exécutés (8 % des arrestations) dont environ 23 000 sans jugement et 17 000 sur ordre des tribunaux révolutionnaires.

Gravure de Paul Lehugueur, XIX<sup>e</sup> siècle.

### La chute de Robespierre

En juin 1794, Robespierre renforce encore le régime de la Terreur, qui ne prévoit désormais d'autre peine que la mort. Le 27 juillet, face à de nouvelles arrestations prévues et devant l'exaspération de la population, les députés votent l'arrestation de Robespierre et de ses proches. Ces derniers se réfugient à l'Hôtel de ville avec leurs partisans. Mais le 28 juillet, les soldats de la Convention donnent l'assaut et s'emparent de Robespierre. Gravement blessé, celui-ci est guillotiné en fin d'après-midi.

* Enrôlement de tous les hommes célibataires ou veufs sans enfant de 18 à 25 ans dans l'armée. Au total, les armées de la Convention comptent 700 000 hommes.

## Maximilien de Robespierre (1758-1794)

■ Né à Arras dans une famille aisée, Robespierre devient avocat. Il est désigné représentant du tiers état en 1789. Auteur de nombreux discours au club des Jacobins*, élu en 1792 à la Convention, il vote la mort du roi. Défenseur du peuple, soutenu par les sans-culottes (voir p. 208) et ayant la réputation d'être incorruptible, Robespierre jouit d'une grande popularité. Toutefois, il devient de plus en plus radical et fait exécuter ses opposants comme Georges Danton et Camille Desmoulins début avril 1794. Isolé, accusé d'être un tyran, Robespierre accentue encore la Terreur, provoquant ainsi sa chute le 27 juillet. ■

\* Association qui regroupe des citoyens pour discuter de questions politiques.

## La contre-révolution

Cette expression désigne ceux qui restent fidèles à la monarchie, soutenant les nobles et les prêtres « réfractaires » (voir p. 207). De nombreux Français sont choqués par l'exécution de Louis XVI et les attaques contre l'Église. Ils ne veulent pas se battre pour la République et refusent de participer à la levée en masse. En Bretagne et en Vendée, dans un climat de guerre civile, les paysans prennent les armes et, dirigés par des nobles, affrontent les armées républicaines. C'est dans ces régions que le nombre de victimes de la Terreur est le plus élevé.

# 9-10 novembre 1799

## Napoléon Bonaparte prend le pouvoir par un coup d'État

En 1795, une nouvelle Constitution met en place le Directoire. Ce régime, dirigé par cinq Directeurs, fait rapidement face à de violentes contestations.

### La fin du Directoire

Face à l'opposition politique, le Directeur Sieyès et certains députés souhaitent modifier la Constitution pour renforcer le pouvoir exécutif. Ils s'appuient sur un jeune général, Napoléon Bonaparte, tout juste rentré d'Égypte. Le 9 novembre 1799 (18 brumaire an VIII selon le calendrier révolutionnaire), prétextant une menace de révolte à Paris, celui-ci est chargé d'escorter le Conseil des Anciens et le Conseil des Cinq-Cents à Saint-Cloud. Trois Directeurs démissionnent alors. Le lendemain, Bonaparte contraint par la force les Conseils à accepter la révision de la Constitution. Le pouvoir est confié à trois consuls.

### Le Consulat (1799-1804) : un régime autoritaire

Bonaparte, nommé Premier consul puis consul à vie, dispose de l'essentiel du pouvoir. Ses réformes visent à reconstruire la France : création des préfets* (1800), des lycées pour former les futurs cadres de l'État (1802), de la Légion d'honneur pour récompenser ceux qui servent le pays (1802) et d'une nouvelle monnaie, le franc dit « germinal » (1803). En 1804, le Code civil fixe les relations entre les personnes. Enfin, pour mettre fin aux tensions religieuses, Bonaparte signe le Concordat* avec le pape dès 1801.

« *Souvenez-vous que je marche accompagné du dieu de la Victoire et du dieu de la Guerre.* »

Napoléon Bonaparte aux Conseils des Anciens, 10 novembre 1799.

* Représentants de l'État dans les départements et relais des décisions de Bonaparte.
** Accord selon lequel la France nomme et rémunère les évêques et les curés.

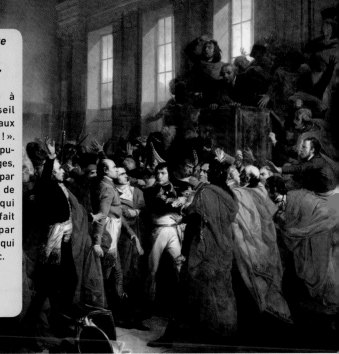

**Le général Bonaparte au Conseil des Cinq-Cents, à Saint-Cloud, 10 novembre 1799**

Bonaparte cherche à convaincre le Conseil mais il est accueilli aux cris de « À bas le tyran ! ». Pris à partie par les députés, vêtus de toges rouges, il s'échappe, encadré par ses soldats. Le frère de Napoléon, Lucien, qui préside le Conseil, fait ensuite disperser par l'armée les députés qui s'enfuient dans le parc.

François Bouchot, huile sur toile, 401 x 421 cm, 1840 (Musée national du Château de Versailles).

## La campagne de Napoléon Bonaparte en Égypte (1798-1799)

Le général Bonaparte se fait connaître par les campagnes qu'il effectue pour le Directoire, d'abord en Italie en 1796-1797, puis en Égypte. Cette expédition militaire a pour but d'affaiblir commercialement l'Angleterre et de conquérir une colonie idéalement située près de l'isthme de Suez. Mais elle a aussi une visée scientifique : Bonaparte, à la tête de 38 000 soldats, est accompagné de près de deux cents savants, artistes et ingénieurs.

Le jeune général remporte la bataille des Pyramides le 21 juillet 1798 et prend le contrôle de l'Égypte, mais une grande partie de sa flotte est détruite à Aboukir par les Anglais le 1er août. À partir de 1799, l'armée française tente en vain de conquérir la Syrie. Informé des difficultés du Directoire, Bonaparte rentre alors en France, auréolé d'un grand prestige. En 1801, l'armée française doit finalement évacuer l'Égypte face aux Anglais.

# 2 décembre 1804
## Napoléon Bonaparte
### est sacré empereur

**4ᵉ**

**Napoléon Bonaparte devient empereur en mai 1804. Afin de consolider son pouvoir et créer une dynastie, il se fait sacrer comme les rois d'Ancien Régime\*.**

## Une cérémonie fastueuse

La journée du sacre est minutieusement organisée par Napoléon qui veille aux moindres détails. Le 2 décembre 1804 au matin, en présence des grands personnages de l'État réunis dans la cathédrale Notre-Dame de Paris, l'empereur reçoit l'onction du pape Pie VII qui bénit ensuite les insignes impériaux (la couronne, l'anneau, l'épée, le manteau rouge doublé d'hermine, la main de justice et le sceptre). Napoléon se tourne alors vers l'assistance et se couronne lui-même. Puis il couronne l'impératrice Joséphine.

« *Vivat Imperator in aeternum !* »
(*Vive l'empereur pour l'éternité*)

Pie VII, après le couronnement de l'empereur et de l'impératrice, 2 décembre 1804.

## Le Premier Empire (1804-1815)

Le pouvoir de Napoléon Iᵉʳ se renforce encore. L'empereur limite la liberté de la presse et fait arrêter ses opposants. Il rétablit une noblesse, sans privilèges mais déclarée héréditaire. Napoléon mène une série de guerres contre ses voisins européens, inquiets du rétablissement de la puissance de la France : en 1805, il bat l'empereur d'Autriche et le tsar de Russie à Austerlitz.

Mais les guerres coûtent cher sur le plan humain et financier et, à partir de 1812, les défaites s'enchaînent. En 1814, la France est envahie et Napoléon abdique (renonce au pouvoir) une première fois. Le frère de Louis XVI, Louis XVIII, monte alors sur le trône. La dynastie des Bourbons est restaurée.

\* Après 1789, terme désignant la monarchie absolue et la société d'ordres.

**Sacre de l'empereur Napoléon et couronnement de l'impératrice Joséphine**

Peintre officiel de l'empereur, Jacques-Louis David est chargé de réaliser un grand tableau pour célébrer le nouvel empire. De style néoclassique, l'œuvre met en valeur Napoléon I<sup>er</sup> mais ne représente pas fidèlement la réalité. Ainsi, la mère de l'empereur, au centre de la tribune, était absente le jour du sacre. De même, le trône du pape a été rabaissé pour que Napoléon domine la scène.

Jacques-Louis David, huile sur toile, 979 x 621 cm, 1806 (Musée du Louvre, Paris).

## Les guerres de Napoléon I<sup>er</sup>

Jusqu'en 1811, Napoléon remporte une série de grandes victoires. Il contrôle alors une grande partie de l'Europe : l'Empire comporte 130 départements, et les frères et sœurs de Napoléon sont placés sur les trônes des pays conquis (voir p. 218). Mais bientôt les difficultés s'accumulent. En Espagne, dans les États allemands, les populations se révoltent (voir p. 219) et la Grande Armée réunie par Napoléon pour battre la Russie est décimée en 1812 après la bataille de la Bérézina. En 1814, la France est envahie par une coalition de pays européens et Napoléon est exilé sur l'île d'Elbe en Méditerranée. Revenu en France, il récupère son trône en mars 1815 avant d'être définitivement battu à Waterloo en juin : on désigne cette période sous le nom des « Cents jours » (voir p. 220).

# La Révolution française et l'Empire

À partir de 1789, les idées des Lumières sont mises en application en France et en Europe.

## Une France nouvelle

### Les transformations politiques

En 1789, la monarchie cesse d'être absolue et les Français ne sont plus des sujets. Désormais, comme le souligne la Déclaration des droits de l'homme et du citoyen (voir p. 206), la nation est souveraine : le pouvoir appartient aux citoyens qui élisent des représentants. Cependant, le droit de vote est encore limité à une minorité (suffrage censitaire). Des droits civils sont garantis par l'État comme les libertés d'expression et de culte ou la sécurité. Les journaux se multiplient avec la liberté de la presse et les Français participent à des clubs. La Révolution se donne par ailleurs une portée universaliste : ce qui se passe en France peut être appliqué partout.

**Les régimes politiques sous la Révolution**

| | |
|---|---|
| Avant 1789 | Monarchie absolue de droit divin. |
| 1789-1792 | Monarchie constitutionnelle. |
| 1792-1804 | République (Convention 1792-1794, Directoire 1795-1799, Consulat 1799-1804). |
| 1804-1814 | Iᵉʳ Empire. |

### Les transformations économiques et sociales

Dès 1789, l'État reconnaît la propriété privée et n'intervient plus dans l'économie. Les corporations sont supprimées, permettant à chacun de s'installer et de pratiquer librement son travail. En revanche, le droit de grève est interdit pour les ouvriers ou les artisans.

**La Fête de la Fédération le 14 juillet 1790 au Champ-de-Mars**

La fête fixée le jour anniversaire de la prise de la Bastille célèbre l'unité de la nation autour du roi et du nouveau régime politique. Le tableau montre l'enthousiasme des participants et le faste de la fête. Nombreux sont ceux qui pensent que la Révolution est terminée.

Charles Thévenin, huile sur toile, 183 x 127 cm, 1796 (Musée Carnavalet, Paris).

La Révolution met fin à la société d'ordres fondée sur les privilèges. Désormais, les citoyens sont égaux en droits, devant la loi ou les impôts. Enfin, dès 1789, la liberté de croyance et de culte est reconnue. La Constitution civile du clergé (voir p. 207) entraîne un conflit avec le pape qui se résout avec le Concordat de 1801.

## L'unification du pays

Pour simplifier l'organisation administrative, le pays est divisé en 83 départements. Les mêmes unités de poids (le gramme) et de mesure (le mètre) sont appliquées sur tout le territoire. L'usage du français est généralisé pour supplanter les nombreux patois. La République impose le franc comme monnaie nationale.

Napoléon Bonaparte renforce la centralisation avec les préfets (voir p. 212). Avec le Code civil, il unifie le droit dans toute la France. Enfin, il confirme certains acquis de la Révolution : la suppression des privilèges, l'égalité devant la loi, la liberté religieuse et le droit de propriété.

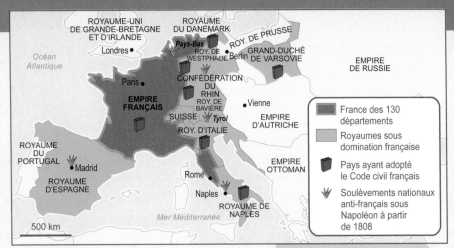

Map legend:

- **France des 130 départements**
- **Royaumes sous domination française**
- **Pays ayant adopté le Code civil français**
- **Soulèvements nationaux anti-français sous Napoléon à partir de 1808**

Map labels:
ROYAUME-UNI DE GRANDE-BRETAGNE ET D'IRLANDE · Londres · Océan Atlantique · Paris · EMPIRE FRANÇAIS · ROYAUME DU PORTUGAL · Madrid · ROYAUME D'ESPAGNE · 500 km · ROYAUME DU DANEMARK · Pays-Bas · ROY. DE WESTPHALIE · Berlin · ROY. DE PRUSSE · CONFÉDÉRATION DU RHIN · ROY. DE BAVIÈRE · SUISSE · Tyrol · ROY. D'ITALIE · Rome · Naples · Mer Méditerranée · ROYAUME DE NAPLES · GRAND-DUCHÉ DE VARSOVIE · Vienne · EMPIRE D'AUTRICHE · EMPIRE OTTOMAN · EMPIRE DE RUSSIE

# L'influence de la France en Europe

**L'Europe en 1811**
En 1811, Napoléon Bonaparte domine l'Europe. La plupart des pays lui sont alliés ou soumis.

## La France domine l'Europe

Dès 1792, la France est en guerre contre ses voisins et diffuse les principes de la Révolution dans les territoires conquis. De 1795 à 1799, le Directoire crée des Républiques-sœurs en Hollande, en Suisse et en Italie, dont l'organisation politique est calquée sur celle de la France. Napoléon Bonaparte poursuit ces guerres (voir p. 215) et étend les frontières de la France en annexant des régions. Il transforme les Républiques-sœurs en monarchies. Sous l'influence française, le Code civil devient la référence juridique dans les États allemands, italiens ou polonais.

### Les transformations de l'armée

Sous l'Ancien Régime, le roi dispose d'une armée professionnelle constituée de soldats de métier. À partir de 1789, les citoyens obtiennent des droits mais aussi des devoirs, comme celui de défendre le pays. En 1792, l'armée est composée de volontaires mais, face aux dangers, la Convention ordonne deux levées en masse en 1793 et 1794. Puis en 1798, le Directoire crée un service militaire obligatoire. Le gouvernement a désormais une armée de conscription (formée de jeunes conscrits qui effectuent leur service militaire). Il peut aussi faire appel à l'ensemble des citoyens en cas de danger. Ce système perdure jusqu'en 1996.

## Une réaction de rejet

La domination française est cependant mal acceptée, d'autant plus qu'elle s'accompagne de pillages et de prélèvements pour financer les guerres. Dans certains pays, les peuples prennent conscience de leurs particularités. En Allemagne, en Italie, en Espagne, les habitants qui partagent une langue, une histoire, des traditions pensent ainsi appartenir à une même nation. C'est la naissance du sentiment national. En Pologne, Napoléon crée un nouvel État. Mais la plupart du temps, ce sentiment se manifeste contre l'envahisseur français. En 1815, le congrès de Vienne tente d'effacer les conséquences de la Révolution française en Europe (voir p. 220).

### Le romantisme, un nouveau courant artistique

Le romantisme apparaît à la fin du XVIIIe siècle en Europe et touche tous les domaines : la littérature (Goethe), la musique (Beethoven) ou la peinture (Goya). Les artistes expriment davantage leurs émotions et ont recours à l'imagination.

Ils s'intéressent notamment aux événements tragiques qu'ils évoquent avec leur sensibilité. Ils accompagnent souvent la lutte des peuples qui se battent pour la liberté ou pour leur indépendance (voir p. 222).

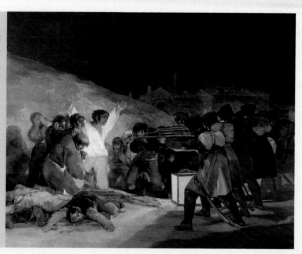

**El Tres de mayo de 1808**
Dans la nuit du 2 au 3 mai 1808, des Espagnols sont fusillés par l'armée de Napoléon parce qu'ils se sont révoltés contre la France. Jouant sur les contrastes de couleurs et de lumières, Goya assimile la souffrance du peuple espagnol à celle du Christ et insiste sur l'inhumanité des soldats français qui fusillent sans émotion des innocents suppliants.
Francisco de Goya, huile sur toile, 266 x 347 cm, 1814 (Musée du Prado, Madrid).

# 1814-1815

## Le congrès de Vienne réorganise l'Europe

**4ᵉ**

Au printemps 1814, vaincu pour la première fois, Napoléon Iᵉʳ abdique. Les monarchies européennes se retrouvent alors dans la capitale de l'Empire d'Autriche pour effacer la Révolution.

## La première concertation européenne

Organisé à Vienne du 22 septembre 1814 au 9 juin 1815, le congrès réunit les représentants de tous les pays européens. Dans une atmosphère de fête, des bals, dîners et spectacles agrémentent les discussions diplomatiques intenses qui ont lieu la journée. À l'issue du congrès, dominé par l'Autriche, la Prusse, le Royaume-Uni et la Russie, un traité de 121 articles est signé : c'est le premier accord multilatéral* en Europe.

## Des frontières redécoupées

La France, désormais gouvernée par Louis XVIII (voir p. 214), perd toutes ses conquêtes effectuées après 1789. Les territoires sont redistribués au profit de la Prusse, de la Russie et de l'Autriche sans tenir compte des peuples. Ainsi, certains, comme les Polonais, sont partagés entre plusieurs pays ; d'autres sont intégrés à des empires : la couronne autrichienne regroupe des Tchèques, des Hongrois, des Italiens, des Polonais. En septembre 1815, la Russie, l'Autriche et la Prusse se promettent une assistance mutuelle en constituant la Sainte-Alliance pour garantir ce nouvel équilibre et empêcher toute nouvelle révolution en Europe.

*« Les fêtes vont bien, mais les affaires vont mal. »*

Charles Maurice de Talleyrand, représentant français de Louis XVIII à Vienne, octobre 1814.

* Accord conclu entre plusieurs pays. Auparavant les accords étaient bilatéraux (entre deux pays).

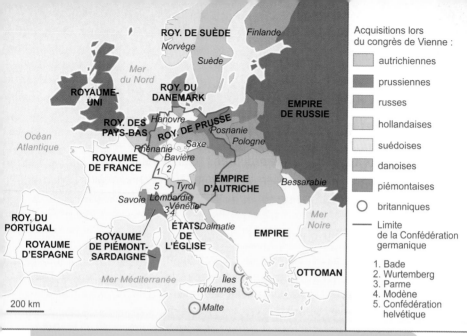

**Acquisitions lors du congrès de Vienne :**

autrichiennes

prussiennes

russes

hollandaises

suédoises

danoises

piémontaises

○ britanniques

—— Limite de la Confédération germanique

1. Bade
2. Wurtemberg
3. Parme
4. Modène
5. Confédération helvétique

ROY. DE SUÈDE
Finlande
Norvège
Suède
Mer du Nord
ROYAUME-UNI
ROY. DU DANEMARK
EMPIRE DE RUSSIE
Océan Atlantique
ROY. DES PAYS-BAS
Hanovre
ROY. DE PRUSSE
Posnanie
Pologne
Rhénanie
Saxe
ROYAUME DE FRANCE
Bavière
1 2
5 Tyrol
EMPIRE D'AUTRICHE
Bessarabie
Savoie Lombardie
3 4 Vénétie
Mer Noire
ROY. DU PORTUGAL
ÉTATS DE L'ÉGLISE
Dalmatie
EMPIRE
ROYAUME D'ESPAGNE
ROYAUME DE PIÉMONT-SARDAIGNE
Mer Méditerranée
Îles ioniennes
OTTOMAN
200 km
Malte

**L'Europe après le congrès de Vienne**

Les trois grandes monarchies absolues, la Russie du tsar Alexandre Ier, la Prusse du roi Frédéric-Guillaume III et l'Autriche de l'empereur François Ier s'agrandissent considérablement et créent des États-tampons autour de la France : le royaume des Pays-Bas, la Confédération helvétique et le royaume de Piémont-Sardaigne.

## La naissance de la Belgique (1830)

En 1815, le congrès de Vienne crée le royaume des Pays-Bas qui intègre les anciennes Provinces-Unies (voir p. 165) et la Belgique, dont les langues et les religions diffèrent. En 1830, après la révolution parisienne de juillet (voir p. 224), des troubles éclatent à Bruxelles puis dans les autres villes belges. Un gouvernement provisoire se met en place et proclame l'indépendance de la Belgique le 4 octobre. Le roi des Pays-Bas, Guillaume Ier, ne parvient pas à rétablir l'ordre et fait appel aux grandes puissances. Le Royaume-Uni, la France, la Prusse, l'Autriche et la Russie, réunies à Londres, proposent un cessez-le-feu et décident de ne pas intervenir. En décembre, un premier texte reconnaît l'indépendance de la Belgique. En 1831, le roi Léopold Ier, choisi par le Congrès du nouveau royaume de Belgique, prête serment sur la Constitution. Les grandes puissances garantissent l'inviolabilité du nouvel État.

# 1830

## L'Empire ottoman reconnaît l'indépendance de la Grèce

**Après une lutte acharnée de 1821 à 1829, les Grecs, soutenus par les Européens, obtiennent leur indépendance face aux Turcs.**

### Une longue guérilla*

Inspirés par les principes de la Révolution française (voir p. 206) et animés par un fort sentiment national, les Grecs se révoltent contre le sultan Mahmoud II en 1821 afin d'obtenir leur indépendance. L'armée turque se livre à une sanglante répression, massacrant les populations, comme à Chios en 1822. Dans toute l'Europe, des artistes, des écrivains, des hommes d'affaires prennent parti pour les Grecs qui défendent leur liberté et le droit d'avoir un État. Certains leur fournissent de l'argent et des armes tandis que d'autres partent combattre à leurs côtés, tel le poète anglais Lord Byron qui y trouve la mort en 1824.

> *« En Grèce ! En Grèce ! adieu, vous tous ! Il faut partir ! »*
>
> Victor Hugo, « Enthousiasme » *Les Orientales*, 1829.

### L'aide des grandes puissances européennes

La Russie, dirigée par Nicolas Iᵉʳ, compte profiter de l'affaiblissement de l'Empire ottoman pour accroître son influence dans les Balkans. Elle s'allie avec le Royaume-Uni et la France : les trois pays envoient une flotte en Méditerranée. Celle-ci inflige une sévère défaite aux Turcs lors de la bataille de Navarin le 20 octobre 1827. Les Français interviennent dans le Péloponnèse, les Russes en Anatolie et en Thrace. Face à cette pression, le sultan ottoman reconnaît l'autonomie de la Grèce, de la Serbie et des principautés roumaines en 1829. Puis le protocole de Londres signé le 3 février 1830 accorde une indépendance totale à la Grèce, ensuite acceptée par le sultan.

---

\* « Petite guerre » en espagnol : type de guerre qui repose sur des embuscades, des opérations de harcèlement, des attentats... Elle oppose généralement des groupes de civils à une armée classique.

## De l'Empire ottoman à la Turquie

| | |
|---|---|
| 1299 | Fondation de la dynastie des Ottomans. Début des conquêtes à partir de l'Anatolie. |
| 1453 | Prise de Constantinople par les Ottomans, qui devient la nouvelle capitale de l'Empire. |
| 1520-1566 | Règne de Soliman dit le Magnifique. |
| 1683 | Échec du siège de Vienne par les Ottomans qui amorcent leur recul en Europe. |
| 1830 | Indépendance de la Grèce. |
| 1915-1916 | Génocide des Arméniens (voir p. 281). |
| 1923 | Proclamation de la République par Mustafa Kemal Atatürk (fin de l'Empire ottoman). |
| 1934 | Droit de vote des femmes en Turquie. |
| 1952 | Entrée de la Turquie dans l'Organisation du traité de l'Atlantique nord (OTAN). |
| 2005 | Début des négociations de la Turquie pour adhérer à l'Union européenne (UE). |

**Scènes des massacres de Scio**

Eugène Delacroix représente le massacre perpétré par l'armée turque sur l'île grecque de Chios. Environ 20 000 personnes sont tuées tandis que le reste de la population est réduite en esclavage. Le choix du thème, des couleurs et l'expression des émotions telles que la souffrance et le désespoir rattachent cette œuvre au style romantique.

Eugène Delacroix, huile sur toile, 354 x 419 cm, 1824 (Musée du Louvre, Paris).

# 27, 28 et 29 juillet 1830

## Charles X est renversé à l'issue des Trois Glorieuses

**4ᵉ**

Le dernier frère de Louis XVI, Charles X, succède à Louis XVIII en 1824. Son souhait d'instaurer un régime proche de la monarchie absolue déclenche trois journées d'insurrection à Paris.

## La remise en cause des libertés

Le 25 juillet 1830, Charles X signe quatre ordonnances qui prévoient la fermeture des journaux d'opposition, la dissolution de la nouvelle Chambre des députés de majorité libérale et l'exclusion du corps électoral de la bourgeoisie, peu favorable au monarque.

Puis fort de la présence de 12 000 soldats à Paris, le roi part chasser à Rambouillet. Les journalistes sont les premiers à dénoncer les ordonnances et à appeler à la désobéissance.

### *La Liberté guidant le peuple*

Dans cette œuvre romantique, la Liberté armée et coiffée du bonnet phrygien franchit une barricade, suivie par des ouvriers, des bourgeois, des étudiants et des gamins de Paris. Les cadavres, les armes et la fumée suggèrent la violence des combats qui font plus de 150 morts dans l'armée royale et près de 800 victimes parmi les révoltés.

Eugène Delacroix, huile sur toile, 325 x 260 cm, 1830 (Musée du Louvre, Paris).

## Trois journées révolutionnaires

Le 27 juillet, les ouvriers de l'imprimerie, rejoints par des étudiants et d'anciens soldats de l'Empire, se soulèvent. Le 28, les insurgés dressent des barricades dans les quartiers populaires de l'est de Paris et s'emparent d'armes et de munitions. Le 29, ils prennent le Louvre et les Tuileries tandis que l'armée royale se replie à Saint-Cloud, à l'ouest de Paris, où se trouve le roi.

Charles X retire ses ordonnances mais il est trop tard. Le 30, les députés votent la déchéance du roi qui s'enfuit en Angleterre. Ils confient le pouvoir à son cousin, Louis-Philippe d'Orléans, qui jure de respecter les libertés.

## La monarchie constitutionnelle en France (1814-1848)

Durant la Révolution française, les deux frères de Louis XVI se sont enfuis à l'étranger. Ils rentrent en France après la défaite de Napoléon I<sup>er</sup> (voir p. 215).

Louis XVIII (1814-1824) rétablit le drapeau blanc, symbole de la monarchie avant 1789, et fait rédiger une Charte (une Constitution) qui limite le pouvoir royal et garantit des libertés aux Français. Le roi conserve le pouvoir exécutif tandis que la Chambre des députés, élus au suffrage censitaire, et la Chambre des pairs, nommés par le roi, votent les lois.

Charles X (1824-1830) viole la Charte et cherche à rétablir une monarchie absolue en imposant sa politique aux députés et en limitant les libertés.

Après la révolution de 1830, Louis-Philippe I<sup>er</sup> (1830-1848) jure de respecter la Charte et opte pour le drapeau tricolore. Il doit toutefois faire face à l'opposition grandissante des républicains. Il est renversé par la révolution de 1848 (voir p. 228).

# Février 1848

## Marx et Engels publient le *Manifeste du Parti communiste*

**Pour ces deux philosophes allemands, il est impératif d'améliorer les conditions de vie des prolétaires, ouvriers et paysans modestes. Leur texte devient la référence d'un courant de pensée : le socialisme révolutionnaire.**

### Le constat : des inégalités

Pour Karl Marx et Friedrich Engels, il existe depuis les débuts de l'histoire une lutte des classes entre des dominants, peu nombreux mais qui possèdent l'argent et les moyens de production, et des dominés, largement majoritaires mais qui ne disposent que de leur force de travail.

Au xixᵉ siècle, cette opposition se manifeste, selon les auteurs, entre la bourgeoisie qui détient le capital (argent, usines, machines, terres) et le prolétariat exploité qui reçoit des salaires très faibles et vit souvent dans des conditions misérables. L'État est un instrument aux mains des bourgeois pour légitimer et renforcer leur domination.

### La solution : le communisme

Le *Manifeste* appelle les prolétaires à s'unir pour faire une révolution. Le combat passe par l'instauration d'une « dictature du prolétariat » qui vise à confisquer le pouvoir. Puis les moyens de production, détenus auparavant par la bourgeoisie,

> « Du passé faisons table rase, Foule esclave, debout ! Debout ! Le monde va changer de base : Nous ne sommes rien, soyons tout ! »
>
> Paroles de *L'Internationale*, chant révolutionnaire communiste écrit en 1871.

doivent être redistribués (phase « socialiste »). L'objectif est la création d'une société sans classe sociale et sans État (phase « communiste »), égalitaire, où chacun travaille pour l'intérêt général et reçoit en fonction de ses besoins.

**Aujourd'hui, ou la dénonciation d'une société inégalitaire**

Cette image de propagande socialiste de la fin du XIXᵉ siècle reprend le constat de Karl Marx. Une famille de prolétaires paysans laboure la terre sous le regard du propriétaire. Le bourgeois est représenté bedonnant, main dans la poche et cigare aux lèvres pour évoquer la richesse et l'oisiveté.

Théophile Alexandre Steinlen, lithographie publiée dans le journal satirique *Le Chambard socialiste*, 1894.

## Le socialisme au XIXᵉ siècle

Le socialisme est un courant de pensée, puis un mouvement politique, qui réfléchit aux conditions de vie des catégories sociales les plus pauvres, comme les ouvriers (voir p. 234). Il se divise entre le socialisme révolutionnaire (comme celui de Marx et Engels), qui veut renverser le système par la force, et le socialisme réformiste, qui souhaite prendre le pouvoir en gagnant les élections, pour ensuite voter des lois en faveur des travailleurs. Suivant Marx et Engels, les mouvements ouvriers agissent ensemble au niveau européen. Après la Iʳᵉ Internationale (1864-1876), est créée en 1889 la IIᵉ Internationale qui regroupe les partis socialistes européens. Rapidement dominée par les marxistes, elle se réunit tous les ans en congrès pour définir une doctrine et des pratiques communes (voir p. 258).

# 22-24 février 1848

## Une révolution met en place la II<sup>e</sup> République en France

**4<sup>e</sup>**

**Au pouvoir depuis 1830, Louis-Philippe I<sup>er</sup> est confronté à une opposition grandissante, dans un contexte de crise économique.**

## Un mouvement spontané

À partir de juillet 1847, les républicains et les libéraux organisent dans toute la France une campagne de banquets en faveur du suffrage universel, contre le système censitaire*. En février 1848, le gouvernement, dirigé par François Guizot, interdit la tenue d'un de ces rassemblements à Paris. Le 22 février, une foule d'étudiants, d'ouvriers et de femmes se presse sur les boulevards. Des incidents éclatent, des armureries sont pillées et les premières barricades dressées. Le 23, Guizot démissionne mais cela ne suffit pas à ramener le calme. Le soir, les soldats tirent sur la foule.

## La proclamation de la II<sup>e</sup> République

Le 24 février, plus de 1 500 barricades barrent les rues de la capitale, encerclant le palais des Tuileries. Sous la pression populaire, Louis-Philippe abdique. Un gouvernement provisoire de onze membres, parmi lesquels le poète Alphonse de Lamartine, proclame alors la République.

« *Le drapeau tricolore a fait le tour du monde avec le nom, la gloire et la liberté de la patrie.* »

Alphonse de Lamartine, discours du 25 février 1848.

Deux mesures importantes sont prises rapidement : l'instauration du suffrage universel masculin (5 mars 1848) et l'abolition de l'esclavage dans les colonies (27 avril 1848) (voir p. 249).

* Le droit de vote est alors exercé par les gens les plus riches, ceux qui paient un impôt important.

***Lamartine devant l'Hôtel de Ville de Paris le 25 février 1848 refuse le drapeau rouge***

Au premier plan, des cadavres gisent sur une barricade constituée de pavés, rappelant la violence des combats. Au centre, le poète Alphonse de Lamartine, entouré des membres du gouvernement provisoire, impose le drapeau tricolore, symbole des principes de 1789 et de la réconciliation, face au drapeau rouge révolutionnaire brandi par les ouvriers.

Henri Félix Emmanuel Philippoteaux, huile sur toile, 63 x 27,5 cm, vers 1848 (Musée du Petit-Palais, Paris).

## Le « printemps des peuples »

La crise économique qui commence autour de 1845 entraîne une vague de révolutions dans toute l'Europe. Des mouvements libéraux (réclamant plus de libertés) et/ou nationaux (réclamant le droit de disposer d'un État) remettent en cause les décisions prises au congrès de Vienne (voir p. 220). Au printemps 1848, l'Empire d'Autriche, les territoires italiens et allemands connaissent également de tels soulèvements. Mais partout, sauf en France, les monarques se maintiennent au pouvoir par la force, n'accordant que quelques concessions.

# 2 décembre 1851

## Louis-Napoléon Bonaparte met fin à la IIᵉ République

**4ᵉ**

En 1851, Louis-Napoléon Bonaparte, alors président de la République, fait un coup d'État pour conserver le pouvoir. Un an plus tard, il instaure le Second Empire.

### Un coup d'État bien préparé

La Constitution de la IIᵉ République interdit à Louis-Napoléon Bonaparte, élu président en 1848 pour quatre ans, de se représenter. En 1851, il envisage un coup de force pour se maintenir au pouvoir. Il nomme des hommes de confiance aux postes-clés, notamment dans l'armée et la police.

Plusieurs fois reporté, le coup d'État a lieu le 2 décembre 1851, date anniversaire du sacre de Napoléon Iᵉʳ en 1804 (voir p. 214) et de la victoire d'Austerlitz (1805). Au matin, Louis-Napoléon fait arrêter ses principaux adversaires et dissout l'Assemblée. Des affiches annoncent le coup d'État dans les rues de Paris tandis que le reste de la France est informé par le télégraphe. Dans la capitale, les militants républicains tentent de résister en dressant des barricades mais l'armée tire sur les manifestants. Dans les provinces, l'agitation, encore plus forte, surtout dans les campagnes, est finalement maîtrisée.

### De la République à l'Empire

Louis-Napoléon Bonaparte organise un plébiscite* dont la question porte sur l'allongement du mandat de président de 4 à 10 ans. Sur dix millions de votants, 7,5 millions répondent «oui», légitimant ainsi le coup d'État.

Louis-Napoléon, surnommé le prince-président, gouverne dès lors de manière autoritaire. En novembre 1852, la proposition de rétablir l'Empire est approuvée par plébiscite avec 96 % de «oui». Le 2 décembre 1852, Louis-Napoléon est proclamé empereur des Français sous le nom de Napoléon III.

* Le plébiscite, largement utilisé par Napoléon Iᵉʳ, est une question posée aux électeurs à laquelle ils peuvent répondre par «oui» ou par «non».

**Portrait de Napoléon III**

Napoléon III porte tous les insignes du pouvoir impérial : main de justice, sceptre, couronne et manteau rouge doublé d'hermine. Au fond à droite, on distingue le palais des Tuileries où s'installe l'empereur après le coup d'État.

Franz Xaver Winterhalter, huile sur toile, 156 x 241 cm, 1855 (Musée national du Château de Versailles).

« Quoi ! Parce que nous avons eu Napoléon le Grand, il faut que nous ayons Napoléon le Petit ! »

Victor Hugo, déclaration à l'Assemblée législative, juillet 1851.

## Louis-Napoléon Bonaparte (1808-1873)

■ Neveu de Napoléon Ier, Louis-Napoléon Bonaparte tente de rétablir l'Empire en 1836 puis en 1840, mais ces deux tentatives échouent et il doit s'exiler. De retour en France après la révolution de février 1848, il est élu président de la République. En 1852, il proclame le Second Empire et instaure un régime autoritaire, qui se libéralise cependant à partir de 1860. Durant cette période, le pays s'industrialise et connaît une vraie prospérité économique ; le territoire s'agrandit avec la Savoie et le comté de Nice. Mais en 1870, la défaite de la France face à la Prusse entraîne la fin du Second Empire (voir p. 242). ■

# 1855

# Le procédé Bessemer révolutionne la fabrication de l'acier

**En 1855, l'Anglais Henry Bessemer dépose un brevet pour un convertisseur qui transforme à faible coût la fonte en acier, produit de base de la première industrialisation.**

## Le convertisseur Bessemer

Jusqu'à la moitié du XIXᵉ siècle, la fonte est le matériau le plus utilisé dans l'industrie car l'acier nécessite du temps et des moyens considérables pour être produit. La fonte est obtenue à partir du fer qui est chauffé dans des hauts fourneaux*.

Henry Bessemer met au point un convertisseur dans lequel un courant d'air brûle les impuretés de la fonte. Cette combustion augmente la température qui passe de 1 200°C (fusion de la fonte) à 1 600°C (fusion de l'acier). Avec cette technique, l'acier peut désormais être produit en grande quantité et à faible coût. D'autres inventions plus tardives permettent aussi ce résultat, comme les procédés Siemens-Martin (1864) et Thomas-Gilchrist (1875).

## L'utilisation croissante de l'acier avec l'industrialisation

Grâce à ces innovations, l'acier devient l'un des matériaux de base du XIXᵉ siècle. Résistant au temps et au feu, supportant des charges importantes, il remplace le bois. Il est alors utilisé dans les usines pour la production des machines-outils, des rails et des locomotives, des armes, des navires, puis des automobiles à la fin du siècle. L'acier est aussi de plus en plus employé dans l'architecture pour la construction des ponts et de bâtiments comme les usines, les grands magasins (voir p. 239), les immeubles, etc.

Il devient ainsi le symbole de la modernité.

* Fours de grandes dimensions qui fonctionnent grâce au charbon.

**Laminage de l'acier**

Cette toile, récompensée lors de l'Exposition universelle de 1889, représente les ouvriers d'une usine sidérurgique française en Lorraine, appartenant à la famille de Wendel. Le laminage permet de donner une forme à l'acier. La peinture rend compte de la difficulté du travail.

André Rixens, huile sur toile, 258 x 362 cm, 1887 (Écomusée du Creusot-Montceau).

## L'essor des chemins de fer en Europe au XIXᵉ siècle

En 1830, la première ligne commerciale de train à vapeur est inaugurée entre Manchester et Liverpool. *The Rocket* (« la fusée »), une locomotive inventée par l'ingénieur anglais George Stephenson, peut atteindre la vitesse de 24 km/h. En France, la première ligne de chemin de fer pour les voyageurs est établie entre Paris et Saint-Germain en 1837.

Dans la seconde moitié du XIXᵉ siècle, l'Europe se couvre de voies ferrées, ce qui permet de diminuer les temps de trajet et d'augmenter la quantité de marchandises ou le nombre de passagers transportés. Ce développement entraîne une forte diminution des coûts de transport qui favorise à son tour une augmentation du commerce et des déplacements.

L'essor du chemin de fer dynamise l'industrie car il nécessite une production toujours plus importante d'acier pour fabriquer les rails, les locomotives, les wagons ainsi que de grandes quantités de charbon pour alimenter les chaudières des locomotives.

# L'Europe de la « révolution industrielle »

Au XIXᵉ siècle, l'Europe passe de la fabrication artisanale à la production en grande quantité avec des machines, dans des usines. Cette industrialisation transforme les économies et les sociétés européennes.

## Transition démographique et progrès techniques

### Un continent en croissance démographique

Au XIXᵉ siècle, l'Europe connaît une forte augmentation de sa population avec des taux de natalité élevés et une baisse de la mortalité du fait des progrès de l'alimentation, de l'hygiène et de la médecine. Cette pression démographique pousse certains à émigrer vers d'autres continents : les Irlandais, touchés par des famines, s'installent massivement dans le nord de l'Amérique.

**L'évolution de la population européenne au XIXᵉ siècle**

| | |
|---|---|
| **1800** | 192 millions d'habitants |
| **1850** | 274 millions d'habitants |
| **1900** | 401 millions d'habitants* |

\* Soit environ le quart de la population mondiale.

### De nouveaux moyens de production

Cette croissance démographique entraîne une hausse de la demande. Les progrès techniques sont alors mobilisés afin d'augmenter la production. À la fin du XVIIIᵉ siècle, l'écossais James Watt met au point la machine à vapeur qui fonctionne avec du charbon et met en mouvement nombre d'engins et

appareils industriels. D'autres innovations touchent la production du fer puis de l'acier (voir p. 232) qui remplacent le bois. À la fin du XIXᵉ siècle, de nouvelles sources d'énergie sont utilisées : l'électricité (voir p. 266) ainsi que le pétrole avec le moteur à explosion.

La force mécanique remplace ainsi celle de l'homme et permet de produire en plus grande quantité, plus vite et moins cher.

## De nouveaux moyens de transport

Le principe de la machine à vapeur est adapté aux trains (voir p. 233) puis aux navires (voir p. 241). Ces nouveaux modes de transport permettent de diminuer les temps et les coûts des trajets. Ils favorisent ainsi la mobilité des hommes et les échanges commerciaux. L'Europe peut importer des matières premières du monde entier et exporter ses produits industriels (voir p. 256). Les percements des canaux de Suez en 1869 (voir p. 240) puis de Panama en 1914 accélèrent encore les échanges maritimes.

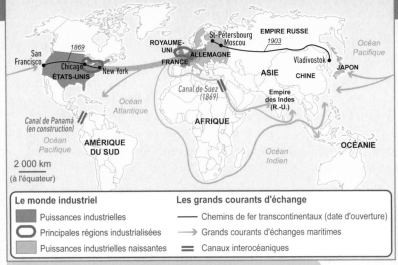

**Le monde industriel**

■ Puissances industrielles
⬭ Principales régions industrialisées
▨ Puissances industrielles naissantes

**Les grands courants d'échange**

— Chemins de fer transcontinentaux (date d'ouverture)
→ Grands courants d'échanges maritimes
= Canaux interocéaniques

**Les puissances industrielles et les courants d'échanges dans le monde vers 1900**

L'industrialisation concerne d'abord le Royaume-Uni à la fin du XVIIIe siècle. Elle se diffuse ensuite dans le nord-ouest européen dans la première moitié du XIXe siècle, puis dans le reste du continent et aux États-Unis, première puissance industrielle en 1900.

# Les conséquences de l'industrialisation

## La croissance des villes

La croissance démographique conjuguée aux progrès techniques provoque un fort exode rural. Les gens quittent les campagnes pour s'installer dans les espaces urbains, où les usines ont besoin d'une main-d'œuvre nombreuse. Les villes s'agrandissent, se transforment et s'équipent (voir p. 239). Pour faciliter les déplacements, des gares, des voies ferrées et des routes sont construites, les transports en commun sont développés (voir p. 266). Pour répondre à une forte demande de consommation, les premiers grands magasins apparaissent (voir p. 238) et concurrencent les petites boutiques. De nouveaux immeubles sont construits, abritant de nombreux logements.

**Les villes en Europe**

| | |
|---|---|
| 1800 | 23 villes de plus de 100 000 habitants, regroupant 5,5 millions de citadins. |
| 1900 | 135 villes de plus de 100 000 habitants, regroupant 46 millions de citadins. |

## Le monde ouvrier, une nouvelle catégorie sociale

Le nombre de salariés augmente fortement, dans les campagnes comme dans les villes. Les ouvriers dans les usines et les mineurs sont de plus en plus nombreux. Leurs conditions de vie sont généralement difficiles : ils travaillent beaucoup et durement pour des salaires faibles. L'essentiel de leur budget est consacré à l'alimentation et au logement. Face à l'idéologie libérale, le socialisme prend la défense des intérêts des travailleurs (voir p. 227). Progressivement, les ouvriers se regroupent dans des syndicats (voir p. 258) qui réclament l'amélioration de leurs conditions de travail.

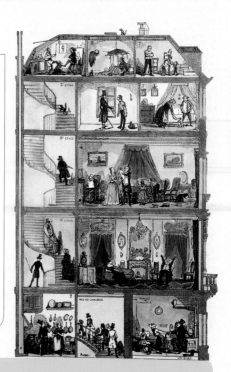

### L'idéologie libérale

Cet ensemble d'idées défend la liberté dans les domaines politique et économique. L'idéologie libérale, théorisée par Adam Smith, est généralement celle des bourgeois, banquiers, grands marchands ou grands patrons du XIXe siècle qui souhaitent que l'État intervienne le moins possible dans les entreprises. Selon eux, la loi ne doit fixer ni salaire minimum, ni durée légale du temps de travail. Le respect de la propriété privée est fondamental et le chômage est un mal nécessaire et passager. Pour les libéraux, seuls le mérite et les efforts personnels permettent de s'enrichir.

### La diversité sociale des villes

Dans cet immeuble, vivent aux premier et deuxième étages des familles plutôt aisées, qui disposent généralement de domestiques. Plus haut, les catégories modestes habitent des logements beaucoup plus petits et moins bien meublés.

Bertall, « Les cinq étages du monde parisien », gravure publiée dans la revue comique *Le Diable à Paris, Paris et les Parisiens*, puis dans *L'Illustration* sous ce titre, 1845.

# 1863

## Aristide Boucicaut dirige le *Bon Marché* à Paris

**4ᵉ**

Au XIXᵉ siècle, la croissance de la population urbaine et l'augmentation des revenus font naître une clientèle nouvelle. Des entrepreneurs créent alors des grands magasins.

### L'invention du grand magasin

L'enseigne *Au Bon Marché*, créée en 1838 par les frères Videau, vend des draps, des tissus, de la mercerie, des matelas, etc. En 1852, un des employés, Aristide Boucicaut, prend des parts dans l'affaire. Vendeur de talent, il développe le magasin avec son épouse et, en dix ans, fait progresser le chiffre d'affaires qui passe de 450 000 à 7 millions de francs. En 1863, les Videau se retirent, laissant les époux Boucicaut à la tête du grand magasin.

### De nouvelles techniques commerciales

À l'inverse des petites boutiques spécialisées d'alors, les clients trouvent *Au Bon Marché* un large choix de marchandises, vendues à prix fixes au sein de vastes espaces bien aménagés. La direction du magasin développe aussi la vente par correspondance, imprime des catalogues et des affiches pour faire la promotion de ses produits. Les quantités écoulées permettent de proposer des prix bas. Les employés du *Bon Marché* bénéficient par ailleurs de mesures sociales novatrices : assistance médicale, cours du soir, caisse de retraite, etc. À la mort d'Aristide Boucicaut en 1877, le chiffre d'affaires atteint 72 millions de francs et le grand magasin, qui emploie près de 1 800 personnes, sert en moyenne 18 000 clients par jour.

> « [...] et de comptoir en comptoir, la cliente se trouvait prise, achetait ici l'étoffe, plus loin le fil, ailleurs le manteau, s'habillait, puis tombait dans des rencontres imprévues, cédait au besoin de l'inutile et du joli. »

Émile Zola, *Au Bonheur des dames*, 1883.

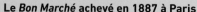

**Le *Bon Marché* achevé en 1887 à Paris**

À partir de 1869, des travaux d'agrandissement font notamment intervenir l'ingénieur Gustave Eiffel. Le verre et le fer sont utilisés pour créer de grandes vitrines et faire entrer la lumière dans le magasin dont la surface dépasse les 50 000 mètres carrés en 1887.

Publicité, fin XIX<sup>e</sup> siècle.

## Les transformations de Paris sous le Second Empire (1852-1870)

En 1853, Napoléon III nomme le baron Georges Eugène Haussmann préfet de la Seine et le charge de réaliser de grands travaux pour moderniser Paris. Afin de faciliter les transports, Haussmann fait percer de larges avenues rectilignes et aménager des places. Des gares sont construites pour relier Paris au reste du pays et un chemin de fer circulaire est aménagé. Pour la santé et les loisirs, des espaces verts sont créés, comme les bois de Boulogne (à l'ouest) et de Vincennes (à l'est) ou des parcs comme Montsouris ou les Buttes-Chaumont. Dans un souci d'hygiène, Haussmann met en place un vaste réseau d'égouts. Enfin, pour embellir la capitale, l'opéra Garnier est édifié et de nouveaux immeubles d'habitation sont construits selon des normes strictes : ils doivent être alignés sur la rue, de la même hauteur et en pierre de taille.

# 17 novembre 1869

## Le canal de Suez est inauguré

**Le canal, creusé en Égypte, permet de diminuer le temps de trajet entre l'Europe et l'Asie en reliant la mer Méditerranée à la mer Rouge.**

### La réalisation d'un projet de longue date

Envisagé depuis l'Antiquité, le projet de percement de l'isthme de Suez est réactivé dans la première moitié du XIXᵉ siècle. Avec le soutien de Napoléon III, Ferdinand de Lesseps obtient en 1854 du vice-roi d'Égypte, qui dépend de l'Empire ottoman (voir p. 223), le droit de creuser le canal et de le gérer pendant 99 ans. Il crée l'année suivante la Compagnie universelle du canal maritime de Suez qui commence les travaux en 1859 après avoir réuni l'argent nécessaire. Après dix ans de chantier, la jonction des eaux de la mer Méditerranée et de la mer Rouge est réalisée en 1869.

### Une cérémonie internationale

La veille de l'inauguration du canal, le 16 novembre 1869, une cérémonie religieuse se déroule en présence de l'impératrice Eugénie, épouse de Napoléon III, de l'empereur d'Autriche François-Joseph, du prince de Prusse, de l'ambassadeur anglais et du vice-roi d'Égypte. Le 17 novembre, au bruit des canons, *L'Aigle*, le yacht de l'impératrice, suivi par quarante navires, entame la traversée du canal qui mesure 162 kilomètres de long, 54 mètres de large et 8 mètres de profondeur. Cet exploit technique, qui permet de relier l'Orient à l'Occident sans avoir à contourner l'Afrique, entraîne l'expansion du commerce maritime grâce à la diminution des temps et des coûts de transport.

**Entrée à Port-Saïd du yatch impérial *L'Aigle***
L'impératrice Eugénie préside les cérémonies d'inauguration du canal de Suez. Après la bénédiction du canal par les autorités musulmanes et l'évêque d'Alexandrie le 16, les navires empruntent le canal du 17 au 20 novembre 1869.
Lithographie en couleur d'Édouard Riou, 1870 (Musée des Arts décoratifs, Paris).

## L'essor des échanges maritimes au XIXe siècle

Après les trains à vapeur, les navires à vapeur remplacent progressivement les voiliers. Ces *steamers*, paquebots ou cargos, qui ne dépendent plus désormais ni des vents, ni des courants, peuvent transporter plus rapidement une grande quantité de marchandises et de passagers. Les percements des canaux de Suez (1869) et de Panama, au centre du continent américain (1914), diminuent encore les temps de trajet et multiplient les échanges. Les principales routes maritimes relient les pays européens à leurs colonies, comme le Royaume-Uni et l'Inde, ainsi qu'aux États-Unis. L'essor du commerce international participe également au développement de l'industrie : il apporte les matières premières nécessaires aux usines et écoule leurs produits manufacturés.

# 4 septembre 1870
## La IIIᵉ République
## est proclamée en France

Le 19 juillet 1870, Napoléon III déclare la guerre à la Prusse dirigée par le roi Guillaume Iᵉʳ conseillé par son chancelier Otto von Bismarck. La défaite de la France provoque un changement de régime politique.

## Le « désastre » de Sedan

Fin juillet 1870, l'empereur quitte son château de Saint-Cloud pour prendre le commandement de l'armée dans l'est du pays. Début août, les Prussiens s'emparent de l'Alsace, infligeant de lourdes défaites aux Français, puis pénètrent en Lorraine. À partir du 20 août, ils assiègent Metz, où se trouve le maréchal Bazaine à qui Napoléon III, malade, a remis le commandement. Une armée, qu'accompagne l'empereur, tente alors de porter secours à Bazaine. Débordée, elle doit se replier sur Sedan, à proximité de la frontière belge, où elle est encerclée. Le 2 septembre, Napoléon III se rend.

*Le Palais du Corps législatif après sa dernière séance. Proclamation de la déchéance de l'Empire, le 4 septembre 1870*
Les députés républicains, dont Léon Gambetta et Jules Favre, sortent du Corps législatif qui siège au Palais-Bourbon. La chute de Napoléon III vient d'être votée. Ils sont acclamés par une foule nombreuse, composée de bourgeois et d'ouvriers.
Jules Didier et Jacques Guiaud, huile sur toile, 400 x 250 cm, 1870-1871 (Musée Carnavalet, Paris).

## La chute de Napoléon III

En France, dès l'annonce des premières défaites, les opposants de Napoléon III réclament la fin de l'Empire. Le 3 septembre au soir, la reddition de l'empereur est connue. Le lendemain, des manifestations ont lieu à Lyon et à Marseille. À Paris, la foule converge vers la place de la Concorde et pénètre sans violence dans le palais du Corps législatif (actuelle Assemblée nationale) qui vote la déchéance de Napoléon III. Les députés républicains proclament la République à l'hôtel de ville et constituent un gouvernement de Défense nationale qui décide de poursuivre la guerre. C'est la fin du Second Empire.

## La création de l'Allemagne : une unification progressive

En 1815, le congrès de Vienne (voir p. 220) établit une Confédération germanique, présidée par l'empereur d'Autriche et regroupant 38 États. À partir de 1834, une union douanière rassemble progressivement tous les territoires allemands. En 1866, la Prusse bat l'Autriche à Sadowa (Bohême) et regroupe autour d'elle les États du nord de l'Allemagne. La dernière étape est effectuée lors de la guerre franco-prussienne de 1870-1871. Forts de leur victoire, les princes allemands proclament le roi de Prusse empereur d'Allemagne sous le nom de Guillaume I$^{er}$. Il n'y a désormais qu'un seul État, le II$^e$ Reich.

## L'unification de l'Italie

| | |
|---|---|
| 1848 | L'Italie est divisée en huit États dont le royaume de Piémont-Sardaigne, les États de l'Église et la Lombardie-Vénétie qui appartient à l'Autriche. |
| 1852 | Le roi de Piémont-Sardaigne, Victor-Emmanuel II, nomme Cavour Premier ministre pour réaliser l'unité de l'Italie. |
| 1859 | Victoires du Piémont et de la France contre l'Autriche. Le Piémont s'empare de la Lombardie. |
| 1860 | Giuseppe Garibaldi et les « chemises rouges » conquièrent la Sicile et Naples pour le Piémont. La France récupère la Savoie et le comté de Nice. |
| 1861 | Le roi de Piémont-Sardaigne, Victor Emmanuel II, est proclamé roi d'Italie. |
| 1866 | Victoires contre l'Autriche : le Piémont récupère la Vénétie. |
| 1871 | Rome devient la capitale de l'Italie. |

# 1876

## Au Royaume-Uni, la reine Victoria devient impératrice des Indes

Les Britanniques sont présents sur les côtes de l'Inde depuis 1600. Au XIXᵉ siècle, ils prennent possession de vastes territoires et achèvent de contrôler cette colonie et ses 300 millions d'habitants.

### Le « joyau de la couronne »

D'une grande diversité, les territoires des Indes britanniques sont administrés soit directement par le gouvernement de Londres, soit par des princes indiens, rajah ou maharajah. En 1876, sur proposition du Premier ministre Benjamin Disraeli, le parlement britannique accorde à la reine Victoria le titre « d'impératrice des Indes ». Les princes indiens sont ainsi placés directement sous l'autorité de cette dernière. Pour Disraeli, il s'agit de réaffirmer la puissance du Royaume-Uni et de mettre en avant les aspects positifs de sa politique étrangère. Le 1ᵉʳ janvier 1877, une cérémonie est organisée à Delhi devant les princes indiens tandis que l'impératrice fête son nouveau titre par un banquet au château de Windsor.

### Un intérêt politique et économique

La colonie indienne renforce le poids du Royaume-Uni en tant que grande puissance mondiale. Elle permet d'importer en Europe, à faible coût, des matières premières (le coton) ou agricoles (le thé). Elle représente aussi un important débouché pour les produits de l'industrie britannique, textiles ou métallurgiques. Le commerce avec les territoires indiens est renforcé avec l'ouverture du canal de Suez (voir p. 240). En 1914, le Royaume-Uni dispose du plus vaste empire colonial (voir p. 247) avec plus de 400 millions d'habitants et 30 millions de kilomètres carrés en Afrique, en Amérique et en Asie.

## La reine Victoria au travail

La reine lit de nombreuses dépêches et répond à un courrier abondant. À partir de 1876, elle signe ses lettres d'un « VRI », *Victoria Regina* (reine) et *Imperatrix* (impératrice). Deux secrétaires indiens lui apprennent la langue et les coutumes de leur pays d'origine.

Photographie de la reine Victoria avec son secrétaire indien Abdul Karim, Balmoral, 1901.

## L'Inde en quelques dates

| | |
|---|---|
| **1500 av. J.-C.** | Rédaction des Veda (textes religieux hindouistes). |
| **563-483 av. J.-C.** | Dates supposées de la vie de Bouddha (voir p. 40). |
| **711** | Premières vagues de conquêtes musulmanes. |
| **1498** | Le Portugais Vasco de Gama atteint l'Inde (voir p. 161). |
| **XVIe-XIXe siècle** | Dynastie moghole. |
| **1600** | Création de l'East India Company. |
| **1643** | Fin de la construction du Taj Mahal. |
| **1876** | Victoria impératrice des Indes. |
| **1930** | Marche du sel de Gandhi pour réclamer l'indépendance de l'Inde. |
| **1947** | Indépendance de l'Inde et partition (voir p. 320). |

## « L'ère victorienne »

Victoria monte sur le trône en 1837 à l'âge de 18 ans et règne jusqu'à sa mort en 1901. Cette longévité explique que la reine a laissé son nom à une époque, marquée par l'apogée de l'industrialisation et de la colonisation britanniques. Le pays est en paix, la population augmente et devient majoritairement urbaine. La démocratie progresse avec l'élargissement du droit de vote. Mais la société reste très inégalitaire : une grande partie des ouvriers et des paysans vit dans des conditions très difficiles alors que l'aristocratie et la haute bourgeoisie jouissent de confortables revenus. Les écrivains anglais comme Charles Dickens décrivent très bien cette époque.

# Conquêtes et sociétés coloniales

Au XIXᵉ siècle, les Européens renforcent leur domination sur le monde. Ils colonisent de nouvelles régions en Afrique et en Asie. Dans ces territoires dépendant des métropoles, les sociétés sont très inégalitaires malgré l'abolition de l'esclavage.

## Les conquêtes coloniales au XIXᵉ siècle

### Les étapes de la conquête coloniale

Les conquêtes coloniales ont débuté avec les grandes découvertes à la fin du XVᵉ siècle (voir p. 160). Au début du XIXᵉ siècle, la plupart des colonies espagnoles et portugaises d'Amérique du Sud deviennent indépendantes. Toutefois, la colonisation reprend à partir de 1830 : la France conquiert l'Algérie et le Royaume-Uni étend son influence en Afrique et en Inde.

Dans la deuxième moitié du XIXᵉ siècle, la colonisation devient systématique : les Européens pénètrent à l'intérieur des continents africains et asiatiques et se les partagent. La conquête débute la plupart du temps par une phase militaire. L'avance technique des Européens leur permet de prendre le contrôle des territoires convoités et de s'y maintenir en écrasant les révoltes.

### L'empire colonial français

| | |
|---|---|
| **1830** | Début de la conquête de l'Algérie. |
| **1853** | Annexion de la Nouvelle-Calédonie. |
| **1858** | Conquête de la Cochinchine (sud du Vietnam). |
| **1881** | Protectorat sur la Tunisie. |
| **1887** | Création de l'Union indochinoise qui rassemble le Vietnam, le Laos et le Cambodge. |
| **1895** | Création de l'Afrique occidentale française (AOF). |
| **1896** | Madagascar devient une colonie française. |
| **1910** | Création de l'Afrique équatoriale française (AEF). |
| **1912** | Protectorat sur le Maroc. |

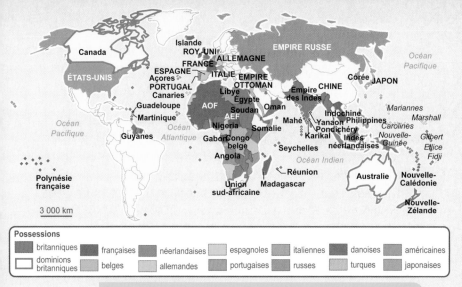

Possessions
- britanniques
- dominions britanniques
- françaises
- belges
- néerlandaises
- allemandes
- espagnoles
- portugaises
- italiennes
- russes
- danoises
- turques
- américaines
- japonaises

### Les empires coloniaux en 1914

En 1914, les deux plus vastes empires coloniaux sont celui du Royaume-Uni (30 millions de km² et 400 millions d'habitants) et celui de la France (11 millions de km² et 48 millions d'habitants). Les Européens ont colonisé toute l'Afrique et une grande partie du sud de l'Asie.

« *Combien de crimes atroces, effroyables ont été commis au nom de la justice et de la civilisation.* »

Georges Clemenceau à la Chambre des députés, 30 juillet 1885.

## Les motivations de l'expansion coloniale

La colonisation s'explique d'abord par des raisons économiques : les territoires conquis permettent aux métropoles de s'approvisionner en matières premières et de trouver de nouveaux débouchés pour leurs produits industriels. Par la possession de colonies, les pays européens espèrent aussi affirmer leur puissance et étendre leur contrôle sur les mers. Enfin, ils s'abritent souvent derrière une mission civilisatrice, fondée sur le préjugé que la race blanche, supposée supérieure aux autres, apporterait le progrès dans les territoires qu'elle domine. En France, les républicains, comme Jules Ferry (voir p. 252), voient dans l'empire colonial un moyen de renforcer la IIIᵉ République (voir p. 242), d'exporter ses valeurs et de souder la population autour du nouveau régime.

### L'exploitation des colonies

Les Européens s'approprient les richesses des territoires conquis (terres agricoles, mines, carrières, etc.). Les peuples colonisés subissent le travail forcé et leurs propriétés sont confisquées au profit des colons. Les Européens construisent des routes, des voies ferrées, des ports, des villes qui permettent le commerce avec la métropole. Dans ces colonies d'exploitation, comme le Sénégal français (voir p. 256) ou les Indes britanniques (voir p. 244), la présence européenne est faible. À l'inverse, dans les colonies de peuplement comme l'Algérie française (voir p. 257), les Européens s'installent en grand nombre. Ils y développent l'agriculture commerciale, comme la vigne.

# Les sociétés coloniales

## Des sociétés inégalitaires

Les inégalités sont très fortes entre les colons européens qui dominent et les colonisés qui possèdent peu de droits. Sur le plan politique, ces derniers ne sont pas reconnus comme des citoyens et ne participent pas aux élections. Il n'y a pas non plus d'égalité devant la loi, les colonisés relevant de règles particulières. Dans les colonies françaises, le Code de l'indigénat prévoit pour eux des peines plus lourdes.

Une forte ségrégation existe : colons et colonisés n'habitent pas les mêmes quartiers, ne fréquentent pas les mêmes lieux et se côtoient peu en dehors de leur travail, où les Européens occupent une position supérieure. Les colonisés ont des conditions de vie difficiles : peu ou pas rémunérés, ils travaillent au service des Européens, sur les chantiers, dans les plantations ou comme domestiques.

**Occidental en pousse-pousse**
Cette photographie prise en Indochine en 1900 montre un colon, vêtu d'un costume et coiffé d'un casque colonial tiré par un colonisé.

## Des sociétés transformées

Dans les colonies, les Européens diffusent leur mode de vie. Des missionnaires sont envoyés pour diffuser la religion chrétienne en convertissant les populations colonisées. Justifiant leur « mission civilisatrice », les Européens apportent aussi une certaine forme de progrès en créant des infrastructures de communication et en construisant des hôpitaux. Ils ouvrent des écoles où sont apprises l'histoire et la langue du colonisateur.

Mais le développement de l'éducation et de la santé reste limité et la modernisation des territoires n'est réalisée qu'au profit des colons. La domination européenne commence alors à être dénoncée, à la fois dans les colonies mais aussi en Europe.

**L'Exposition coloniale de Paris de 1906**
Durant l'exposition, la foule découvre les pavillons, les figurants venus des colonies et les animaux qui évoquent les territoires dominés par la France. Le but est à la fois pédagogique (montrer la diversité des colonies) mais aussi politique (susciter la fierté de la population).
Affiche de 1906.

## L'abolition de l'esclavage

Pratiqué depuis l'Antiquité, l'esclavage s'est fortement développé avec le commerce triangulaire (voir p.163). Au XVIIIe siècle, les philosophes des Lumières (voir p. 186) réclament sa suppression. Mais ce courant abolitionniste se heurte aux intérêts économiques des marchands et des propriétaires de plantations dans les colonies. En France, l'esclavage est aboli pour la première fois en 1794 par la Convention, mais il est rétabli par Napoléon Bonaparte en 1802. En 1817, la traite des esclaves est interdite. Enfin, le 27 avril 1848, l'une des premières décisions de la IIe République est d'abolir l'esclavage dans les colonies. Au cours du XIXe siècle, tous les pays européens et américains y mettent également fin.

# 1877

# Claude Monet peint
# la gare Saint-Lazare

**4<sup>e</sup>**

**En 1877, le peintre Claude Monet quitte la campagne pour s'installer à Paris, dans le quartier de la gare Saint-Lazare dont il réalise une toile « impressionniste ».**

## De nouveaux sujets

Rompant avec les représentations classiques de la nature et de la mythologie, Claude Monet décide de peindre des sujets de son époque, marquée par l'industrialisation et l'urbanisation (voir p. 234).

Grâce à l'invention des tubes de peinture, il peut quitter son atelier. C'est ainsi qu'il s'installe avec son chevalet sur un quai de la gare Saint-Lazare qui est, à cette époque, l'une des plus grandes d'Europe.

*« Je n'ai que le mérite d'avoir peint directement devant la nature, en cherchant à rendre mes impressions devant les effets les plus fugitifs. »*

Claude Monet, 1926.

Monnet représente l'intérieur de la station, sa structure métallique et sa verrière, les trains à vapeur, qui sont une invention récente (voir p. 233), et leurs passagers affairés.

## De nouvelles techniques

Le but de Monet n'est pas de représenter des détails précis et exacts, comme peut le faire la photographie mise au point au milieu du XIX<sup>e</sup> siècle. Par petites touches, il peint ainsi la vapeur qui s'échappe des locomotives entrant en gare et qui se confond avec les nuages. Il insiste sur les jeux de lumière avec les rayons du soleil qui traversent la verrière et viennent éclairer en damier le sol. Avec ces nouvelles techniques, Monet souhaite faire ressentir des impressions de lumière, de bruit, d'atmosphère.

## L'impressionnisme, très décrié à ses débuts

En 1874, un critique d'art découvre une toile de Claude Monet représentant le port du Havre et intitulée *Impression, soleil levant*. Pour se moquer, il qualifie cette nouvelle manière de peindre d'« impressionniste ». Au départ péjoratif, le terme reflète bien, en réalité, le but de ces artistes, plus attirés par les sensations que par la réalité. Ils s'opposent en cela à d'autres grands courants du XIXᵉ siècle comme le romantisme (voir p. 219), l'académisme ou le réalisme. Au début, les peintres impressionnistes tels Paul Cézanne, Camille Pissaro ou Auguste Renoir sont très critiqués et ne sont soutenus que par un petit nombre d'amateurs qui achètent leurs toiles ou les exposent dans des galeries.

### La Gare Saint-Lazare

Claude Monet a peint douze versions de *La Gare Saint-Lazare*, représentant le lieu à des heures et dans des conditions atmosphériques différentes. Ce travail en série lui permet de varier les couleurs, la luminosité et donc l'impression ressentie.

Claude Monet, huile sur toile, 104 x 75 cm, 1877 (Musée d'Orsay, Paris).

# 1881-1882

## Ferry rend l'école gratuite, laïque et obligatoire

**Dix ans après la proclamation de la IIIᵉ République, les gouvernements engagent une politique visant à enraciner profondément le régime. L'école est au cœur de leur programme.**

## Les lois scolaires

Pour les républicains, emmenés par Jules Ferry, ministre de l'Instruction publique (l'actuelle Éducation nationale) de 1879 à 1883, la scolarisation des enfants ne doit pas représenter une charge financière supplémentaire pour les familles. Après de longs débats à la Chambre des députés, l'école primaire est rendue gratuite (1881), obligatoire pour tous les enfants de 6 à 13 ans et laïque (1882), afin de respecter la liberté de conscience. L'enseignement religieux est interdit dans le cadre de l'école mais, un jour dans la semaine, les enfants dont les parents le souhaitent peuvent le suivre en dehors.

## Les progrès de la scolarisation et de la démocratie

600 000 enfants sont ainsi scolarisés, s'ajoutant aux 3 820 000 qui suivaient déjà l'enseignement primaire ; et dès 1883, la construction de 20 000 écoles est engagée. Cependant, l'obligation et l'assiduité restent parfois difficiles à imposer dans les familles modestes.

Pour les républicains, l'enseignement doit permettre à tous de devenir citoyen et de participer à la vie de la nation (voir p. 260). L'école a aussi pour vocation d'inculquer une langue commune, le français, et non plus les patois, et de diffuser les valeurs de la République.

Avec les progrès de l'alphabétisation, les électeurs peuvent lire les journaux, mieux comprendre les débats de société (voir p. 264) et les questions politiques.

**Le fonctionnement de la IIIᵉ République**

Définie par les lois constitutionnelles de 1875, la IIIᵉ République est un régime parlementaire.

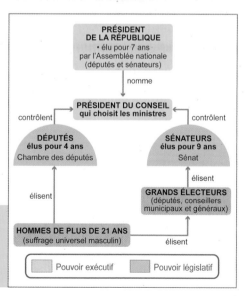

PRÉSIDENT
DE LA RÉPUBLIQUE
• élu pour 7 ans
par l'Assemblée nationale
(députés et sénateurs)

nomme

PRÉSIDENT DU CONSEIL
qui choisit les ministres

contrôlent            contrôlent

DÉPUTÉS
élus pour 4 ans
Chambre des députés

SÉNATEURS
élus pour 9 ans
Sénat

élisent

élisent

GRANDS ÉLECTEURS
(députés, conseillers
municipaux et généraux)

HOMMES DE PLUS DE 21 ANS
(suffrage universel masculin)

élisent

Pouvoir exécutif      Pouvoir législatif

### En classe, le travail des petits

Ce tableau, très réaliste, est peint à la demande du ministère de l'Instruction publique. Il souligne l'efficacité de l'école républicaine. Dans cette classe très studieuse, où règnent le calme et la discipline, les jeunes élèves savent déjà lire et écrire. Les enfants portent la blouse, symbole d'égalité.

Henri Jules Jean Geoffroy, huile sur toile, 1889 (Ministère de l'Éducation nationale, Paris).

# 21 mars 1884

## La loi Waldeck-Rousseau
## autorise les syndicats en France

**La loi de 1884 permet aux travailleurs de se regrouper pour revendiquer l'amélioration de leurs conditions de travail et des augmentations de salaire.**

## Une lente amélioration des droits

Face aux revendications de mineurs et d'ouvriers de plus en plus nombreux avec l'industrialisation (voir p. 234), les gouvernements sont obligés de leur concéder progressivement davantage de droits. Ainsi, en 1864, Napoléon III leur accorde le droit de grève.

Sous la IIIᵉ République, la loi légalisant les syndicats est votée, soutenue par le ministre de l'Intérieur Pierre Waldeck-Rousseau, malgré l'opposition du Sénat. Promulguée le 21 mars 1884 par le président de la République, elle entre dès le lendemain en application.

## De plus en plus de syndiqués

Les syndicats peuvent désormais se constituer librement et lutter pour l'amélioration des conditions de travail des ouvriers (voir p. 258) : limitation du temps de travail, prise en compte de la pénibilité, revalorisation des salaires, etc. Si le patronat, souvent attaché à l'idéologie libérale (voir p. 237), est plutôt contre la loi, le nombre de syndicats augmente fortement, passant de 68 en 1884 à 5 260 en 1910. Ils totalisent alors près d'un million de membres. Parmi ces syndicats, la Confédération générale du travail (CGT), créée en 1895, compte 334 000 adhérents en 1910.

> « *Les syndicats ou associations professionnelles [...] exerçant la même profession, des métiers similaires, [...] pourront se constituer librement sans l'autorisation du Gouvernement.* »

Article 2 de la loi du 21 mars 1884.

## Les grèves au Creusot, en juin 1899

Entre 1899 et 1900, les ouvriers sidérurgiques du Creusot (Saône-et-Loire) font trois grèves pour forcer leur patron, Eugène Schneider, à accepter un syndicat au sein de son entreprise. À l'arrière-plan de la photographie apparaît l'imposante usine Schneider spécialisée dans la production d'acier Bessemer (voir p. 232). Le bilan de ces grèves est mitigé : le syndicat finalement autorisé est rapidement démantelé et de nombreux ouvriers sont contraints au départ.

## La loi de 1901 sur les associations

En 1899, Pierre Waldeck-Rousseau est nommé président du Conseil (chef du gouvernement), tout en restant ministre de l'Intérieur. En 1901, après une longue bataille parlementaire, il fait adopter une loi qui autorise la création d'associations dans tous les domaines. C'est à la fois un moyen de renforcer les libertés en général mais aussi de mieux contrôler les congrégations religieuses, comme les ordres monastiques, qui sont désormais soumises à autorisation. La loi de 1901 permet aussi la création des partis politiques : le Parti radical est fondé en 1901, puis la Section française de l'Internationale ouvrière ou SFIO (voir p. 227) en 1905.

# 1885

## Les Français achèvent une ligne de chemin de fer au Sénégal

**Sous la IIIᵉ République, la France poursuit la colonisation de vastes espaces en Afrique et dans l'est de l'Asie. Les territoires dominés sont mis en valeur au profit de la métropole.**

## Une ligne entre Dakar et Saint-Louis

La ligne de chemin de fer doit relier deux grandes villes du Sénégal, alors colonie française : Saint-Louis, la capitale située au débouché du fleuve Sénégal, et Dakar, grand port sur le littoral atlantique. Les travaux débutent en 1882 et se déroulent dans des conditions difficiles à cause du climat. Il faut de plus faire venir de la métropole* les matériaux, le matériel et les personnels compétents. Le 6 juillet 1885, la ligne est enfin inaugurée : il faut alors 12 heures pour en parcourir les 264 kilomètres.

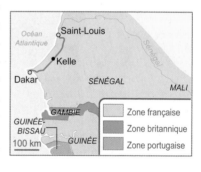

## Un objectif avant tout économique

Les trains de la ligne Dakar–Saint-Louis transportent des passagers mais aussi des marchandises. L'arachide produite au Sénégal est exportée vers la métropole et les produits fabriqués en France sont écoulés dans la colonie. Afin de faciliter ce commerce, des ports ou des voies ferrées sont réalisés, grâce à la main-d'œuvre locale, souvent dans des conditions très dures. Après ce premier tronçon d'Afrique de l'Ouest, d'autres lignes sont construites pour faciliter la domination et l'exploitation des colonies françaises.

* En histoire, c'est un pays, généralement européen, qui possède des colonies. Le Royaume-Uni et. la France sont les deux principales métropoles au début du xxᵉ siècle (voir p. 247).

BUFFET DE KELLE
40 minutes d'arrêt.

PROVISIONS POUR VOYAGEURS
GLACE, BIÈRE, LIMONADE, CIGARES
CIGARETTES ET JOURNAUX
ERNEST COUDINE, CONCESSIONNAIRE

GARE DE KELLE
ENTRE DAKAR ET ST-LOUIS
SÉNÉGAL

PRIX DU REPAS :
TABLE D'HOTE, 5 FR.
SALON, 6 FR.

**La gare de Kelle, entre Dakar et Saint-Louis, en 1915**
Cette carte postale publicitaire représente la gare de Kelle qui se situe à mi-parcours entre Dakar et Saint-Louis. Le lieu a été choisi afin d'y faire des haltes permettant de restaurer les passagers et de ravitailler les locomotives à vapeur en eau et en charbon.

## La conquête de l'Algérie (1830)

Le 14 juin 1830, 37 000 soldats envoyés par Charles X débarquent en Algérie puis s'emparent d'Alger le 5 juillet après de violents combats. Après les Trois Glorieuses (voir p. 224), Louis-Philippe poursuit la colonisation du territoire. Face aux Français, des tribus algériennes se groupent autour de l'émir Abd el-Kader qui mène une farouche lutte de résistance ; mais ce dernier doit se rendre en 1847. Interrompue sous la IIᵉ République, la conquête du pays est achevée sous le Second Empire. Dès le début, l'Algérie est considérée comme une colonie de peuplement : de nombreux Européens, venus de France pour la plupart, s'y installent. Fin 1847, 110 000 Européens, dont 47 000 Français, vivent en Algérie aux côtés de 2,5 millions de musulmans.

# 1<sup>er</sup> mai 1886

## Les syndicats organisent des manifestations aux États-Unis

**4<sup>e</sup>**

**Dans la seconde moitié du XIX<sup>e</sup> siècle, les États-Unis s'industrialisent rapidement. Les ouvriers revendiquent de meilleures conditions de travail.**

### Les événements de Chicago

Le samedi 1<sup>er</sup> mai 1886, des manifestations sont organisées dans plusieurs grandes villes américaines en faveur de la journée de travail de huit heures. À Chicago, bastion industriel, le mouvement se prolonge. Le 3 mai, la police ouvre le feu, tuant trois manifestants. Le lendemain, lors d'un rassemblement de protestation à Haymarket Square, une bombe est lancée contre la police, tuant une quinzaine de personnes. Huit meneurs ouvriers sont arrêtés, jugés et condamnés malgré leur innocence. Quatre sont pendus, un se suicide en prison et les trois autres doivent purger de lourdes peines de prison.

### Le retentissement en Europe

En juillet 1889, la II<sup>e</sup> Internationale (voir p. 227), réunie en congrès à Paris, reprend à son compte la journée de huit heures sans diminution de salaire. Pour faire aboutir cette revendication, le congrès décide d'organiser une grande manifestation chaque année, à date fixe, et dans tous le pays. Le choix se porte sur le 1<sup>er</sup> mai en souvenir des évé-

*« Ne mendiez pas, le 1<sup>er</sup> mai, ce que vous avez le droit d'exiger. Marchez la tête haute. Souvenez-vous que vous êtes la force. [...] Nos amis de Chicago sont morts pour une idée, pour l'idée révolutionnaire. »*

Louise Michel, 28 avril 1890.

nements de Chicago. En France, il faut attendre 1919 pour que le Parlement accorde la journée de huit heures, soit 48 heures de travail par semaine, car seul le dimanche est un jour de repos.

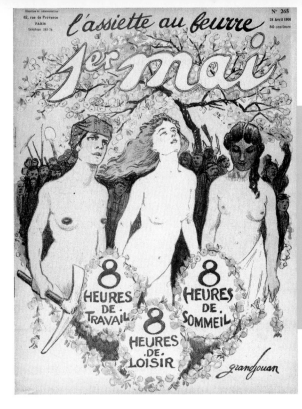

## La journée de travail de huit heures

Cette revue paraît quelques jours avant le 1er mai 1906 et milite pour la journée de huit heures. Au premier plan, les trois femmes sont des allégories du travail (avec la pioche), des loisirs (au centre) et du repos (yeux fermés). Au second plan, sous un arbre en fleurs, des travailleurs manifestent.

Dessin de Jules Grandjouan paru en couverture de *L'Assiette au beurre*, 28 avril 1906.

---

## Les droits sociaux en France : une longue conquête

| | |
|---|---|
| **1791** | Interdiction du droit de grève (loi Le Chapelier). |
| **1864** | Droit de grève. |
| **1884** | Droit de se syndiquer (voir p. 254). |
| **1919** | Journée de travail limitée à huit heures. |
| **1936** | Accords Matignon et lois sociales : semaine de travail limitée à 40 heures, deux semaines de congés payés (voir p. 296). |
| **1945** | Création de la Sécurité sociale. |
| **1946** | Droits économiques et sociaux reconnus pour la première fois (Constitution de la IVe République). |
| **1982** | Semaine de travail limitée à 39 heures. |
| **1988** | Création du RMI (Revenu minimum d'insertion), devenu RSA (Revenu de solidarité active) en 2009. |
| **1998** | Semaine de travail limitée à 35 heures. |

# L'évolution politique de la France

La Révolution française n'accorde le droit de vote qu'à une minorité de citoyens. Après la chute de Napoléon Iᵉʳ en 1814, les différents régimes politiques qui se succèdent ne cessent d'élargir le suffrage jusqu'à ce qu'il devienne universel en 1848. Avec la IIIᵉ République, les grands principes démocratiques s'enracinent en France.

## L'élargissement du droit de vote

### Un suffrage censitaire (1815-1848)

En 1814, Louis XVIII instaure une monarchie constitutionnelle (voir p. 225) qui garantit le suffrage censitaire : le droit de vote est accordé aux hommes de plus de 30 ans qui paient un impôt assez élevé, le cens. Comme en 1789, peuvent voter ceux considérés comme suffisamment éduqués et informés pour faire un choix politique. En 1830, Louis-Philippe Iᵉʳ abaisse le cens et la limite d'âge (25 ans). Il double ainsi le corps électoral qui compte désormais plus de 240 000 personnes. Pourtant, les républicains, soutenus par une partie de plus en plus importante de la population, réclament la mise en place du suffrage universel.

### Les régimes politiques de 1804 à 1940

| | |
|---|---|
| 1804-1814 | Premier Empire (Napoléon Iᵉʳ). |
| 1814-1848 | Monarchie constitutionnelle (Louis XVIII, Charles X, Louis-Philippe Iᵉʳ). |
| 1848-1851 | IIᵉ République. |
| 1852-1870 | Second Empire (Napoléon III). |
| 1870-1940 | IIIᵉ République. |

**Un bureau de vote en 1891**

À la fin du xixe siècle, le vote est un acte désormais courant dans la vie des citoyens français. Des hommes de conditions sociales diverses sont représentés dans ce bureau de vote. Sous le buste de Marianne et le drapeau français, un homme s'apprête à introduire son bulletin dans l'urne.

Alfred Bramtot, *Le Suffrage universel*, huile sur toile, 575 x 430 cm, 1891 (Musée de la mairie des Lilas).

## Un suffrage universel masculin (1848)

La IIe République (voir p. 228), qui se pose en héritière des principes de la Révolution française, instaure le suffrage universel pour tous les hommes âgés d'au moins 21 ans, sans condition de richesse. Désormais, ce sont près de 9,4 millions d'électeurs qui peuvent élire directement les députés de l'Assemblée législative mais aussi le président de la République. Le 10 décembre 1848, Louis-Napoléon Bonaparte remporte l'élection présidentielle avec plus de 5,4 millions de voix. Comme la Constitution lui interdit un second mandat, il fait un coup d'État puis se proclame empereur (voir p. 230). Sous le Second Empire, le suffrage universel est maintenu mais les élections sont encadrées par le pouvoir : le gouvernement désigne et soutient des candidats officiels tandis que les opposants ne peuvent pas faire librement campagne. Après la défaite de Sedan en 1870 (voir p. 242), la IIIe République est proclamée.

## La Commune (1871)

Le 28 janvier 1871, le gouvernement français signe l'armistice avec les Prussiens qui assiègent Paris (voir p. 242). Mais les Parisiens acceptent mal la défaite et sont hostiles au nouveau « chef du pouvoir exécutif à titre provisoire », Adolphe Thiers, installé à Versailles. En mars, ce dernier fait enlever les canons pour désarmer la capitale. Les Parisiens se révoltent et élisent un gouvernement autonome. Cette « Commune de Paris », inspirée par les idées socialistes (voir p. 227), prend des mesures sociales (école gratuite), anticléricales (nationalisation des biens religieux) et symboliques (adoption du drapeau rouge). Ce modèle fait des émules dans plusieurs grandes villes (Lyon, Toulouse, Marseille). En mai, lors de la « semaine sanglante », l'armée écrase la révolte parisienne, exécutant entre 20 000 et 30 000 personnes. C'est la fin de la Commune.

# L'enracinement de la République

## La IIIe République

Le régime naît dans un contexte de guerre et de difficultés. Il reste ainsi contesté par ceux qui souhaitent le rétablissement de la monarchie, nombreux dans le pays et à la Chambre des députés. Mais, progressivement, les républicains deviennent majoritaires. Partisans de la laïcité, ils se heurtent cependant à l'Église catholique très influente en France (voir p. 268). En outre, plusieurs crises déstabilisent la IIIe République. Dans les années

## Et les femmes ?

Dès 1789, malgré la Déclaration des droits de la femme et de la citoyenne d'Olympe de Gouges, les femmes sont exclues de la vie politique. Selon les hommes, cela les empêcherait de s'occuper de leur foyer. Facilement influençables, les femmes se laisseraient manipuler par leur mari ou leur curé. Pourtant dans la seconde moitié du xixᵉ siècle et au début du xxᵉ siècle, le mouvement des suffragettes se développe. Des associations de femmes mènent des actions pour obtenir le droit de vote. En France, sous la pression de l'une d'elles, la Chambre des députés examine en février 1914 le premier projet de loi dans ce sens. Mais il n'est finalement pas adopté. Alors que la plupart des pays reconnaissent aux femmes le droit de vote en 1918, les Françaises doivent attendre 1944 pour pouvoir voter et être élues.

1886-1889, le général Boulanger, partisan d'un pouvoir exécutif fort, menace de faire un coup d'État. Le régime doit faire face à des scandales de corruption et des attentats politiques commis par des anarchistes. Enfin, l'affaire Dreyfus déchaîne l'antisémitisme et divise la population (voir p. 264). Mais la République, restée fidèle à ses principes, parvient à surmonter ces crises.

## Une culture républicaine

Les républicains cherchent à susciter l'adhésion au nouveau régime et à renforcer l'unité de la nation. Ils maintiennent le suffrage universel masculin mais veulent transformer les Français en citoyens. Les libertés indispensables à la vie politique comme celles de réunion, de la presse ou d'association sont reconnues. À l'école (voir p. 252) puis dans les casernes, lieux de brassage culturel et social, se forge le sentiment national. Les enfants puis les jeunes hommes effectuant leur service militaire (voir p. 218) apprennent à aimer leur pays à travers sa langue, son histoire, son régime politique, son empire colonial (voir p. 246). Des symboles et de grandes cérémonies (voir p. 205) rappellent concrètement à chacun l'idée de République, appuyée sur des principes démocratiques et laïcs.

# 13 janvier 1898

## En France, Émile Zola intervient dans l'affaire Dreyfus

**Un article du célèbre écrivain relance le débat sur l' « Affaire ». Divisant l'opinion publique, l'affaire Dreyfus met en évidence le rôle grandissant de la presse et des intellectuels.**

### La condamnation d'Alfred Dreyfus

Alfred Dreyfus est un capitaine de confession juive qui travaille à l'état-major. En 1894, il est accusé d'avoir livré des secrets militaires à l'Allemagne. Jugé à huis clos (sans public) par un conseil de guerre, il est condamné à la dégradation et à la déportation sur l'île du Diable en Guyane. En 1896, le lieutenant-colonel Picquart découvre le véritable coupable, le commandant Esterházy, mais Picquart est éloigné en Tunisie par sa hiérarchie. L'armée fabrique alors de fausses preuves contre Dreyfus, et Esterházy est acquitté par un second conseil de guerre le 11 janvier 1898.

> « Je n'ai qu'une passion, celle de la lumière, au nom de l'humanité qui a tant souffert et qui a droit au bonheur. Ma protestation enflammée n'est que le cri de mon âme. »

Émile Zola, « J'accuse... ! », *L'Aurore*, 13 janvier 1898.

### Obtenir la révision du procès

Deux jours plus tard, Émile Zola publie, en une de *L'Aurore*, une lettre ouverte au président de la République. Il y raconte l'affaire depuis le début et dénonce l'antisémitisme qui a joué contre Dreyfus. L'écrivain accuse tous ceux qui ont participé à faire condamner un innocent, et à acquitter un coupable. Les Français sont alors divisés en deux camps : les dreyfusards qui soutiennent le capitaine, et les antidreyfusards convaincus de sa culpabilité ou qui pensent que l'on ne peut pas remettre en cause l'armée.

En 1906, Dreyfus est finalement reconnu innocent et réintégré dans l'armée.

# L'AURORE
### Littéraire. Artistique. Sociale

# J'Accuse...!
## LETTRE AU PRÉSIDENT DE LA RÉPUBLIQUE
## Par ÉMILE ZOLA

**La une de L'Aurore, le 13 janvier 1898**

Le journal a été fondé par Georges Clemenceau en 1897. Le numéro du 13 janvier, tiré pour l'occasion à 300 000 exemplaires, est vendu à la criée dans les rues. À la suite de cet article, Émile Zola est condamné pour diffamation à un an de prison et radié de la Légion d'honneur. Il choisit alors de s'exiler en Angleterre.

## La liberté de la presse et la démocratie

En 1881, les républicains votent la loi sur la liberté de la presse. Avec la progression de la scolarisation et de l'alphabétisation (voir p. 252), de plus en plus de gens peuvent lire les journaux dont le prix est généralement modique. La presse est alors le seul moyen d'information.

Elle joue donc un rôle essentiel de contre-pouvoir dans une démocratie et permet, par ses analyses et par les interventions des intellectuels qui s'expriment dans ses pages, d'éclairer le jugement et le vote des citoyens, alors que le suffrage universel masculin a été établi (voir p. 261).

# 1900

## Paris accueille sa cinquième Exposition universelle

L'Exposition universelle de 1900 accueille plus de 83 000 exposants, dont plus de la moitié venus de pays étrangers. Elle met à l'honneur les progrès techniques de la deuxième industrialisation.

## « Le bilan d'un siècle »

Pendant sept mois, d'avril à novembre 1900, plus de 50 millions de visiteurs (soit plus que le nombre d'habitants en France) se pressent à l'Exposition universelle de Paris. On y célèbre l'électricité, invention très récente, à la base de la deuxième industrialisation (voir p. 234). Ainsi, la tour Eiffel, construite pour l'Exposition universelle de 1889, est couronnée d'un phare tandis qu'à l'autre extrémité du Champ-de-Mars est construit un « palais de l'électricité ». Afin de découvrir les nombreux outils et machines présentés, les visiteurs peuvent emprunter les premiers trottoirs roulants à deux vitesses. Et, pour rendre hommage au cinéma, des films sont projetés sur écran géant.

## La transformation de Paris

L'Exposition universelle est l'occasion de nombreux aménagements dans la capitale. De nouvelles gares sont construites, comme celle d'Orsay (transformée en musée en 1986) destinée à accueillir des trains électriques. En juillet 1900, la première ligne de métropolitain, fonctionnant aussi à l'électricité, est ouverte sous la direction de l'ingénieur Fulgence Bienvenüe. Le Petit et le Grand Palais voient le jour, dotés d'une structure métallique et d'immenses verrières laissant passer la lumière. Le pont Alexandre-III, inauguré en avril 1900, relie ces deux édifices à l'esplanade des Invalides.

Les expositions universelles sont donc un moyen pour chaque pays, notamment pour celui qui organise la manifestation, de montrer sa puissance et sa capacité d'innovation.

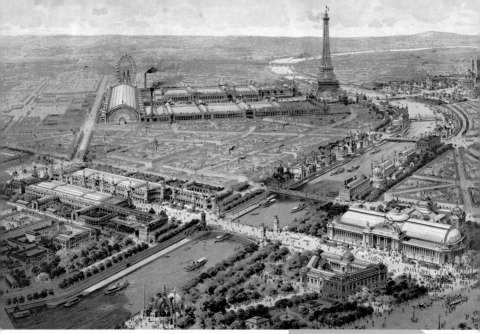

## Le cinéma des frères Lumière

Auguste et Louis Lumière travaillent d'abord dans le domaine de la photographie à laquelle ils apportent des améliorations. Puis ils mettent au point le cinématographe. En 1894, ils construisent dans leur usine à Lyon les premières caméras et déposent le brevet de leur invention l'année suivante.

Le 28 décembre 1895, la première séance publique payante de cinéma a lieu à Paris. Pendant vingt minutes, une série de films de moins d'une minute, muets et en noir et blanc, comme *L'Arroseur arrosé* (38 secondes), sont présentés au public ravi. Devant ce succès, des projections sont organisées à Lyon puis à Londres et New York. Le cinéma connaît un essor foudroyant. En 1909, il totalise dix millions d'entrées en France.

**Vue générale de l'Exposition universelle de Paris**

L'Exposition couvre 216 hectares dont 112 hectares entre l'esplanade des Invalides, le Champ-de-Mars et la colline de Chaillot et 104 hectares au bois de Vincennes. Cette superficie témoigne du succès des expositions universelles puisque c'est dix fois plus que celle de 1855, organisée aussi à Paris.

Lithographie en couleur de Lucien Baylac, 1900 (Library of Congress, Washington).

# 9 décembre 1905

## La loi institue la laïcité en France

**La loi de séparation des Églises et de l'État met fin aux liens étroits entre le pouvoir politique et l'Église catholique.**

### Contre l'influence de l'Église catholique

Dès sa nomination comme président du Conseil en 1902, le radical* Émile Combes mène une politique anticléricale (contre le clergé). Il fait fermer des écoles religieuses puis des congrégations en expulsant les moines de leurs couvents en application stricte de la loi de 1901 (voir p. 255). En 1904, la rupture des relations entre le pape et la France met fin au Concordat**.

Cette politique est poursuivie en 1905 par les successeurs de Combes : la loi de séparation des Églises et de l'État est promulguée le 9 décembre, après son vote à une large majorité par les députés puis les sénateurs.

### Une loi pour la liberté

Désormais, la République tolère toutes les religions et garantit les libertés de conscience et de culte : ainsi, chacun est libre de choisir sa religion (ou de ne pas en avoir) et de la pratiquer. En revanche, l'État est neutre sur le plan religieux : il n'avantage aucun culte, ne rémunère plus le clergé et n'entretient plus les édifices religieux. Les signes religieux doivent être retirés des bâtiments

> *« La République ne reconnaît, ne salarie ni ne subventionne aucun culte. »*
>
> Article 2 de la loi du 9 décembre 1905.

publics. La religion devient ainsi une affaire privée qui ne doit pas intervenir dans le domaine public. La loi de 1905 est finalement conçue comme une loi de conciliation après les attaques anticléricales du gouvernement Combes. La loi n'est pas appliquée, encore de nos jours, dans les départements alsacien et mosellan qui appartiennent à l'Allemagne après la défaite de 1870 (voir p. 242).

* Le Parti radical, fondé en 1901, est l'un des grands partis politiques de la IIIᵉ République.
** Accord signé en 1801 entre Napoléon Iᵉʳ et le pape selon lequel la France nomme et rémunère les évêques et les curés (voir p. 212).

**La Séparation de l'Église et de l'État**

Dans cette caricature, Émile Combes, alors président du Conseil, tranche le lien qui unit depuis des siècles la France à l'Église catholique, représentée par le pape. Combes y apparaît inspiré par le philosophe Voltaire, qui témoigne de l'influence des Lumières (voir p. 186).
Lithographie anonyme, 1904 (Musée Jean Jaurès, Castres).

## La laïcité : un principe fondateur de la République

Si au départ la loi de séparation des Églises et de l'État rencontre l'hostilité du pape, du clergé français et d'une partie des catholiques, elle s'impose rapidement comme une référence importante. La Constitution de 1958 (voir p. 340) précise d'ailleurs que la République française est laïque. La France est aujourd'hui l'un des seuls pays au monde à appliquer une totale neutralité de l'État à l'égard des religions. Cette loi, qui doit permettre à tous de vivre ensemble, indépendamment de ses croyances, fait souvent l'objet de débats entre ceux qui réclament une stricte application de la laïcité et ceux qui, au nom des libertés individuelles, souhaitent pouvoir appliquer les préceptes de leur religion.

Conrad Schumann, 19 ans, saute par-dessus
le mur de Berlin, alors en construction, le 15 août 1961.
Photographie de Peter Leibing, 1961.

# Le XXᵉ siècle

## De 1914 à nos jours

En 1914, la Première Guerre mondiale mobilise les populations et les économies de nombreux pays.

À la suite de ce conflit très meurtrier se mettent en place des États totalitaires en URSS, en Italie et en Allemagne. Depuis Berlin, le régime nazi plonge le monde dans la Seconde Guerre mondiale (1939–1945).

Dès le retour à la paix, la guerre froide divise la planète en deux camps. Les territoires d'Asie et d'Afrique s'émancipent des puissances coloniales et deviennent des États indépendants.

De son côté, la construction européenne instaure à partir de 1957 un espace de paix et de prospérité.

En 1989, l'effondrement du bloc communiste fait des États-Unis la seule superpuissance dans un monde largement instable.

**28 juin 1914**
Assassinat de l'archiduc
François-Ferdinand
à Sarajevo

**6 et 9 août 1945**
Bombes atomiques sur
Hiroshima et Nagasaki

**24 octobre 1929**
Krach de Wall Street
à New York

**6 juin 1944**
Débarquement
allié en Normandie

**21 février-
19 décembre 1916**
Bataille de Verdun

**16-17 juillet 1942**
Rafle du Vel' d'Hiv'
à Paris

**11 novembre 1918**
Signature de l'armistice

**18 juin 1940**
Appel
du général
de Gaulle

**6 juin 1936**
Front populaire
en France

| 1915 | 1920 | 1925 | 1930 | 1935 | 1940 | 1945 |
|---|---|---|---|---|---|---|

**1914-1918**
Première
Guerre
mondiale

**1939-1945**
Seconde Guerre
mondiale

**30 janvier 1933**
Hitler nommé
chancelier de la
République allemande

**1936-1938**
Grands procès
de Moscou

**28 octobre 1922**
Marche sur Rome
des Chemises noires
de Mussolini

**9-10 novembre 1938**
« Nuit de cristal »
en Allemagne

**20 janvier 1942**
Conférence de
Wannsee

**24-25 octobre 1917**
Révolution communiste
en Russie

**8 mai 1945**
Capitulation de
l'Allemagne

**5 juin 1947**
Plan Marshall

**15 septembre 1950**
Débarquement américain
en Corée du Sud

**25 mars 1957**
Traités de Rome
Fondation de la CEE

**13 août 1961**
Construction
du mur de Berlin

**28 août 1963**
Martin Luther King,
« *I have a dream* »

**11 février 1979**
Révolution
islamique
en Iran

**11 février 1990**
Libération de Nelson
Mandela en Afrique
du Sud

**11 septembre 2001**
Attentats-suicides
à New York et
à Washington

| 1950 | 1960 | 1970 | 1980 | 1990 | 2000 | 2010 |

**1947-1980 Décolonisation en Asie et en Afrique**

**1947-1991 Guerre froide**

**Depuis 1991 Nouvel ordre mondial**

**Mai 1968**
Mouvement
contestataire
en France

**4 septembre 1958**
Présentation
de la Constitution
de la Ve République
aux Français

**1er novembre 1954**
Début de la guerre d'Algérie

**1er octobre 1949**
Proclamation de la République
populaire de Chine

**14 mai 1948**
Naissance d'Israël

**14-15 août 1947**
Indépendance de l'Inde
et du Pakistan

**9-10 novembre 1989**
Chute du mur de Berlin

**10 mai 1981**
Mitterrand premier
président socialiste
de la Ve République

**18 décembre 1978**
Ouverture de
la Chine au
capitalisme

**12 décembre 2015**
Accord de Paris
sur le climat

# 28 juin 1914

## Un attentat à Sarajevo déclenche la Première Guerre mondiale

Dans un climat d'extrêmes tensions en Europe, l'archiduc François–Ferdinand est assassiné à Sarajevo. Par le jeu des alliances, cet événement régional entraîne l'Europe dans la Première Guerre mondiale.

## L'étincelle dans la « poudrière » des Balkans

L'archiduc François-Ferdinand, neveu de l'empereur François-Joseph, est l'héritier du trône d'Autriche-Hongrie. Accompagné de son épouse, il effectue en juin 1914 une tournée d'inspection dans une des provinces agitées de l'Empire, la Bosnie-Herzégovine.

Le matin du 28 juin, alors que François-Ferdinand se rend à l'hôtel de ville de Sarajevo, une première bombe lancée contre le cortège blesse des officiers. Après la réception, la voiture de l'archiduc prend la direction de l'hôpital à vive allure. Mais le chauffeur se trompe de chemin et doit ralentir pour faire demi-tour. Un jeune homme de 19 ans sort alors de la foule et tue François-Ferdinand et son épouse de deux coups de revolver.

## L'engrenage vers la guerre

L'enquête révèle que le meurtrier, Gavrilo Princip, est un militant qui souhaite le rattachement de la Bosnie à la Serbie, d'où proviennent les armes. Le 28 juillet, après un ultimatum, l'Autriche-Hongrie déclare la guerre à la Serbie. Le 30 juillet, la Russie, qui soutient la Serbie, commence à mobiliser ses troupes. Le 1ᵉʳ août, l'Allemagne, alliée de l'Autriche-Hongrie, déclare la guerre à la Russie, puis le 3 août à la France qui vient de décréter la mobilisation générale*. En réaction, leur allié commun, le Royaume-Uni, entre dans le conflit le 4 août. La Première Guerre mondiale commence.

* L'ordre est donné le 1ᵉʳ août 1914 : plus de 3,5 millions de citoyens français doivent se préparer à défendre le pays.

**LES PRÉLIMINAIRES DE LA GUERRE**

NUMÉRO SPÉCIAL

# ·EXCELSIOR·
### Journal Illustré Quotidien

Une du numéro
spécial du quotidien
français *Excelsior*

La une du quotidien
montre, en haut, l'arrivée
de l'archiduc et de son
épouse à l'hôtel de ville
de Sarajevo puis, en bas à
droite, leur départ après
la réception. Enfin la dernière vignette, en bas à
gauche, représente l'ar-
restation de l'auteur de
l'attentat, Gavrilo Princip.

## L'Empire austro-hongrois

Depuis 1867, l'Autriche-Hongrie est un vaste empire multinational (voir p. 195). Il regroupe une trentaine de peuples comme les Tchèques, les Roumains, les Polonais ou les Serbes, dominés par les Autrichiens et les Hongrois.

Il s'agit d'un empire autori-taire : l'empereur, depuis Vienne, prend toutes les décisions et les libertés fondamentales ne sont pas reconnues.

Depuis 1882, l'Autriche-Hongrie est alliée à l'Allemagne et à l'Italie : cet ensemble est surnommé la Triple Alliance (ou Triplice). Face à elle, la France, la Russie et le Royaume-Uni forment la Triple Entente.

# 21 février 1916

## Français et Allemands s'engagent dans la bataille de Verdun

**Après l'échec des premières offensives, les fronts s'immobilisent dans les tranchées à la fin de l'année 1914. La bataille de Verdun, qui dure dix mois, est l'une des plus meurtrières du conflit mais ne permet aucune avancée significative.**

## L'attaque allemande

Verdun constitue pour les Allemands un objectif stratégique : prendre la ville leur ouvrirait la route vers Paris. Le 21 février, à 7h15 du matin, leur artillerie bombarde intensivement les lignes françaises au nord, faisant pleuvoir plus de deux millions d'obus. Puis l'infanterie lance l'assaut. Néanmoins, à la fin de la soirée, elle n'a progressé que de quelques centaines de mètres. L'offensive, massive, se poursuit jusqu'au 25 février, quand les Allemands prennent le fort de Douaumont. Ces derniers lancent une deuxième attaque. Malgré une résistance acharnée, les Français reculent et perdent le fort de Vaux en juin, mais les Allemands ne parviennent pas à prendre Verdun.

## La contre-offensive française

Le général Pétain, nommé le 26 février, organise la défense du secteur. Il assure le ravitaillement des troupes grâce à une route d'accès unique, la « voie sacrée », et veille au moral des soldats. En juillet 1916, le général Joffre déclenche une attaque conjointe avec les Britanniques dans la Somme, obligeant les Allemands à se reporter sur ce secteur.

À Verdun, à partir d'octobre, les Français, commandés par le général Nivelle depuis le 1ᵉʳ mai, font reculer l'ennemi et reconquièrent le terrain perdu. Au total, la bataille qui s'achève le 18 décembre 1916 a coûté la vie à 162 000 Français et 143 000 Allemands.

*« J'ai sommeil, je suis plein de poux, je pue la charogne des macchabées. »*

Georges Gallois, lettre écrite depuis Verdun, 15 juillet 1916.

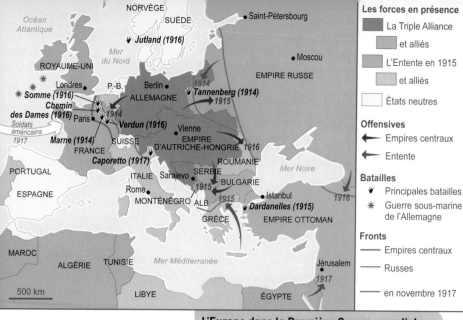

## Les forces en présence

- La Triple Alliance
- et alliés
- L'Entente en 1915
- et alliés
- États neutres

**Offensives**
- ← Empires centraux
- ← Entente

**Batailles**
- ⌄ Principales batailles
- ✳ Guerre sous-marine de l'Allemagne

**Fronts**
- —— Empires centraux
- —— Russes
- —— en novembre 1917

**L'Europe dans la Première Guerre mondiale**

## Dans les tranchées

La vie dans les tranchées est extrêmement difficile comme en témoignent les courriers que les soldats ont écrits à leurs familles et qui ont échappé à la censure militaire. Les hommes souffrent physiquement et psychologiquement : loin de leurs proches, ils vivent dans l'angoisse des combats, des blessures ou de la mort qui fauche leurs camarades. Au front, le repos est rare, la nourriture extrêmement mauvaise et les conditions d'hygiène déplorables. Les « poilus » se rasent rarement, se lavent peu, sont couverts de poux et de boue et dorment au milieu des rats.

Pour éviter un effondrement du moral des troupes à Verdun, le général Pétain veille à faire tourner les régiments pour ne pas laisser les soldats trop longtemps exposés en première ligne.

**Poilus dans une tranchée pendant la bataille de Verdun**

# La **Première Guerre mondiale**

**La Première Guerre mondiale est le premier conflit de type industriel. Les pays engagés mobilisent à un degré jamais atteint auparavant toutes leurs ressources, aussi bien humaines qu'économiques, scientifiques et culturelles. C'est une guerre totale au cours de laquelle militaires comme civils subissent des violences extrêmes.**

## Une mortalité de masse sur le front

### Des armes de plus en plus meurtrières

Artillerie lourde, aviation, chars d'assaut : de nouveaux armements sont mobilisés sur le front, capables de semer la mort, à distance, en peu de temps et de manière intensive. Ainsi, au cours de la bataille de Verdun, deux millions d'obus sont lancés par les forces allemandes dans les deux premiers jours de la bataille, les 21 et 22 février 1916 (voir p. 276) faisant plus de 2 000 morts dans les tranchées françaises.

À partir de 1915, des armes chimiques sont utilisées, en particulier des gaz. Pendant les combats, 496 000 soldats sont ainsi asphyxiés.

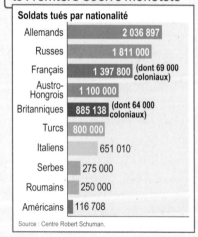

**Le bilan humain de la Première Guerre mondiale**

Soldats tués par nationalité

|  |  |
|---|---|
| Allemands | 2 036 897 |
| Russes | 1 811 000 |
| Français | 1 397 800 (dont 69 000 coloniaux) |
| Austro-Hongrois | 1 100 000 |
| Britanniques | 885 138 (dont 64 000 coloniaux) |
| Turcs | 800 000 |
| Italiens | 651 010 |
| Serbes | 275 000 |
| Roumains | 250 000 |
| Américains | 116 708 |

Source : Centre Robert Schuman.

**Les soldats français se préparent à donner l'assaut pour la reprise du fort de Douaumont pendant la bataille de Verdun, 1916**
Les soldats français, dans leur uniforme bleu horizon, sont armés de fusils munis de baïonnettes. L'aspect ravagé du terrain donne une idée de la fureur des bombardements et des combats.
Photographie du tournage du film *Verdun, visions d'histoire*, 1928.

## L'expérience combattante

Face à la violence de ces armes, un système défensif s'organise : les tranchées. Organisées en réseau, profondes d'au moins deux mètres et protégées par des barbelés, les troupes y vivent dans des conditions sordides (voir p. 277). Lors des assauts menés contre les lignes ennemies, les soldats doivent traverser un *no man's land* soumis au feu nourri adverse. Dans les tranchées, les combats au corps à corps se font à l'arme blanche. Les « nettoyeurs » s'occupent, quant à eux, de tuer les blessés agonisants.

> *« Avec la vague, la mort nous a enveloppés, elle a imprégné nos vêtements et nos couvertures, elle a tué autour de nous tout ce qui vivait, tout ce qui respirait. »*

« Les gaz ; à ceux qui les ont vus »,
*Le Filon*, 20 mars 1917.

# Les civils dans la guerre

## L'arrière mobilisé

Les économies des pays belligérants doivent fournir en masse armes et munitions. Remplaçant les hommes partis sur le front, les femmes sont embauchées dans les usines. Au Royaume-Uni, elles représentent ainsi 38 % de la main-d'œuvre industrielle en 1918, contre 24 % en 1914. À la campagne, les femmes prennent en charge les exploitations agricoles, parfois aidées par des ouvriers venus des colonies. La population est amenée également à soutenir financièrement l'effort de guerre : le gouvernement français lance à cet effet quatre emprunts nationaux pendant le conflit.

*« Navires, canons, [...] obus, fusils, cartouches dégorgent des usines dans un flot continu. »*

David Lloyd George,
Premier ministre britannique, 1915.

**Fabrication d'obus dans une usine anglaise, en 1918**
À la fin de la guerre, les femmes et les enfants travaillent dans les usines d'armement. Ici, ils vérifient les obus après leur fabrication.

## Les violences contre les civils

La guerre touche aussi l'arrière : les combats qui ravagent les régions agricoles ainsi que le blocus anglais qui empêche les importations en Allemagne limitent l'approvisionnement. Les populations civiles connaissent le rationnement, les privations et l'augmentation des prix.

Les civils sont aussi parfois victimes de la violence des soldats ennemis, notamment dans les zones occupées : 250 000 Russes sont ainsi déportés en

Allemagne, des femmes serbes sont exécutées par les soldats autrichiens à l'été 1914, Belges et habitants du nord de la France sont déplacés.

Dans l'Empire ottoman (voir p. 223), les autorités turques exterminent les Arméniens, dont le massacre constitue le premier génocide du XXᵉ siècle.

## Une culture de guerre

Pour maintenir la mobilisation de la population malgré les souffrances et le rationnement, les gouvernements ont recours à la propagande. Même les bandes dessinées pour enfants évoquent la vie au front et les écoliers apprennent le calcul à partir d'exercices sur le rationnement. Dès les débuts du conflit, une censure est mise en place, en particulier pour la presse. La guerre a envahi tous les domaines de la vie.

### Le génocide des Arméniens

Au début de la Première Guerre mondiale, l'Empire ottoman se range du côté des puissances centrales. En 1915, il accuse les quelque deux millions d'Arméniens répartis à l'est de la Turquie actuelle de soutenir la Russie et justifie ainsi leur extermination. Les hommes de plus de 15 ans sont systématiquement assassinés. Les femmes, les enfants et les vieillards sont déportés vers Deir ez-Zor, une région désertique de la Syrie ottomane. La plupart meurent en chemin, les survivants sont tués à leur arrivée. Ces persécutions font entre 1 200 000 et 1 500 000 victimes.

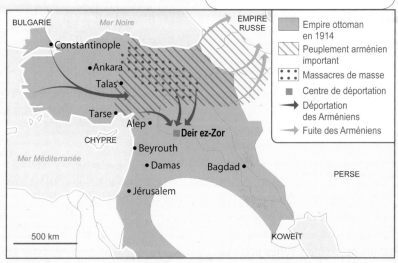

# 24-25 octobre 1917

## Lénine organise une révolution communiste en Russie

**Affaibli par les défaites militaires et par la misère qui touche la Russie, le tsar Nicolas II doit abdiquer en février 1917. Le nouveau gouvernement est rapidement dépassé par la situation intérieure comme extérieure.**

## Une action bien préparée

Le 10 octobre\*, les dirigeants du parti bolchevique, avec à leur tête Lénine, décident d'organiser une insurrection armée. Le 22, la garnison\*\* de Petrograd (actuelle Saint-Pétersbourg, voir p. 182) se rallie aux bolcheviks. Le 24 au soir, quelques milliers d'entre eux s'emparent sans véritables combats des points stratégiques de la capitale. Le 25, le chef du gouvernement s'enfuit et, dans la nuit, les bolcheviks prennent le palais d'Hiver, peu défendu, où sont retranchés les ministres.

## Un régime communiste, dictatorial et violent

Au pouvoir, Lénine négocie la paix avec l'Allemagne dès le 26 octobre. Il applique l'idéologie marxiste (voir p. 226) : les terres des grands propriétaires sont distribuées aux paysans, les usines et les banques nationalisées.

Le régime devient rapidement une dictature : la liberté de la presse est suspendue et les opposants, traqués par la police politique (la Tcheka), sont enfermés dans des camps de travail. Seul le parti bolchevique, appelé désormais parti communiste, est autorisé.

Enfin, dans un contexte de guerre civile, l'Armée rouge lutte contre les partisans du tsar, finalement vaincus en 1921. L'année suivante, l'Union des républiques socialistes soviétiques (URSS) est créée.

---

\* Les dates mentionnées sont celles du calendrier russe : les 24 et 25 octobre correspondent à nos 6 et 7 novembre.
\*\* Ensemble des troupes stationnées dans une ville.

***Lénine proclame le pouvoir des Soviets***

La « révolution » d'Octobre, événement fondateur du régime communiste, fait l'objet de nombreuses représentations. Ce tableau réalisé en 1947 montre Lénine proclamant le nouveau régime devant les Soviets, assemblée composée d'ouvriers, de paysans et de soldats. Les armes évoquent l'action militaire et les drapeaux rouges le communisme.

Vladimir Serov, huile sur toile, 100 x 77 cm, 1947 (Musée central Lénine, Moscou).

## Vers une « révolution » mondiale ?

Pour Lénine, fidèle à l'idéologie marxiste, la Russie n'est que le point de départ d'une vague de révolutions en Europe. Souhaitant imiter le modèle russe, des tentatives ont lieu en 1918 en Hongrie ainsi qu'en Allemagne avec les « spartakistes ». La France et l'Italie sont agitées par des grèves et des manifestations.

En 1919, Lénine crée la IIIe Internationale communiste (ou Komintern) qui fédère depuis Moscou les partis communistes européens. Cette organisation doit organiser la révolution dans tous les pays. Cependant, en 1920, le communisme ne s'est imposé que dans un seul État : la Russie.

# 11 novembre 1918

## L'armistice met fin aux combats de la Première Guerre mondiale

**Grâce à l'entrée en guerre des États-Unis en 1917, la Triple Entente repousse la contre-offensive allemande et attaque en juillet 1918. Militairement vaincue, l'Allemagne demande l'arrêt des combats en octobre. C'est la fin de la Première Guerre mondiale.**

## La défaite de l'Allemagne

Avec le soutien des États-Unis et l'utilisation d'un nouveau matériel, les chars, la France et le Royaume-Uni infligent des défaites à leurs adversaires à partir de l'été 1918. À l'automne, l'Empire ottoman, la Bulgarie et l'Autriche cessent les combats. L'Allemagne, dont l'armée recule, n'a plus d'alliés. Alors que l'empereur Guillaume II vient d'entamer des négociations avec l'Entente, il est renversé le 9 novembre. Ce sont donc des représentants de la nouvelle République allemande, dite de Weimar, qui signent l'armistice le 11 novembre dans la forêt de Rethondes, au nord-est de Paris, mettant fin aux combats.

## Un traumatisme important

L'Europe sort très affaiblie du conflit. L'économie est désorganisée, les destructions sont énormes et les pays endettés. Le bilan humain est sans précédent : près de dix millions de soldats ont été tués et 20 millions blessés (voir p. 278). Les civils assistent au retour des « gueules cassées », soldats mutilés et

*« Ici, à Paris, on l'a su à 11 heures par le canon et les cloches [...] ; aussitôt les rues étaient noires de monde. »*

Lettre d'Élise Bidet à son frère Edmond Massé, 13 novembre 1918.

défigurés par les combats, qui ouvrent le défilé du 14 juillet 1919 à Paris. Après l'armistice, les traités de paix, comme celui de Versailles avec l'Allemagne, mettent définitivement fin à la guerre.

**Boulevard Bonne-Nouvelle à Paris, le 11 novembre 1918**
Signé à 5h15 du matin dans la forêt de Rethondes, l'armistice entre en vigueur à 11 heures. À l'annonce de la nouvelle à Paris, la foule envahit les rues de manière spontanée pour manifester sa joie et son soulagement.

## Le « diktat » de Versailles

Le 28 juin 1919, date anniversaire de l'attentat de Sarajevo (voir p. 274), les Allemands sont convoqués dans la galerie des Glaces du château de Versailles pour signer le traité de paix rédigé et imposé par les quatre vainqueurs : la France, le Royaume-Uni, les États-Unis et l'Italie.

Les conditions sont très dures pour l'Allemagne : elle est désignée seule responsable de la guerre, et à ce titre doit payer une énorme indemnité financière. Elle perd de nombreux territoires, dont l'Alsace et la Moselle qui reviennent à la France, et sa puissance militaire est réduite au minimum. Les Allemands ressentent comme une humiliation ce traité qu'ils surnomment le « diktat ». Peu appliqué sur le plan financier, ses clauses militaires sont remises en question par Adolf Hitler à partir de 1935 (voir p. 295).

# 28 octobre 1922

## Les Chemises noires de Mussolini marchent sur Rome

**3ᵉ**

À la fin de la Première Guerre mondiale, l'Italie n'obtient pas les territoires promis par ses alliés. Cette « victoire mutilée » est dénoncée par les fascistes qui font régner la terreur dans le pays.

### Les fascistes menacent le pouvoir officiel

Fondé en 1919 par un ex-militant socialiste et ancien combattant, Benito Mussolini, le mouvement fasciste entend redonner à l'Italie sa grandeur d'antan. Incapable d'accéder au pouvoir lors des élections de mai 1921 et adepte du recours à la force contre ses opposants, Mussolini décide d'appeler ses partisans, les Chemises noires, à marcher sur Rome pour faire pression sur le gouvernement. De toute l'Italie, les fascistes convergent vers la capitale le 28 octobre 1922. Le roi Victor-Emmanuel III cède devant ces miliciens, pourtant faiblement armés, et nomme Mussolini chef du gouvernement.

### La mise en place d'une dictature fasciste

Une fois au pouvoir, Mussolini instaure progressivement un régime totalitaire (voir p. 295).
Entre 1925 et 1926, les « lois fascistissimes » suppriment toutes les libertés. Les opposants sont arrêtés voire assassinés par la police politique, l'OVRA. Mussolini,

> « Nous n'entendons pas entrer dans le gouvernement par la porte de service [...], nous voulons devenir l'État. »

Benito Mussolini, congrès fasciste de Naples, 24 octobre 1922.

qui concentre tous les pouvoirs, est surnommé le *Duce* (le « guide ») par une propagande permanente. Dès 4 ans, les enfants sont embrigadés dans des organisations paramilitaires dont le but est de reconstituer l'Empire romain (voir p. 60) par la guerre.

Mussolini, en costume de ville, encadré par ses lieutenants lors de la marche sur Rome, le 28 octobre 1922

Les miliciens fascistes sont surnommés les « Chemises noires » en raison de leur uniforme. Ce sont souvent d'anciens combattants qui se sentent trahis par les élites politiques, incapables de récupérer les territoires promis par les pays de l'Entente.

## L'Italie en quelques dates

| | |
|---|---|
| 1870 | L'Italie achève son unification territoriale et devient une monarchie parlementaire. |
| 1914 | L'Italie entre en guerre aux côtés de l'Allemagne et de l'Autriche-Hongrie. |
| 1915 | L'Italie change de camp dans l'espoir de récupérer des territoires italophones détenus par l'Autriche. |
| 1925-1926 | Benito Mussolini promulgue les « lois fascistissimes » : l'Italie devient un régime totalitaire. |
| 25 juillet 1943 | Mussolini est chassé du pouvoir par le roi et fonde la République de Salò dans le nord de l'Italie. |
| 28 avril 1945 | Mussolini est assassiné à Milan par la population en colère. |
| 2 juin 1946 | Un référendum fonde la République italienne. |

# 24 octobre 1929

## Un vent de panique souffle sur Wall Street

**Entre le 24 et le 29 octobre 1929, les actions cotées à la bourse de New York perdent 40 % de leur valeur. Ce krach boursier est le point de départ d'une crise économique mondiale.**

### Le « jeudi noir »

Les années 1920 sont une période de prospérité aux États-Unis. Dans l'espoir de s'enrichir rapidement, une grande partie de la population américaine s'endette pour acheter des actions* à Wall Street. Mais, à l'été 1929, cette spéculation boursière ne correspond plus à la réalité de l'activité industrielle devenue morose. Le jeudi 24 octobre, à 10h25, 20 000 actions de la General Motors, la plus grosse société automobile américaine, sont proposées sur le marché. Dans tout le pays, les actionnaires commencent à vendre, entraînant une baisse des cours. Si la situation se rétablit partiellement en fin de journée, le mardi 29 octobre, la séance s'ouvre par la cession de milliers de titres. À midi, les plus riches banquiers vendent à leur tour, provoquant un effondrement du prix des actions.

« *Les valeurs ont chuté à des niveaux fantastiques ; les taxes ont augmenté ; notre capacité à payer s'est effondrée ; partout les gouvernements font face à de sérieuses réductions de revenus.* »

F. D. Roosevelt, discours d'investiture à la présidence des États-Unis, 4 mars 1933.

### La Grande Dépression

Les faillites se multiplient alors parmi les banques et les entreprises qui fonctionnent grâce à l'argent investi en bourse. Le chômage augmente jusqu'à atteindre 12 millions de travailleurs en 1933. Les ménages américains retirent leurs économies des banques qui doivent rapatrier l'argent prêté à l'étranger. Les économies européennes sont à leur tour touchées par la baisse de la production, le chômage et la misère.

**Panique à New York, le 24 octobre 1929**

Cette photographie, publiée en une du journal anglais *London Herald* le vendredi 25 octobre 1929, montre la panique qui s'est emparée des courtiers de Wall Street, qui s'amassent ici devant le siège de la banque centrale américaine à New York.

## La politique du *New Deal*

Quand Franklin D. Roosevelt devient président des États-Unis en mars 1933, la dépression engendrée par le krach de Wall Street est à son comble. Pour relancer l'économie, il promet aux Américains un *New Deal*, c'est-à-dire une « nouvelle donne ». L'État finance une politique de grands travaux (construction de routes, de ponts et de barrages), fournissant du travail aux chômeurs. Quatre millions d'entre eux sont ainsi engagés dans le *Civilian Conservation Corps* pour des tâches de reboisement du pays. Roosevelt fait également voter en 1935 le *Social Security Act* qui instaure une assurance santé pour les plus pauvres et les personnes âgées. Enfin, le secteur bancaire est réorganisé et l'épargne garantie afin de rétablir la confiance dans le marché.

\* Titre de propriété correspondant à une partie du capital d'une entreprise.

# Les arts

## au début du XX<sup>e</sup> siècle

**Subissant les effets conjugués de la deuxième révolution industrielle et des événements dramatiques de la première moitié du XX<sup>e</sup> siècle (guerre mondiale, crise économique et montée des totalitarismes), écrivains, peintres, sculpteurs, musiciens, architectes s'émancipent des courants artistiques qui les ont précédés.**

## Le rapport au réel bouleversé

### S'affranchir de la représentation du réel

Depuis l'invention de la photographie dans les années 1830, les artistes ne cherchent plus à montrer le monde tel qu'il est mais à en exprimer une vision plus personnelle. Apparu en Allemagne au début du XX<sup>e</sup> siècle, l'expressionnisme représente les sensations en jouant sur les couleurs vives, pour inspirer une émotion. À partir des années 1910, les cubistes tels Georges Braque ou Pablo Picasso décomposent les objets du quotidien en facettes géométriques et les représentent à plat, sans perspective.

### Le choc de la Première Guerre mondiale

De nombreux artistes participent à la guerre et décrivent à leur retour la réalité des combats. Dès 1916, l'écrivain Henri Barbusse fait ainsi paraître *Le Feu*, récit de son expérience au front. Si certains peintres représentent la guerre avec réalisme, comme André Devambez et ses *Tranchées françaises avant l'attaque*, d'autres choisissent une manière non figurative, tel le mouvement De Stijl créé sous l'égide de Piet Mondrian. Pour beaucoup, il s'agit de dénoncer la sauvagerie du conflit, à l'instar d'Otto Dix, ou son absurdité, comme Louis-Ferdinand Céline dans *Voyage au bout de la nuit*.

**Otto Dix, *Soldat blessé (automne 1916, Bapaume)***
Le soldat peint ici est allongé, presque enterré vivant. Tout son corps témoigne de l'horreur qu'il vit. Son visage est creusé, ses yeux exorbités et l'une de ses mains arrachée.

Eau-forte, 19,7 x 29 cm, 1924 (National Gallery, Ottawa, Canada).

## Le désir d'oublier : les Années folles

À la fin du conflit, un mouvement d'euphorie se propage aux États-Unis et en Europe. Les artistes tournent délibérément le dos aux années de guerre et redécouvrent le plaisir de créer. De nouveaux divertissements voient le jour, tels le cinéma (voir p. 267) ou encore le jazz et le charleston, emmenés notamment à Paris par Joséphine Baker et la « Revue nègre ». Cette ambiance festive se diffuse largement grâce à la radio. Cherchant à dépasser le réel, les surréalistes, sous l'impulsion d'André Breton, laissent leurs pensées inconscientes s'exprimer librement à travers des poèmes puis des peintures.

« *C'est vivre et cesser de vivre qui sont des solutions imaginaires. L'existence est ailleurs.* »

André Breton, *Manifeste du surréalisme*, 1924.

## L'Art déco

Ce mouvement artistique se développe en Europe après la Première Guerre mondiale. Il tire son nom de l'Exposition internationale des arts décoratifs et industriels modernes qui se tient à Paris en 1925. Il se caractérise par des formes géométriques et pures, inspirées du cubisme et des traditions antiques mais aussi des récentes découvertes scientifiques et techniques.

Les productions art déco sont destinées à une élite, comme le mobilier de Jacques-Émile Ruhlmann ou les vêtements conçus par Gabrielle Chanel, dite Coco Chanel. Les architectes, qui profitent de la période de prospérité des années 1920, lancent des programmes de construction ambitieux s'inspirant de ce courant : le Chrysler Building à New York en est l'un des symboles.

À New York, le Chrysler Building, conçu et supervisé par William Van Alen (1928-1930), atteint 319 mètres de haut avec sa flèche.

# Soutenir ou refuser les totalitarismes

## L'art de propagande

Parvenus au pouvoir dans l'entre-deux-guerres, les régimes totalitaires mobilisent les artistes dont les productions doivent délivrer un message idéologique. En Italie, les architectes exaltent la grandeur du régime fasciste à travers des bâtiments inspirés de la Rome antique. En Union soviétique, le film réalisé en 1938 par Sergueï Eisenstein, sur une musique de Sergueï Prokofiev, *Alexandre Nevski*, exalte le patriotisme de la population russe et la prépare à faire face à l'invasion allemande (voir p. 308).

*« Le cinéma, en tant que moyen éducatif, a des effets qu'on ne doit surtout pas sous-estimer. »*

Joseph Goebbels, ministre nazi de la Propagande, *Journal, 1939-1942*.

# Résister par l'art

En Allemagne, dès l'arrivée des nazis au pouvoir en 1933 (voir p. 294), les artistes qui refusent l'art officiel prôné par le nouveau régime sont exclus des organisations culturelles. Les écrivains voient leurs livres brûlés lors d'autodafés, comme celui organisé le 10 mai 1933 à Berlin et dans 21 autres villes allemandes.

Face à ce manque de liberté politique et artistique, beaucoup d'artistes, comme le caricaturiste John Heartfield (voir p. 295) ou le dramaturge Bertolt Brecht, choisissent l'exil pour pouvoir continuer à créer et à résister. Devant la montée des périls en Europe, l'art devient ainsi un moyen de dénoncer et d'alerter l'opinion. C'est le cas par exemple de Pablo Picasso pendant la guerre d'Espagne (voir p. 297).

**Pablo Picasso,**
*Guernica*, **1937**

Les bombardements de la ville basque de Guernica par les aviations allemande et italienne, le 26 avril 1937, font 1 645 victimes, essentiellement des femmes et des enfants. Le peintre espagnol Pablo Picasso, horrifié par l'événement, travaille activement pendant deux mois à ce tableau. Il y dénonce les souffrances endurées par les civils et l'horreur de la guerre.

Huile sur toile, 351 x 782 cm (Musée Reina Sofia, Madrid).

# 30 janvier 1933

## En Allemagne, Adolf Hitler est nommé chancelier

**Ancien caporal pendant la Première Guerre mondiale, Adolf Hitler, à la tête du Parti national-socialiste des travailleurs allemands (NSDAP), instaure en quelques mois un régime totalitaire en Allemagne.**

## La crise économique amène les nazis au pouvoir

Pour Adolf Hitler comme pour de nombreux Allemands, la défaite de 1918 est due à la République de Weimar (voir p. 284) accusée d'être soutenue par les Juifs, les communistes et les démocrates. Le chef du parti nazi prône leur exclusion du territoire au profit de la race aryenne*, seule capable de redonner force et grandeur à l'Allemagne.

Les répercussions de la crise économique commencée en 1929 (voir p. 288) rendent les Allemands sensibles à ces théories racistes.

## La violence contre les opposants politiques

Aux élections législatives de novembre 1932, le NSDAP arrive en tête. Afin de constituer une majorité, Hitler se rapproche des conservateurs. Cette alliance lui permet d'être nommé chancelier** le 30 janvier 1933 par le président Paul von Hindenburg. Le soir même, les miliciens du NSDAP, les sections d'assaut (SA), défilent dans les rues de Berlin.

Un mois plus tard, dans la nuit du 27 au 28 février, un incendie ravage le Reichstag (le Parlement allemand). Hitler l'attribue aux communistes et fait ouvrir des camps de concentration pour enfermer ses opposants.

Le 23 mars, il obtient les pleins pouvoirs et, le 14 juillet, le NSDAP est proclamé parti unique.

---

* Selon Hitler, les Aryens constituent une race supérieure.
** Premier ministre sous la République allemande.

# DURCH LICHT ZUR NACHT

Also sprach Dr. Goebbels: Laßt uns aufs neue Brände entfachen, auf daß die Verblendeten nicht erwachen!

## Les totalitarismes

Les régimes totalitaires appa-raissent en Europe après la Première Guerre mondiale. La population a perdu confiance dans le système démocratique et de nouvelles expériences politiques sont tentées.

Le fascisme en Italie (voir p. 286), le nazisme en Alle-magne et le stalinisme en Union soviétique (voir p. 298) sont plus que de simples dictatures. Ils veulent transformer l'individu et la société en profondeur. Les totalitarismes s'imposent comme de nouvelles religions nourries par une propagande intense, centrée sur le chef (Benito Mussolini, Adolf Hitler, Joseph Staline) ainsi que par une utilisation permanente de la peur et de la violence.

## « De la lumière à la nuit »

Ce photomontage, réalisé par l'artiste allemand John Heartfield, dénonce la vio-lence nazie : à gauche, le ministre de la Propa-gande Joseph Goebbels, en arrière-plan l'incendie du Reichstag et à droite un autodafé des livres.

Une du *Journal illustré des travailleurs* (AIZ), 10 mai 1933.

## La marche à la guerre

| | |
|---|---|
| 1925 | Dans son livre *Mein Kampf*, Adolf Hitler affirme que le peuple allemand doit agrandir son espace vital notamment à l'Est. |
| 1935 | Réarmement de l'Allemagne, interdit par le traité de Versailles (voir p. 285). |
| Mars 1936 | Remilitarisation de la Rhénanie, région allemande à la frontière française. |
| Novembre 1936 | Axe Rome-Berlin : alliance entre l'Allemagne nazie et l'Italie fasciste. |
| Mars 1938 | *Anschluss* : annexion de l'Autriche. |
| Septembre 1938 | Annexion des Sudètes, partie germanophone de la Tchécoslovaquie. |
| Août 1939 | Pacte germano-soviétique : partage secret de l'Europe de l'Est entre Hitler et Joseph Staline. |
| Septembre 1939 | Invasion de la Pologne par l'Allemagne nazie. Début de la Seconde Guerre mondiale (voir p. 308). |

# 6 juin 1936

## Léon Blum forme un gouvernement de Front populaire

**3ᵉ**

**Face à la crise économique mondiale qui touche la France à partir de 1931 et à la menace des organisations d'extrême droite, les partis de gauche s'allient. Arrivé au pouvoir en 1936, ce Front populaire décide de grandes réformes sociales.**

### Les grandes grèves de mai–juin 1936

Le 6 février 1934, de violentes manifestations organisées par les ligues d'extrême droite déstabilisent la République. Les partis de gauche dénoncent une tentative de coup d'État et s'allient au sein d'un Front populaire avec pour slogan « le pain, la paix, la liberté ». Le 3 mai 1936, cette coalition composée des partis communiste, socialiste (SFIO) et radical remporte les élections législatives. Cette victoire redonne espoir aux ouvriers. Un vaste mouvement de grèves gagne alors tout le pays : en prévision de la formation du gouvernement, les travailleurs revendiquent des augmentations de salaire et défendent le droit de grève.

*« La France a désormais une autre mine et un autre air. Le sang court plus vite dans un corps rajeuni… »*

Léon Blum, 31 décembre 1936.

### L'amélioration des conditions de vie des ouvriers

Le 6 juin, le président du Conseil socialiste Léon Blum forme son gouvernement. Le 7 juin, à son initiative, les accords de Matignon sont signés entre les représentants du patronat et les syndicats, qui s'entendent sur une hausse des salaires et la reconnaissance de la liberté syndicale. Le 11 juin, la Chambre des députés vote une loi instituant la semaine de 40 heures de travail et accordant aux salariés, pour la première fois, quinze jours de congés payés par an. En août, 600 000 ouvriers bénéficient de la création de billets de train à prix réduit pour partir en vacances.

**Les « grèves joyeuses »**

Début mai 1936, des grèves éclatent en France, notamment après le licenciement d'ouvriers qui n'avaient pas travaillé le 1er mai (voir p. 258). Les salariés occupent de nombreuses usines, s'appropriant ainsi l'espace de travail jusque-là géré par le patron ou le contre-maître. Ils y organisent des bals et des fêtes, comme ici à la biscuiterie Huntley & Palmer à la Courneuve, près de Paris en juin.

## La guerre d'Espagne

Le 18 juillet 1936, le général Francisco Franco organise un coup d'État en Espagne contre la République. Il est soutenu par une grande partie de l'armée, l'Église catholique et les grands propriétaires terriens. Les républicains rassemblent quant à eux les ouvriers et une partie de la paysannerie. L'Allemagne nazie (voir p. 294) et l'Italie fasciste (voir p. 286) envoient des armes et des hommes pour soutenir le soulèvement de Franco, comme lors du bombardement de la ville basque de Guernica (voir p. 293). En France, Léon Blum veut envoyer de l'aide aux républicains mais les députés radicaux s'y opposent. En 1939, les forces de Franco l'emportent et ce dernier installe une dictature dans le pays.

# 1936–1938

## Joseph Staline organise les grands procès de Moscou

**Après la mort de Lénine en 1924, Joseph Staline s'impose à la tête de la Russie soviétique. À partir de 1928, il met en place une dictature personnelle.**

### L'élimination des anciens dirigeants du parti communiste

Afin de s'assurer de la soumission totale de ses collaborateurs, Joseph Staline s'appuie sur le NKVD, une police politique créée en 1934 et chargée de surveiller en permanence tous les membres influents du parti communiste. À partir de 1936, il organise quatre procès afin d'éliminer ses rivaux politiques. Ainsi, en août, les anciens compagnons d'armes de Lénine (voir p. 282) sont accusés d'avoir essayé d'assassiner Staline et d'être des espions à la solde de l'étranger. À l'issue du procès, tous sont exécutés.

### La répression s'étend à l'ensemble du parti

En janvier 1937, un deuxième procès prend pour cible les grands dirigeants économiques. Afin de justifier les mauvais résultats de l'industrie, ceux-ci sont accusés à tort d'avoir organisé un sabotage généralisé. Les peines vont de la déportation dans les camps du Goulag* à la mort. À chaque fois, les inculpés avouent sous la torture. La suspicion s'installe dans la société, la délation est encouragée. À partir du mois de juin, ce sont les cadres de l'Armée rouge qui sont visés. En mars 1938, de nouvelles purges frappent notamment les responsables des jeunesses communistes. Le chef du NKVD est lui-même fusillé.

En deux ans, 44 000 personnes sont condamnées à mort et trois millions envoyées dans des camps de travail.

> « Qu'on fusille comme des chiens enragés les traîtres et les espions qui ont vendu notre patrie à l'ennemi. »
>
> Andreï Vychinski, procureur général des procès de Moscou, réquisitoire du 11 mars 1938.

\* Terme qui désigne les camps de travail soviétiques.

КАПИТАН СТРАНЫ СОВЕТОВ ВЕДЕТ НАС ОТ ПОБЕДЫ К ПОБЕДЕ!

**Joseph Staline, seul maître à bord**

Le 1ᵉʳ janvier 1937, le journal officiel du parti communiste, la *Pravda*, publie un éditorial intitulé « Le grand timonier nous guide ». Cette image de propagande, « Staline à la barre », illustre l'article. Staline tient le gouvernail d'un bateau symbolisant l'Union des républiques socialistes soviétiques (URSS, ou CCCP en russe) et le communisme (étoile rouge au fond à gauche).

## La collectivisation forcée des campagnes

À la fin des années 1920, le pouvoir soviétique impose la collectivisation des campagnes afin de moderniser l'agriculture. Les paysans mettent en commun, souvent de force, leurs terres, leur bétail et leurs outils dans de grandes exploitations agricoles baptisées kolkhozes. Les grands domaines agricoles des paysans riches (koulaks) sont quant à eux regroupés dans des fermes d'État (sovkhozes). Mais cette politique brutale, qui désorganise les campagnes, provoque une grave famine en 1932-1933 en Ukraine qui entraîne la mort de plus de 3,5 millions de personnes. Les koulaks, souvent réticents à la mise en commun de leurs terres, sont par ailleurs victimes de la « Grande Terreur » qui vise les ennemis de l'État soviétique en 1937-1938. Au cours de celle-ci, 750 000 personnes sont exécutées et plus d'un million déportées dans les camps du Goulag.

# 9-10 novembre 1938

## Les nazis persécutent les Juifs lors de la « Nuit de cristal »

Dès leur accession au pouvoir en 1933, les nazis mettent en application leur idéologie raciste et antisémite. Les émeutes de la « Nuit de cristal » marquent le début des violences physiques contre les Juifs en Allemagne.

### L'« aryanisation » de la société allemande

Accusés de pervertir la pureté de la nation allemande (voir p. 294), les Juifs sont peu à peu exclus de la société. En 1935, les lois de Nuremberg les privent de leur citoyenneté et les empêchent de se marier avec des « aryens ». Les Juifs sont également contraints de vendre leurs biens, certaines professions leur sont désormais interdites. En octobre 1938, la police politique du IIIᵉ Reich, la *Gestapo*, reconduit 17 000 Juifs polonais à la frontière.

### Un immense pogrom*

Cette politique antisémite culmine lors de la nuit du 9 au 10 novembre : après l'assassinat à Paris d'un diplomate allemand par un Juif polonais, près de 250 synagogues sont incendiées, 7 500 commerces pillés et saccagés, des cimetières israélites profanés en Allemagne et en Autriche, récemment annexée (voir p. 295). 91 Juifs sont assassinés et 30 000 déportés dans des camps de concentration. Entre novembre 1938 et septembre 1939, 80 000 Juifs quittent l'Allemagne en abandonnant derrière eux leurs biens évalués entre 1 et 2 millions de reichsmarks.

*\* Terme désignant à l'origine une attaque accompagnée de pillages et de meurtres contre la communauté juive de l'Empire russe.*

*« Les vitres brisées des magasins juifs jonchaient le trottoir et une synagogue proche était en flamme [...]. »*

Paul Schaffer, Juif autrichien vivant à Vienne en 1938.

**Une synagogue en feu en Autriche, le 10 novembre 1938**

L'utilisation du terme poétique « Nuit de cristal », inspiré par les vitres brisées des bâtiments détruits, ne peut cacher l'intensité des violences commises, comme ici à Graz en Autriche, contre un lieu de culte.

## Aux origines de l'antisémitisme

Créé par un journaliste allemand en 1879, le terme antisémitisme signifie « hostilité envers les Juifs ». Ce sentiment était déjà présent en Europe au Moyen Âge : les chrétiens reprochaient aux juifs d'avoir causé la mort de Jésus-Christ.

À partir du XVIIIe siècle, ces motivations religieuses sont renforcées par des motifs politiques et économiques. Les Juifs sont ainsi accusés de ne pas appartenir à la nation allemande alors en formation. À la même époque, dans l'Empire russe, on les soupçonne d'accaparer les richesses et ils sont pris comme boucs émissaires lors des épisodes de disettes ou de famines.

# 18 juin 1940

## Le général de Gaulle appelle à résister contre l'Allemagne

Entrée en guerre en septembre 1939, la France est envahie par l'armée allemande à partir du 10 mai 1940. Alors que huit millions de civils sont contraints à l'exode vers le sud du pays, la résistance s'organise à l'étranger.

### La bataille de France : une défaite prévisible

Dès les années 1930, un officier de l'armée, Charles de Gaulle, avait critiqué la doctrine militaire défensive française symbolisée par la ligne Maginot, un ensemble de fortifications édifié entre la France et l'Allemagne. L'offensive allemande du 10 mai 1940 lui donne raison : les chars, les *Panzer*, contournent la ligne Maginot et mettent rapidement l'armée française en déroute (voir p. 308). Le 17 juin, le maréchal Philippe Pétain, qui vient d'être nommé à la tête du gouvernement, annonce son intention de cesser les combats.

### L'acte fondateur de la Résistance extérieure

Le 18 juin, à 18 heures, depuis Londres où il s'est réfugié, le général de Gaulle appelle sur les ondes de la radio anglaise, la BBC, les officiers de l'armée française à le rejoindre et à poursuivre le combat qui, selon lui, va devenir mondial avec l'engagement des États-Unis. Peu entendu, il ne rallie que quelques hommes et femmes mais il est soutenu par Winston Churchill, le Premier ministre anglais, qui le reconnaît le 28 juin comme chef de la France libre. La majorité des Français, elle, s'en remet à Pétain qui reçoit les pleins pouvoirs du Parlement le 10 juillet (voir p. 307).

« *La France n'est pas vaincue. J'invite tous les soldats français à me rejoindre.* »

Résumé de l'appel présenté par Charles de Gaulle à Winston Churchill, 18 juin 1940.

**Passage en revue des troupes féminines des FFL par Charles de Gaulle à Londres, en juin 1940**

Après le 18 juin, 6 600 femmes partent pour Londres et composent une partie des Forces françaises libres (FFL), volontaires combattant depuis l'étranger pour que la France retrouve son indépendance.

## La Résistance intérieure

Vaincue, la France est divisée en deux parties séparées par une ligne de démarcation. La zone nord est occupée par les Allemands, la zone sud reste officiellement libre sous le gouvernement du maréchal Pétain (voir p. 307). Bientôt des hommes et des femmes organisent la résistance pour défendre leurs convictions bafouées par l'occupant et le régime de Vichy (voir p. 307). Des chrétiens fondent le groupe Combat tandis que des syndicalistes s'unissent autour du journal *Libération* qui donne son nom à leur mouvement. À partir de 1941, les communistes français entrent également en résistance, formant les Francs-tireurs et partisans (FTP). Envoyé en France par le général de Gaulle, Jean Moulin unifie ces différents courants au sein du Conseil national de la Résistance (CNR) en 1943 (voir p. 313).

# 20 janvier 1942

## Les nazis planifient le génocide des Juifs d'Europe

**3ᵉ**

Le 30 janvier 1939, Adolf Hitler annonce que la guerre provoquera « l'anéantissement de la race juive en Europe ». Le régime nazi organise méthodiquement le premier génocide industriel de l'histoire.

### Des ghettos à la « Shoah par balles »

La conquête de la Pologne en septembre 1939 s'accompagne de la création de quartiers réservés aux Juifs, les ghettos. Les conditions de vie y sont abominables, la faim et la maladie déciment les habitants.

L'invasion de l'URSS en juin 1941 (voir p. 309) marque le début des massacres de masse. Des commandos spéciaux, les *Einsatzgruppen* (« unités mobiles d'intervention »), procèdent à l'extermination des Juifs baltes, ukrainiens et russes. Dans chaque ville ou village conquis par l'armée allemande, hommes, femmes et enfants juifs sont mis à l'écart, puis fusillés. Entre juin 1941 et janvier 1942, 750 000 personnes sont ainsi assassinées.

### La conférence de Wannsee

Le 20 janvier 1942 à Wannsee dans la banlieue de Berlin, les nazis décident un plan d'extermination systématique de tous les Juifs d'Europe : c'est la « Solution finale ». Six camps sont créés sur le territoire polonais : quatre d'entre eux sont uniquement des centres de mises à mort (Treblinka, Belzec, Sobibor et Chelmno) tandis que ceux d'Auschwitz-Birkenau et de Majdanek sont à la fois camp d'extermination et de travail. Les habitants des ghettos puis tous les Juifs européens sont acheminés par train vers ces centres de mise à mort. Dès leur arrivée, les adultes affaiblis, les enfants et les personnes âgées sont gazés au zyklon B. Les adultes valides sont condamnés aux travaux forcés et succombent d'épuisement, de faim ou sous les coups des gardiens.

À la fin de la Seconde Guerre mondiale, près de 6 millions de Juifs ainsi que 200 000 à 500 000 Tziganes ont été assassinés en Europe par les nazis.

**Dans la salle des fours**
David Olère est un artiste français d'origine polonaise. Déporté à Auschwitz-Birkenau en 1943, il fait partie des *Sonderkommandos*, groupes désignés par les nazis pour transporter les cadavres de la chambre à gaz jusqu'aux fours crématoires.
Dessin de David Olère, 1945 (Musée des combattants des ghettos, Israël).

## Qu'est ce qu'un génocide ?

Le terme « génocide » apparaît dans la Convention de l'Organisation des Nations unies (ONU) de 1948 (voir p. 331). Il désigne l'extermination planifiée, totale ou partielle, d'un peuple.

Aujourd'hui, l'ONU reconnaît juridiquement quatre génocides :
– le génocide des Arméniens commis par l'Empire ottoman en 1915-1916 (près d'un million et demi de victimes, voir p. 281) ;
– le génocide des Juifs et des Tziganes perpétré par les nazis en Europe pendant la Seconde Guerre mondiale (environ 6 millions de victimes) ;
– le génocide des Tutsis par les Hutus, deux ethnies rivales du Rwanda, en 1994 (environ 800 000 victimes) ;
– le génocide des musulmans bosniaques par les Serbes, à Srebrenica en Bosnie-Herzégovine, en juillet 1995 (environ 8 000 victimes).

# 16-17 juillet 1942

## La police française organise la rafle du Vel' d'Hiv'

**3<sup>e</sup>**

Le 29 mai 1942, en France, les nazis imposent le port de l'étoile jaune aux Juifs de la zone occupée. Ces lois antisémites annoncent l'opération *Vent Printanier*, une rafle conduite pendant l'été 1942 avec la collaboration des autorités de plusieurs pays européens.

### L'organisation de la rafle

Le 2 juillet 1942, un accord conclu entre les autorités allemandes et René Bousquet, secrétaire général de la police de Vichy, prévoit l'arrestation et la livraison par la police française des Juifs étrangers vivant à Paris et dans sa banlieue. 7 000 policiers et gendarmes sont réquisitionnés. La rafle commence dès l'aube du 16 juillet et se prolonge jusqu'au 17 juillet au soir. Sur les 27 391 Juifs étrangers recensés en région parisienne, 13 152 sont arrêtés. C'est la première et la plus massive des arrestations de Juifs en France.

### Le Vélodrome d'hiver, antichambre de la mort

Les adultes sans enfants sont directement conduits au camp de Drancy, au nord de Paris, tandis que les familles sont entassées au Vélodrome d'hiver, dit le Vel' d'Hiv', dédié aux courses cyclistes. Plus de 8 000 personnes, dont 4 000 enfants, y sont ainsi enfermées sans nourriture ni eau potable pendant cinq jours. Après leur transfert dans les camps de Drancy, Pithiviers et Beaune-la-Rolande, dans le Loiret, tous sont déportés à Auschwitz-Birkenau (voir p. 304) pour y être exterminés. Moins de 100 adultes reviennent en 1945.

> « *Ces heures noires souillent à jamais notre histoire et sont une injure à notre passé et à nos traditions. Oui, la folie criminelle de l'occupant a été secondée par des Français.* »
>
> Jacques Chirac, président de la République française (1995-2002), 16 juillet 1995.

**Hommes et jeunes garçons internés dans le camp de Drancy après la rafle du Vel' d'Hiv', en juillet 1942**
C'est la première fois que des enfants sont concernés par une rafle. Cette mesure a été proposée aux autorités allemandes par le chef du gouvernement français, Pierre Laval. Aucun de ces enfants n'est revenu d'Auschwitz-Birkenau.

## Le régime de Vichy

Le maréchal Philippe Pétain, héros de la Première Guerre mondiale (voir p. 276), reçoit les pleins pouvoirs de l'Assemblée nationale le 10 juillet 1940. Il gouverne la zone sud du pays non occupée par les Allemands jusqu'en novembre 1942. Pétain concentre dans ses mains les trois pouvoirs, législatif, exécutif et judiciaire. Les élections libres disparaissent. Le nouveau régime, l'État français, entend créer un nouvel ordre moral fondé sur les valeurs de « travail, famille, patrie ». Les opposants politiques (communistes, socialistes), les étrangers, et notamment les Juifs, sont arrêtés, fusillés ou déportés. Dès octobre 1940, l'État français met en place une législation antisémite et s'engage dans la collaboration avec les nazis après l'entrevue de Montoire-sur-le-Loir entre Pétain et Adolf Hitler : les polices allemande et française travaillent de concert pour poursuivre les opposants au régime.

# La Seconde Guerre mondiale

La Seconde Guerre mondiale oppose les forces de l'Axe (l'Allemagne, l'Italie, le Japon) aux Alliés (la France et le Royaume-Uni en 1939, rejoints par les États-Unis et l'Union soviétique en 1941). Ce conflit est une guerre totale qui mobilise toutes les ressources humaines, militaires et économiques des États engagés.

## Les offensives de l'Axe (1939-1942)

### Les victoires allemandes en Europe de l'Ouest

Le 1ᵉʳ septembre 1939, les troupes nazies envahissent la Pologne. Le 3 septembre, jugeant cette nouvelle provocation inacceptable (voir p. 295), le Royaume-Uni et la France déclarent la guerre à l'Allemagne. Pendant huit mois, les combats sont quasi inexistants : c'est la « drôle de guerre ». Puis le 10 mai 1940, les unités blindées de l'armée allemande, les *Panzer*, pénètrent aux Pays-Bas et en Belgique qu'elles occupent en deux semaines. Les Allemands s'emparent ensuite de la France qui signe l'armistice le 22 juin à Rethondes (voir p. 302). Cette guerre-éclair, ou *Blitzkrieg*, doit permettre à l'Allemagne de redéployer rapidement ses forces sur le front de l'Est.

### La bataille d'Angleterre

Le Royaume-Uni est désormais seul à lutter contre les forces de l'Axe. Adolf Hitler envoie en juillet 1940 la Luftwaffe, l'aviation allemande, détruire les forces aéronautiques britanniques. Les combats sont acharnés et la Royal Air Force (RAF) subit de très lourdes pertes. En septembre,

« *Je n'ai rien à offrir que du sang, du labeur, de la sueur et des larmes.* »

Winston Churchill, Premier ministre britannique, discours à la Chambre des communes, 13 mai 1940.

**La base américaine de Pearl Harbor, le 7 décembre 1941**
Sans déclaration de guerre, les Japonais détruisent en quelques heures plusieurs navires de guerre, tuant plus de 2 400 Américains. Le lendemain, à la demande du président Roosevelt, le Congrès vote la guerre contre le Japon, puis le 11 décembre contre l'Allemagne.

Hitler ordonne de cibler les villes anglaises. C'est le début du *Blitz*. Jusqu'en mai 1941, Londres et plusieurs villes sont bombardées sans relâche. Cependant, la résistance de la RAF empêche le débarquement allemand sur les îles britanniques, qui est ajourné.

## L'entrée en guerre de l'Union soviétique et des États-Unis

Après son échec en Angleterre, Hitler lance l'offensive sur l'Union soviétique. Le 22 juin 1941, 4 millions de soldats franchissent la frontière germano-soviétique. C'est le début de l'opération *Barbarossa*. À l'automne, l'armée allemande est aux portes de Leningrad (Saint-Pétersbourg) et de Moscou.

En Asie, le Japon profite de l'affaiblissement des puissances européennes pour constituer un empire en Asie du Sud-Est. Pour devancer une intervention militaire possible des Américains, les Japonais bombardent leur base de Pearl Harbor sur l'île d'Hawaï, le 7 décembre 1941. Cette attaque surprise provoque l'entrée en guerre immédiate des États-Unis.

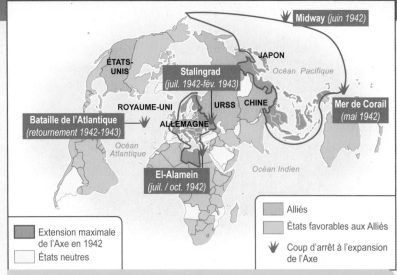

Les trois batailles décisives de l'année 1942

En juin, sur l'île de Midway, les Américains stoppent l'avancée japonaise dans le Pacifique. En juillet, une force internationale sous commandement britannique arrête la progression des forces de l'Axe dans le désert égyptien, à El-Alamein. Enfin, à partir de juillet, la bataille de Stalingrad oppose l'Armée rouge aux forces allemandes qui finissent par capituler le 2 février 1943.

# Les victoires des Alliés (1942–1945)

## Les offensives alliées en Europe

La victoire des Alliés repose sur la capacité de production industrielle des États-Unis : 18 000 bombardiers, 30 000 avions de transport et 2 500 cargos, surnommés *Liberty ship*, sont construits entre 1941 et 1945. Ainsi, les Alliés remportent la bataille de l'Atlantique contre les sous-marins allemands en mai 1943. Leur victoire sur l'Axe en Afrique du Nord leur ouvre la

« *Il a été fait appel au génie industriel américain qui a mis ses ressources et ses talents en œuvre. [...] Nous devons être le grand arsenal de la démocratie.* »

Franklin D. Roosevelt, président des États-Unis, 29 décembre 1940.

voie de la Méditerranée : en juillet 1943, les Alliés débarquent en Sicile. Enfin, pour soulager les Soviétiques à l'Est, un nouveau front est ouvert à l'Ouest après le débarquement en Normandie (voir p. 312). L'Armée rouge libère alors les territoires d'Europe de l'Est et progresse jusqu'à Berlin qui capitule le 8 mai 1945 (voir p. 314).

## La reconquête américaine dans le Pacifique

Depuis leur victoire à Midway en juin 1942, les Américains entament une lente progression dans le Pacifique. Suivant la stratégie du « saute-mouton », les Marines libèrent une à une les îles du Pacifique occupées par les Japonais. Mais ces derniers leur opposent une résistance acharnée et les pertes humaines et matérielles sont colossales. Dans ces conditions, les États-Unis décident de recourir à l'arme atomique pour forcer les autorités japonaises à capituler (voir p. 316).

**La bataille de Stalingrad (juillet 1942-février 1943)**
À partir de septembre 1942, civils et militaires soviétiques s'engagent dans une véritable guerre urbaine contre l'armée allemande. En se battant rue après rue, ils reprennent « la ville de Staline » et infligent aux nazis leur première défaite.

### Une guerre d'anéantissement

La Seconde Guerre mondiale est un conflit qui a pour objectif de détruire l'adversaire, sans distinction entre civils et militaires. Obéissant à une idéologie raciste, les armées de l'Axe massacrent les populations des territoires occupés, réduisent en esclavage une partie d'entre elles (Slaves et Chinois, notamment) et organisent l'extermination des Juifs et des Tziganes d'Europe (voir p. 304). Les bombardements massifs des Alliés sur les villes détruisent les forces économiques et terrorisent les populations afin d'obtenir la capitulation rapide de l'ennemi.

Jamais bilan humain n'a été aussi lourd : 50 à 70 millions de morts durant les six années que dure le conflit, dont plus de la moitié de civils.

# 6 juin 1944

## Les Alliés débarquent sur les plages de Normandie

3ᵉ

À la conférence de Téhéran en 1943, les Alliés, Franklin Delano Roosevelt, Winston Churchill et Joseph Staline, décident d'ouvrir un nouveau front à l'Ouest pour soulager les Soviétiques à l'Est.

## Une opération gigantesque et risquée

Depuis 1942, les Allemands édifient le mur de l'Atlantique, vaste ensemble de constructions en béton (*blockhaus*) avec mitrailleuses et barbelés, défendant le littoral européen. Les Alliés choisissent pourtant les plages normandes pour débarquer car ils savent que c'est l'endroit où les Allemands attendent le moins leur arrivée.

L'opération, nommée *Overlord*, prévoit d'envoyer 6 000 navires et 13 000 avions sur les côtes des départements du Calvados et de la Manche.

## Le débarquement

Dans la nuit du 5 au 6 juin 1944, les bombardiers pilonnent les fortifications allemandes et plusieurs centaines de parachutistes sont largués pour ralentir les contre-attaques ennemies. Dans le même temps, les navires partis d'Angleterre font route vers la France : à l'aube du 6 juin, plus de 130 000 hommes débarquent sur cinq plages. Quatre d'entre elles sont immédiatement conquises, *Omaha Beach* tombe en début d'après-midi.

*« Nous n'accepterons rien d'autre qu'une victoire totale. »*

Dwight D. Eisenhower, commandant en chef des armées alliées, 5 juin 1944.

Malgré les 10 000 soldats alliés blessés ou tués, l'opération est un immense succès. En deux mois, deux millions d'hommes, trois millions de tonnes de matériel et 430 000 véhicules sont acheminés, permettant la libération progressive de la France et de l'Europe de l'Ouest.

**Le *D Day***

L'Américain Robert Capa est le seul photographe présent lors du débarquement allié en Normandie. Il prend 119 clichés mais seuls 11 d'entre eux, plutôt flous, nous sont parvenus du fait d'une erreur du laborantin chargé de les développer.

## Les grandes réformes du Conseil national de la Résistance

Devant l'imminence du débarquement allié dont la date ne lui est pas communiquée, le Conseil national de la Résistance (CNR) (voir p. 303) veut apparaître comme le gouvernement de la France et éviter l'installation d'une tutelle américaine sur le territoire national.

Le 15 mars 1944, ses membres décident d'un programme qui doit permettre le retour d'un régime républicain indépendant une fois la guerre terminée. Le CNR propose l'instauration d'une République fondée sur un ordre social plus juste. Il prévoit la nationalisation des grands moyens de production et la création de la Sécurité sociale. Le droit de vote et d'éligibilité des femmes, non prévu dans le programme du CNR, est établi par un décret datant du 21 avril 1944 (voir p. 348).

# 8 mai 1945
# L'Allemagne capitule
## sans condition

À partir de février 1945, les bombardements alliés affaiblissent les troupes et le moral des civils allemands. La chute de Berlin précipite la fin de la Seconde Guerre mondiale en Europe.

## La bataille de Berlin

En mars, les Alliés pénètrent sur le territoire du Reich. Pourtant, Adolf Hitler refuse de capituler. Tandis que les Soviétiques et les Anglo-Américains se rejoignent le 25 avril sur l'Elbe, un fleuve au sud-ouest de Berlin, une partie de l'Armée rouge assiège la capitale allemande. Les combats se font rue par rue, avec des grenades, mitrailleuses et lances-flammes, jusqu'au cœur politique de la ville. Piégé dans son bunker, Hitler se suicide le 30 avril. Le 1ᵉʳ mai, les Soviétiques, face à la résistance acharnée des derniers officiers allemands, bombardent le Reichstag.

## Un armistice qui répond aux exigences de Staline

Le 2 mai, le maréchal soviétique Gueorgui Joukov reçoit du commandant de Berlin la capitulation des derniers combattants. 70 % de la ville est détruite et au moins 200 000 Berlinois ont trouvé la mort dans la plus terrible des batailles qu'ait connue l'Allemagne. Le chef d'état-major du général Dwight D. Eisenhower, commandant suprême des Alliés,

*« Les chefs nazis qui se voyaient déjà régner sur le monde sont maintenant devant un champ de ruines. »*

Joseph Staline, 1ᵉʳ mai 1945.

signe l'acte de capitulation sans condition au nom des vainqueurs le 7 mai à Reims. Cependant Joseph Staline insiste pour que l'armistice soit ratifié à Berlin, dans la zone d'occupation soviétique, ce qui est chose faite le 8 mai en présence de Joukov.

**Le drapeau soviétique sur le Reichstag à Berlin, le 2 mai 1945**
Symbole de la libération de Berlin, cette image est en réalité une mise en scène effectuée par le photographe Evgueni Khaldei afin de servir la propagande stalinienne.

## Le sort de l'Allemagne

Le sort réservé à l'Allemagne nazie est traité au cours de la conférence de Yalta qui réunit Franklin D. Roosevelt, Winston Churchill et Joseph Staline en février 1945. L'accord prévoit la division de l'Allemagne en quatre zones d'occupation russe, anglaise, américaine et française.

À Potsdam en juillet, malgré des tensions entre Staline et le nouveau président des États-Unis, Harry S. Truman (voir p. 316), Anglo-Américains et Soviétiques mettent au point le désarmement de l'Allemagne et le jugement des criminels de guerre qui débute par le procès de Nuremberg en octobre 1945. Vingt-deux criminels de guerre nazis sont jugés : douze sont condamnés à mort, sept à des peines de prison et trois sont acquittés.

# 6 et 9 août 1945

## Les États-Unis larguent deux bombes atomiques sur Hiroshima et Nagasaki

L'utilisation de l'arme nucléaire par les Américains met un terme définitif à la Seconde Guerre mondiale. Elle révèle également de manière incontestable leur supériorité militaire.

« *La bombe atomique permet d'intensifier d'une manière nouvelle et révolutionnaire la destruction du Japon.* »

Harry S. Truman,
message radiodiffusé, 7 août 1945.

### Le premier bras de fer entre les États-Unis et l'Union soviétique

Depuis la défaite de l'Allemagne nazie en mai 1945 (voir p. 314), les relations américano-soviétiques se tendent. Joseph Staline étend son influence en Europe de l'Est et annonce, à la conférence de Potsdam en juillet 1945, son intention de partir en guerre contre le Japon. Les Américains, qui souhaitent éviter l'engagement de l'Union soviétique dans leur zone d'influence du Pacifique nord, procèdent à leur premier essai de bombe nucléaire le 16 juillet, au Nouveau-Mexique.

### En finir avec la résistance japonaise

Au Japon, alors qu'il devient évident que le pays a perdu la guerre, l'empereur Hirohito refuse, le 28 juillet, de capituler. Le président américain Harry S. Truman décide alors de recourir à l'arme atomique. Une première bombe à uranium, surnommée *Little Boy*, est lâchée sur la ville d'Hiroshima le 6 août à 8h15, faisant entre 70 000 et 140 000 victimes. Le 9 août, une bombe au plutonium est larguée sur Nagasaki. Le relief vallonné protège certaines zones, expliquant des pertes moins élevées (entre 40 000 et 70 000 personnes) qu'à Hiroshima. Le 15 août, Hirohito annonce à la radio la capitulation du Japon.

**Vue d'Hiroshima en 1948**

Les dégâts causés par la bombe atomique restent très visibles trois ans après l'explosion. De même, le nombre de victimes succombant aux effets des radiations ne cesse d'augmenter au fil des années. Entre 1945 et 1995, il y aurait eu entre 300 000 et 420 000 victimes.

## Le bilan humain de la guerre

| Pays | Pertes militaires | Pertes totales | % de la population |
|------|-------------------|----------------|--------------------|
| URSS | 8 600 000 | 26 600 000 | 14 |
| Allemagne | 4 000 000 | 6 000 000 | 8 |
| Pologne | 300 000 | 6 000 000 | 18 |
| Japon | 1 950 000 | 2 630 000 | 4,5 |
| France | 293 000 | 580 000 | 1,5 |
| Italie | 284 500 | 444 500 | 1,2 |
| Royaume-Uni | 270 000 | 365 000 | 1 |
| États-Unis | 300 000 | 340 000 | 0,2 |
| Pays-Bas | 14 000 | 240 000 | 3 |
| Belgique | 11 000 | 100 000 | 1,2 |

Source :
Stéphane Courtois,
Annette Wieviorka,
*L'État du Monde
en 1945*,
La Découverte, 1994.

# 5 juin 1947

## Les États-Unis proposent le plan Marshall aux pays européens

3ᵉ

Au sortir de la Seconde Guerre mondiale, l'Europe est dévastée : des villes ont été rasées, la production s'est effondrée, les populations manquent de tout. Face à l'expansion soviétique dans les pays d'Europe de l'Est, les États-Unis organisent la reconstruction du Vieux Continent.

### Lutter contre le communisme

Durant l'été 1945, des tensions naissent entre les Alliés (voir p. 316). Devant l'influence grandissante des Soviétiques à l'Est, l'ancien Premier ministre britannique Winston Churchill est le premier à évoquer, le 5 mars 1946, le « rideau de fer » qui sépare l'Europe. Le 12 mars 1947, le président américain Harry S. Truman expose sa politique d'endiguement* du communisme. Pour la mettre en pratique, son secrétaire d'État** George Marshall propose, le 5 juin, un vaste plan d'aide à la reconstruction européenne.

« Les besoins de l'Europe [...] sont tellement grands qu'elle devra recevoir une aide supplémentaire très importante. »

George Marshall, discours d'Harvard, 5 juin 1947.

### Bloc contre bloc

Seize pays d'Europe occidentale acceptent aussitôt l'assistance des États-Unis. D'un montant de 13 milliards de dollars en prêts et en dons, cette aide est gérée par l'Organisation européenne de coopération économique (OECE), première pierre de la construction européenne (voir p. 334). En revanche, Joseph Staline fait pression sur les pays d'Europe orientale pour qu'ils refusent le plan Marshall. La division du continent en deux camps est consacrée, marquant le début de la guerre froide (voir p. 336).

* *Containment* en anglais : stopper l'extention du communisme en Europe et dans le monde.
** L'équivalent américain de ministre des Affaires étrangères.

**« Quelque soit le temps, nous devons avancer ensemble »** Cette affiche a été créée par le gouvernement des États-Unis afin de promouvoir le plan Marshall. La bannière américaine sert de pivot à l'éolienne formée par les drapeaux des 16 pays européens bénéficiaires de l'aide.

## L'OTAN, le prolongement militaire de l'aide économique du plan Marshall

La plupart des pays qui ont accepté le plan Marshall demandent également le soutien militaire des États-Unis devant la menace que représente l'URSS. Ils signent le traité de l'Atlantique nord le 4 avril 1949 : celui-ci prévoit qu'en cas d'attaque commise contre l'un des signataires de l'accord, les États-Unis s'engagent à soutenir militairement le pays agressé voire à utiliser l'arme atomique. L'Organisation du traité de l'Atlantique nord (OTAN) est l'institution qui coordonne les actions tactiques.

L'URSS et les pays d'Europe de l'Est créent une alliance similaire en 1955 en signant le pacte de Varsovie (voir p. 337).

# 14-15 août 1947
## L'Inde et le Pakistan deviennent indépendants

**Le sous-continent indien est peuplé de deux communautés religieuses, les hindous et les musulmans, qui réclament toutes deux le départ des Britanniques, présents depuis le XVIIᵉ siècle. En 1945, le Royaume-Uni accepte d'ouvrir les négociations.**

### Des négociations difficiles

Au lendemain de la Seconde Guerre mondiale, les Indes britanniques (voir p. 244) sont déchirées par des violences entre hindous et musulmans. Jawaharlal Nehru, chef du Congrès national indien* et Muhammad Ali Jinnah, chef de la Ligue musulmane, sont incapables de trouver un accord sur la place à donner aux deux religions dans le futur État indien. En février 1947, Londres envoie un nouveau vice-

*« Les hindous et les musulmans [...] appartiennent à deux civilisations différentes fondées sur des idées contradictoires. »*

Muhammad Ali Jinnah, mars 1940.

roi, Lord Mountbatten, pour organiser le retrait britannique. En juin, Nehru, Jinnah et Mountbatten annoncent que l'indépendance du territoire s'accompagnera de sa division, ou « partition », en deux entités : l'Union indienne, à majorité hindoue, et le Pakistan, à majorité musulmane.

### Des affrontements religieux violents

Proclamées les 14 et 15 août, les indépendances s'accompagnent du déplacement d'environ 15 millions de personnes : les hindous fuient les régions devenues pakistanaises, les musulmans celles passées à l'Inde. Entre les deux communautés, les violences se déchaînent alors, faisant plusieurs centaines de milliers de victimes. Dès la fin de l'année 1947, une guerre éclate entre les deux nouveaux États à propos de la région du Cachemire.

* Parti qui réclame l'indépendance des Indes depuis 1885.

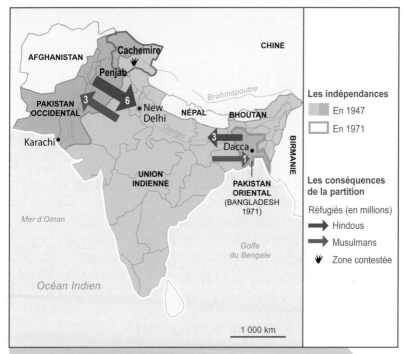

Carte de la partition des Indes britanniques. Légende :

AFGHANISTAN — Cachemire — Penjab — CHINE
PAKISTAN OCCIDENTAL — Karachi — New Delhi — NÉPAL — BHOUTAN — BHARMANIE
Brahmapoutre — Gange — Indus
Mer d'Oman — UNION INDIENNE — PAKISTAN ORIENTAL (BANGLADESH 1971) — Dacca
Golfe du Bengale — Océan Indien

**Les indépendances**
■ En 1947
□ En 1971

**Les conséquences de la partition**
Réfugiés (en millions)
➡ Hindous
➡ Musulmans
↓ Zone contestée

1 000 km

**La partition des Indes britanniques**
La partition a donné naissance à deux États, l'Inde et le Pakistan. Les zones frontalières sont particulièrement touchées par les affrontements inter-religieux et les déplacements de population. La région du Cachemire fait toujours l'objet d'un conflit entre les deux États.

## Mohandas Karamchand Gandhi (1869-1948)

■ Surnommé le « Mahatma » (« la grande âme » en sanskrit*), Gandhi est une figure de la résistance à l'occupation britannique depuis les années 1920. Partisan de la non-violence, il s'oppose en 1930, par une marche de 400 kilomètres, à l'impôt sur le sel collecté par les Britanniques. À partir de 1945, il se retire des négociations sur l'indépendance, refusant le découpage des Indes britanniques en deux États, et organise un jeûne pour protester contre cette partition. Il est assassiné le 30 janvier 1948 par un fanatique hindou qui refusait sa vision tolérante de l'Union indienne. ■

* Langue traditionnelle de l'Inde.

# La décolonisation et l'indépendance des nouveaux États

En 1945, les nations européennes sortent affaiblies de la Seconde Guerre mondiale. Les territoires colonisés revendiquent alors leur indépendance, soutenus par l'Organisation des Nations unies (ONU), qui proclame le droit des peuples à disposer d'eux-mêmes, et par les deux grands vainqueurs de la guerre, les États-Unis et l'Union soviétique, qui se présentent comme des puissances anticoloniales.

## Les étapes de la décolonisation

### D'abord en Asie...

Dès 1945, les Britanniques sont convaincus qu'ils n'ont plus les moyens de contrôler l'Empire des Indes, en proie à des violences entre hindous et musulmans. Les 14 et 15 août 1947, l'Inde et le Pakistan accèdent à l'indépendance, après quelques mois seulement de négociations (voir p. 320).

À l'inverse, les Pays-Bas et la France refusent un tel processus aux Indes néerlandaises et à l'Indochine française. Les deux pays s'engagent alors dans des guerres particulièrement violentes. Néanmoins, leurs gouvernements sont contraints d'accorder l'indépendance à l'Indonésie en 1949 et au Vietnam en 1954.

> « Les États qui ont la responsabilité d'administrer des territoires non autonomes [...] prendront des mesures [...] pour préparer les populations à l'indépendance. »

Résolution 637 de l'Organisation des Nations unies (ONU), 16 décembre 1952.

**La bataille de Diên Biên Phu (3 février-7 mai 1954)**
En Indochine, les soldats français, encerclés dans la cuvette de Diên Biên Phu par les indépendantistes vietnamiens, doivent se rendre le 7 mai 1954. Cette défaite accélère l'indépendance du Vietnam, ratifiée lors des accords de Genève le 21 juillet 1954.

## ... puis en Afrique du Nord...

En mars 1956, la France négocie pacifiquement l'indépendance des protectorats* du Maroc et de la Tunisie. En revanche, en Algérie, les revendications du Front de libération nationale (voir p. 332) heurtent la volonté du million de Français vivant sur place. Une guerre fratricide déchire le pays pendant huit ans avant que ne soient signés les accords d'Évian en mars 1962, prélude à l'indépendance de l'Algérie proclamée le 3 juillet 1962.

## ... et en Afrique subsaharienne

L'indépendance de la Gold Coast (ancienne Côte-de-l'Or), colonie britannique qui devient le Ghana en 1957, ouvre le processus de décolonisation dans les colonies africaines françaises. Les 17 colonies d'Afrique équatoriale française (AEF) et d'Afrique occidentale française (AOF) accèdent pacifiquement à l'indépendance en 1960. Au contraire, l'Angola et le Mozambique ne parviennent à se défaire de la tutelle du Portugal qu'en 1975 après de longues guerres civiles. Quant à la Rhodésie du Sud (futur Zimbabwe), elle lutte contre le joug du régime d'apartheid de Ian Smith jusqu'en 1980.

* État ayant conservé un gouvernement local mais placé sous la protection de la France.

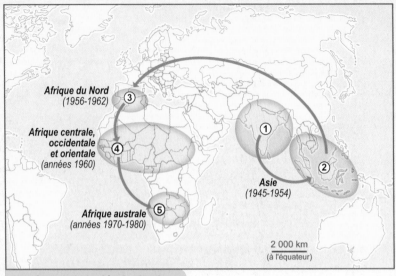

**Les étapes de la décolonisation**

# L'émergence d'un « troisième monde »

## L'acte de naissance des non-alignés

Refusant de tomber sous la coupe de l'URSS ou des États-Unis, 29 pays récemment décolonisés se réunissent, à l'initiative du Premier ministre indien Jawaharlal Nehru, à la conférence de Bandung en Indonésie du 18 au 24 avril 1955. Reprenant à leur compte l'expression « tiers-monde » qui désigne les pays qui n'appartiennent ni au bloc américain ni au bloc soviétique, ils revendiquent ensemble l'existence d'une troisième voie, celle des non-alignés. Leurs dirigeants incitent les peuples encore colonisés à lutter pour leur indépendance et réclament la non-intervention des puissances étrangères dans leur politique intérieure.

« *Asie, Afrique, réveillez-vous ! Nous sommes résolus à n'être d'aucune façon dominés par aucun pays, par aucun continent.* »

Jawaharlal Nehru, discours de clôture de la conférence de Bandung, 24 avril 1955.

## La crise de Suez, une victoire des non-alignés

Profitant de l'élan donné à Bandung, le président égyptien Gamal Abdel Nasser cherche à rassembler le monde arabe autour de l'Égypte. Il projette la construction d'un grand barrage à Assouan afin de stimuler l'économie du pays. Pour financer ce chantier, il annonce le 26 juillet 1956 la nationalisation du canal de Suez (voir p. 240), dont les actionnaires sont en majorité français et britanniques. Sa décision entraîne une grave crise internationale : avec l'aide des Israéliens, les Français et les Britanniques prennent d'assaut le canal à l'automne 1956. Malgré une victoire militaire totale, Paris et Londres doivent retirer leurs troupes sous les pressions et menaces des États-Unis et de l'URSS. Le canal est alors rouvert en 1957 sous le contrôle de l'ONU.

**Gamal Abdel Nasser, le grand vainqueur de la crise de Suez**
Le 20 août 1956, Nasser est acclamé par la foule après un discours au Caire. Malgré sa défaite militaire, il apparaît alors comme le leader des pays décolonisés et le défenseur du monde arabe.

## Une indépendance difficile à gérer

Les nouveaux États indépendants sont souvent confrontés à d'importants problèmes : peu développés économiquement, ils doivent nourrir, loger, soigner des populations de plus en plus nombreuses. Plusieurs pays africains connaissent ainsi des famines dans les années 1980 (Mali, Niger, Éthiopie, Angola). De plus, ces nouveaux États peinent à trouver une stabilité politique. Des dictateurs prennent le pouvoir et s'approprient les richesses, comme en République centrafricaine où le président Jean-Bedel Bokassa, élu en 1966, se proclame empereur en 1976. Au début des années 1960, les États africains, asiatiques et sud-américains réclament la tenue d'une conférence internationale consacrée à leur place dans le commerce international. Réunie pour la première fois en 1964 à Genève, la Conférence des Nations unies pour le commerce et le développement (CNUCED) se tient tous les quatre ans.

# 14 mai 1948

## David Ben Gourion proclame la naissance d'Israël

**3ᵉ**

**En 1897, un journaliste hongrois, Theodor Herzl, fonde le sionisme, mouvement qui prône la création d'un État hébreu en Palestine. Après l'extermination de près de six millions d'entre eux dans les camps nazis pendant la Seconde Guerre mondiale, les Juifs souhaitent plus que jamais trouver refuge au Proche-Orient.**

### La Palestine sous tutelle britannique

Depuis 1922, la Palestine est administrée par le Royaume-Uni, sous mandat de la Société des Nations (SDN). Sur ce territoire vit une majorité d'Arabes musulmans qui s'insurgent contre l'occupation de leurs terres du fait de l'immigration croissante des Juifs après 1945. Devant la recrudescence de la violence sur le terrain, les Britanniques chargent l'Organisation des Nations unies (ONU) de trouver une solution. Un plan de partage de la Palestine en deux États, l'un juif, l'autre arabe, est adopté le 29 novembre 1947.

### Un État né dans la guerre

Alors que ce plan est refusé par les Arabes, le président du Conseil national juif*, David Ben Gourion, déclare l'indépendance d'Israël le 14 mai 1948. Nul feu d'artifice ni défilés militaires n'accompagnent la proclamation. Dès le lendemain, une coalition militaire

*« En vertu du droit naturel et historique du peuple juif [...], nous proclamons la création d'un État juif en terre d'Israël. »*

David Ben Gourion, 14 mai 1948.

rassemblant l'Égypte, la Syrie, le Liban, la Jordanie et l'Irak attaque le nouvel État. Cette première guerre israélo-arabe dure jusqu'en juillet 1949. Le conflit oblige 800 000 Palestiniens à quitter leur terre et se réfugier dans les pays voisins : c'est la *nakba* (« désastre » en arabe).

* Instance qui représente les Juifs de Palestine et le mouvement sioniste.

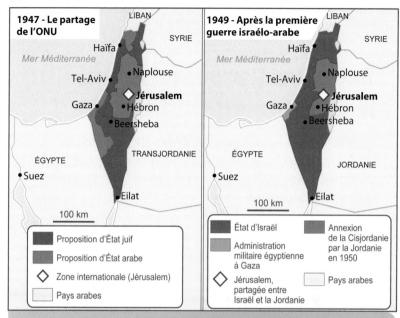

## Le plan de partage de l'ONU et la première guerre israélo-arabe

En 1947, Jérusalem est placé sous le contrôle de l'ONU. En 1949, l'État palestinien a disparu au profit d'Israël, de la Jordanie et de l'Égypte.

## La Judée-Palestine en quelques dates

| | |
|---|---|
| **586 av. J.-C.** | Le roi Nabuchodonosor II envahit le royaume de Judée et détruit le temple de Jérusalem (voir p. 37). Une partie de la population est déportée à Babylone. |
| **538 av. J.-C.** | Le roi des Perses, Cyrus II, autorise le retour des Juifs en Judée. Ceux-ci reconstruisent le temple de Jérusalem et vivent sous domination perse puis grecque. |
| **63 av. J.-C.** | La Judée devient romaine. |
| **135 ap. J.-C.** | Les Romains chassent les Juifs et baptisent la région « Palestine ». |
| **638** | Le calife Omar s'empare de la région qui devient musulmane. |
| **687-692** | Construction du dôme du Rocher à Jérusalem, troisième lieu saint de l'islam, sur l'emplacement de l'ancien temple juif. |
| **1099-1244** | La Palestine est occupée par les Croisés (voir p. 99). Le Saint-Sépulcre, lieu où le corps de Jésus est censé reposer, devient lieu de pèlerinage. |
| **1516** | Occupation de la Palestine par les Turcs ottomans, jusqu'en 1917. |
| **1917** | Déclaration Balfour : les Britanniques promettent aux Juifs européens un territoire en Palestine. |

# 1er octobre 1949

## Mao Zedong crée la République populaire de Chine

En 1949, les communistes chinois menés par Mao Zedong sortent vainqueur de la lutte pour le pouvoir qui les oppose aux nationalistes de Tchang Kaï-chek depuis 1927. Ces derniers sont refoulés sur l'île de Taïwan.

## L'instauration d'une dictature communiste

Le 1er octobre 1949 à Pékin, devant l'entrée de la Cité interdite, Mao Zedong fonde officiellement la République populaire de Chine.

Grâce au prestige qu'il a acquis dans la lutte contre l'occupant japonais (1937-1945) et au soutien de la population paysanne du Shaanxi*, le Parti communiste chinois (PCC) domine alors la vie politique du pays. Parti unique, ses organisations encadrent et contrôlent la population. Dès l'arrivée au pouvoir de Mao, les opposants sont pourchassés et envoyés dans des camps de rééducation par le travail (les *laogai*).

## Les expériences maoïstes

Mao s'inspire dans un premier temps de l'exemple soviétique (voir p. 336) : il développe l'économie en s'appuyant sur l'industrie lourde et le monde ouvrier. Bientôt cependant, Pékin s'éloigne de Moscou et crée un modèle communiste propre à la Chine. En 1958, le programme du « Grand Bond en avant » oblige les exploitations familiales paysannes à se regrouper dans des structures collectives. Celles-ci doivent accomplir un travail à la fois agricole et industriel. Mais cette restructuration désorganise la production, entraînant une terrible famine qui fait plus de 30 millions de victimes. Contesté, Mao lance en 1966 la Révolution culturelle contre ses rivaux : les cadres du PCC sont chassés du pouvoir par une jeunesse fanatisée.

* Région de l'est de la Chine où les communistes guidés par Mao se réfugient en 1935 pour échapper à l'armée de Tchang Kaï-chek.

**Mao Zedong proclame la République populaire de Chine, place Tian'anmen, le 1er octobre 1949**

Vainqueur de la guerre civile contre les nationalistes, Mao Zedong bénéficie en 1949 d'une immense popularité. Surnommé le « Grand Timonier », il devient le président de la République populaire de Chine qu'il dirige jusqu'à sa mort en 1976.

> « *Chaque communiste doit assimiler cette vérité : le pouvoir est au bout du fusil.* »
>
> Mao Zedong, 1938.

## La Chine communiste et le monde

En 1949, la République populaire de Chine prend pour modèle l'Union soviétique, l'autre grande puissance communiste. Mais après la mort de Joseph Staline en 1953, les relations entre la Chine et l'URSS se détériorent jusqu'à la rupture des relations diplomatiques entre les deux pays en 1963.

De 1963 à 1970, la Chine s'affirme comme une grande puissance en devenir, en faisant exploser sa première bombe atomique en 1964 et en soutenant les mouvements communistes, notamment au Vietnam. Elle reste cependant assez isolée sur le plan diplomatique.

À partir de 1970, elle renoue des relations officielles avec les pays occidentaux et réussit à remplacer Taïwan à l'Organisation des Nations unies (ONU) en octobre 1971. Les États-Unis la reconnaissent officiellement en 1978.

# 15 septembre 1950

## Les Américains débarquent à Inchon en Corée du Sud

En 1948, la Corée est divisée en deux États indépendants de part et d'autre du 38ᵉ parallèle : la Corée du Nord, communiste et soutenue par l'Union soviétique, et la Corée du Sud qui suit le modèle américain.

### Le premier conflit de la guerre froide

Dans la nuit du 25 juin 1950, 200 000 soldats nord-coréens envahissent la Corée du Sud. Profitant du boycott de l'Organisation des Nations unies (ONU) par l'URSS, les États-Unis obtiennent du Conseil de sécurité la condamnation de cette attaque et l'organisation d'une force militaire. Celle-ci, commandée par le général américain Douglas MacArthur, lance une contre-offensive le 15 septembre, à Inchon, sur la côte ouest de la Corée, en débarquant hommes et matériel. La capitale du Sud, Séoul, est rapidement reprise et les communistes repoussés au-delà du 38ᵉ parallèle.

### La menace d'une troisième guerre mondiale

Les 8 et 9 novembre, MacArthur fait bombarder la frontière sino-coréenne provoquant la colère de la Chine communiste (voir p. 329) qui riposte en envoyant 300 000 soldats en Corée du Nord. L'armée américaine doit reculer. Alors qu'il a annoncé son intention d'employer la bombe atomique, MacArthur est démis de ses fonctions le 11 avril 1951. Le conflit se poursuit le long du 38ᵉ parallèle jusqu'à la signature d'un cessez-le-feu en 1953. Depuis, une situation de guerre larvée perdure entre la Corée du Nord, toujours communiste, et la Corée du Sud.

*« C'est en Asie que les conspirateurs communistes ont décidé de jouer le tout pour le tout pour la conquête du monde. »*

Douglas MacArthur, 8 mars 1951.

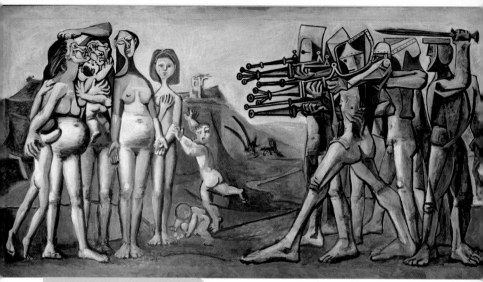

### Pablo Picasso, *Massacre en Corée*

Dans ce tableau de style expressionniste et cubiste inspiré de Francisco de Goya (voir p. 219), le peintre dénonce le comportement des soldats américains face à la population nord-coréenne. Le conflit a été particulièrement meurtrier : deux millions de civils y ont perdu la vie.

Huile sur toile, 210 x 110 cm, 1951 (Musée Picasso, Paris).

### Les institutions de l'Organisation des Nations unies (ONU)

Les décisions des cinq membres permanents du Conseil de sécurité s'imposent à tous les États. Une vingtaine d'institutions spécialisées organisent la coopération et le développement des pays dans des domaines tels que la santé, l'alimentation, l'économie ou la culture.

5 membres permanents (droit de véto)
ÉTATS-UNIS, URSS puis RUSSIE, ROYAUME-UNI, TAÏWAN puis RÉPUBLIQUE POPULAIRE DE CHINE, FRANCE

**CONSEIL DE SÉCURITÉ** *(décide)*

10 membres non permanents
(élus pour 2 ans)

*élit*

**ASSEMBLÉE GÉNÉRALE** *(conseille)*
Assemblée délibérative réunissant des délégués de chaque pays : chaque État dispose d'une voix

 *élit*

| Cour internationale de justice (La Haye) | SECRÉTARIAT GÉNÉRAL DES NATIONS UNIES *(exécute)* | Conseil économique et social |
|---|---|---|

# 1ᵉʳ novembre 1954

## Une vague d'attentats ensanglante l'Algérie

**Depuis 1830, l'Algérie est une colonie française. Près d'un million de Français y vivent aux côtés de neuf millions d'Algériens. Face aux inégalités, certains d'entre eux réclament l'indépendance.**

## Une attaque surprise

Vers une heure du matin le 1ᵉʳ novembre 1954, trois explosions secouent la ville d'Alger. Dans l'est du pays, gendarmeries et casernes font face à des raids armés. Au matin, un instituteur français est abattu en même temps qu'un dignitaire algérien. Sur les lieux des attentats, les autorités retrouvent des tracts qui prônent l'indépendance de l'Algérie par la lutte armée. Ils sont signés du Front de libération nationale (FLN), inconnu jusqu'alors. Cette « Toussaint rouge » marque le début de la guerre.

## Une guerre de décolonisation

En 1955, face à l'escalade de la violence en Algérie, la France déclare l'état d'urgence et envoie l'armée l'année suivante. Les opérations qu'elle y mène font de nombreuses victimes au sein de la population. Le FLN, quant à lui, instaure un climat de terreur et s'en prend également aux civils. La répression française s'accentue avec le recours à la torture. L'enlisement du conflit oblige la France à négocier la fin de la guerre, conclue le 18 mars 1962 par les accords d'Évian. L'Algérie proclame son indépendance le 3 juillet 1962.

> « Notre action est dirigée uniquement contre le colonialisme, [...] qui s'est toujours refusé à accorder la moindre liberté par des moyens de lutte pacifique. »

Manifeste du Front de libération nationale (FLN), 1ᵉʳ novembre 1954.

CLERMONT-FERRAND

MERCREDI 3 NOVEMBRE 1954

# La Liberté

QUOTIDIEN REPUBLICAIN D'INFORMATION — LE JOURNAL DU MASSIF CENTRAL

15 FRANCS

EN 6e PAGE : Le Cinéma

EN 5e PAGE : La Liberté des champs

## LES ATTENTATS de la Toussaint EN ALGÉRIE

### faisaient partie d'un plan répondant à un mot d'ordre venu de l'étranger

LES événements de l'autre nuit en Algérie ont particulièrement affecté le département de Constantine où de nombreux raids terroristes ont été enregistrés. On relève que ces événements se sont produits le jour de la Toussaint et l'on remarque que lors des attentats qui ensanglantèrent le Constantinois en 1947, les émeutiers avaient également agi un jour de fête : le 8 mai, anniversaire de la Victoire.

Une des victimes était originaire de Limoges

Six bombes à Biskra

LIRE LA SUITE EN DERNIÈRE PAGE

Malgré la pluie, le froid, la neige...

## Les électeurs U. S. ont voté nombreux

Dans un centre électoral de New-York, des machines perfectionnées enregistrent les résultats partiels transmis par télétype depuis les différentes circonscriptions de la ville. Ces résultats sont ensuite classés et totalisés par d'autres machines

Aux heures hier matin se sont ouverts les bureaux de vote dans l'Etat de New-York. Alors que lundi le temps était splendide et que les augures prévoyaient que de nombreux électeurs iraient à la chasse plutôt que de voter, les mêmes craignaient hier que de très nombreux électeurs ...

## Le reclassement des fonctionnaires

### L'accord n'a pu se faire hier au conseil de cabinet entre MM. Edgar Faure et Jean Masson

UN Conseil de Cabinet qui s'est réuni hier soir à 17 h. 15, sous la présidence de M. Mendès-France, n'a pris fin qu'à 22 h. 30, après une interruption d'une demi-heure ayant permis aux ministres de se restaurer légèrement.

Le projet de revalorisation des traitements des fonctionnaires

Le corps du frère du Shah de Perse est retrouvé

dans des montagnes situées au nord est de Téhéran

AVEC... La Châtelaine du Liban de PIERRE BENOIT de l'Académie Française

ET LE VALET DE CŒUR de BARBARA CARTLAND

EN BANDES DESSINÉES 2 colonnes de dessins et de textes

Il était une fois

Les vieilles légendes

... La ville d'Ys

Les Chevaliers de la Table Ronde

Tristan et Yseult

Le docteur Faust

etc., etc...

à partir du 6 novembre DANS La Liberté

... concluant !

... es bébés

**Une de *La Liberté*, le 3 novembre 1954**

La presse n'accorde pas une grande place aux attentats d'Algérie. L'opinion ne comprend pas que la France vient d'entrer dans une guerre de décolonisation. De 1954 à 1962, les médias parlent pudiquement des « événements d'Algérie » tandis que le gouvernement évoque des « opérations de maintien de l'ordre ».

## L'exaspération progressive des revendications nationalistes

Né dans les années 1920, le nationalisme algérien est longtemps incarné par Messali Hadj qui veut obtenir l'indépendance de manière légale. Mais le 8 mai 1945, jour de l'armistice en Europe, des Algériens massacrent une vingtaine de Français dans les rues de Sétif, une ville de l'ouest de l'Algérie. La répression de la France est impitoyable et aveugle : les victimes algériennes se comptent par milliers. En juin 1954, des hommes jeunes, lassés de l'inaction des leaders nationalistes, décident de passer à la lutte armée pour arracher l'indépendance de leur pays. En octobre, ils fondent le Front de libération nationale (FLN) et mettent au point l'organisation de l'insurrection. Au total, en novembre 1954, le FLN compte un millier de combattants, peu d'armes et pas d'idéologie précise.

# 25 mars 1957

## Six États relancent la construction européenne

**Après le traumatisme de la Seconde Guerre mondiale, les pays européens souhaitent préserver la paix et reconstruire leur économie. Ils reprennent une idée qui a vu jour au XIXᵉ siècle : faire l'Europe.**

### Un effort pour la reconstruction

Dès les lendemains de la guerre, les États d'Europe de l'Ouest s'étaient rapprochés dans le cadre du plan Marshall (voir p. 318). En 1951, la France, la République fédérale d'Allemagne (voir p. 342), l'Italie, la Belgique, les Pays-Bas et le Luxembourg décident d'aller plus loin : ils mettent en place une Communauté européenne du charbon et de l'acier (CECA), permettant la libre circulation de ces deux produits essentiels à la reconstruction du continent.

*« L'Europe ne se fera pas d'un coup [...] : elle se fera par des réalisations concrètes créant d'abord une solidarité de fait. »*

Robert Schuman, ministre français des Affaires étrangères, 9 mai 1950.

### Une Communauté économique européenne

Après l'échec en 1954 d'une Communauté européenne de la défense (CED), les six pays membres de la CECA signent le 25 mars 1957 deux traités à Rome. Le premier texte fonde la Communauté économique européenne (CEE) qui prévoit la création d'un marché commun. Le deuxième donne naissance à la Communauté européenne de l'énergie atomique (Euratom) qui doit permettre à l'Europe de devenir une puissance nucléaire.

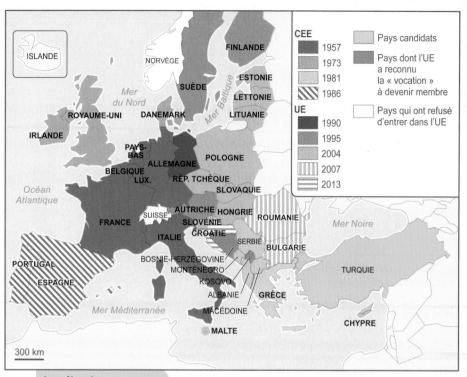

Les élargissements européens — CEE : 1957, 1973, 1981, 1986. UE : 1990, 1995, 2004, 2007, 2013. Pays candidats. Pays dont l'UE a reconnu la « vocation » à devenir membre. Pays qui ont refusé d'entrer dans l'UE.

## Les élargissements européens

De six pays en 1957, la Communauté économique européenne puis l'Union européenne est passée à 28 États en 2013. Elle couvre désormais un territoire de plus de quatre millions de kilomètres carrés et peuplé de 507 millions d'habitants.

## Les grandes étapes de la construction européenne

| | |
|---|---|
| 1957 | Traités de Rome créant la Communauté économique européenne (CEE). |
| 1985 | Signature des accords de Schengen supprimant les contrôles aux frontières. |
| 1992 | Traité de Maastricht instituant l'Union européenne (UE). Une citoyenneté européenne est créée. |
| 2002 | L'euro devient la monnaie unique européenne. |
| 2007 | Traité de Lisbonne qui approfondit le fonctionnement démocratique de l'UE. |

# De la **guerre froide** aux **nouvelles conflictualités**

Les États-Unis et l'URSS sont les deux grands vainqueurs de la Seconde Guerre mondiale. Mais dès 1947, ils s'affrontent, plongeant le monde dans la guerre froide. Après l'effondrement de l'URSS en 1991, les conflits intra-étatiques se multiplient et le monde devient plus incertain.

## Un monde bipolaire (1947-1991)

### Un conflit idéologique

Depuis 1928, l'URSS est une dictature où le pouvoir est monopolisé par l'État communiste qui contrôle l'économie comme la société. Les États-Unis défendent, au contraire, la démocratie et la liberté d'entreprendre. En 1947, ils mettent en place la doctrine Truman d'endiguement du communisme basé sur le plan Marshall d'aide aux pays d'Europe de l'Ouest (voir p. 318). L'URSS répond en contraignant les États d'Europe de l'Est à lutter contre « l'impérialisme américain » : c'est la doctrine Jdanov. Les deux Grands utilisent également une intense propagande culturelle : films, émissions de télévision et de radio, affiches, presse, etc.

### Des affrontements indirects

Très vite, l'Allemagne et Berlin en particulier sont au cœur des tensions entre l'URSS et les États-Unis. En 1948, Joseph Staline fait bloquer les accès terrestres de Berlin-Ouest occupée par les Occidentaux, pour la récupérer.

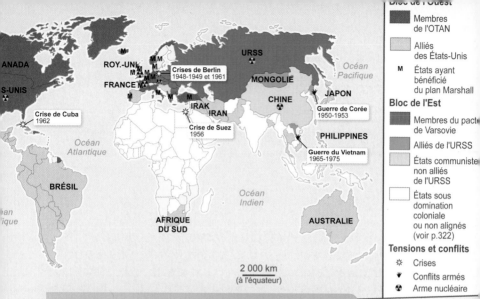

La division du monde en deux blocs (1955)
Les États-Unis et l'URSS signent des alliances militaires et écono-miques avec d'autres pays, constituant ainsi des blocs : le bloc de l'Ouest, sous contrôle américain, et le bloc de l'Est, proche de l'URSS.

Les Américains, appliquant la doctrine Truman, font échouer son projet grâce à un pont aérien. Dans les années 1950, l'opposition entre les deux Grands gagne l'Asie, théâtre de la guerre de Corée (voir p. 330). En 1962, le conflit est aux portes des États-Unis : les Soviétiques installent des fusées sur l'île de Cuba. Mais à chaque fois, la possession par les deux pays de l'arme atomique empêche ces affrontements de dégénérer en troisième guerre mondiale.

## La détente et la « guerre fraîche »

À la suite de la crise de Cuba, les deux Grands se rapprochent et signent des traités de non-prolifération en matière d'armement. Néanmoins, les États-Unis sont engagés entre 1965 et 1973 au Vietnam contre un mouvement de guérilla communiste. En 1981, la course aux armements reprend à l'initiative du président américain Ronald Reagan. Or, l'URSS ne peut soutenir ce nouvel effort financier. La société civile se révolte, entraînant la fin du communisme en Europe de l'Est en 1989 et l'effondrement de l'URSS en 1991 (voir p. 359).

# Un ordre mondial de plus en plus complexe (depuis 1991)

## Les États-Unis, gendarmes du monde

Avec la disparition de l'Union soviétique, les États-Unis deviennent la seule hyperpuissance du monde. Ils utilisent leur arsenal militaire hérité de la guerre froide pour éviter que des conflits locaux ne dégénèrent en guerres globales et pour protéger leurs intérêts économiques. En 1991, prenant la tête d'une coalition de 29 pays, ils chassent les troupes irakiennes du Koweït ; en 1995, ils mettent fin au génocide des musulmans bosniaques perpétré par les Serbes en ex-Yougoslavie (voir p. 305).

## Un monde multipolaire

Lorsque l'URSS disparaît, une partie de son arsenal militaire est vendu à des puissances militaires voisines. Le nombre de pays détenant l'arme atomique augmente : c'est le cas aujourd'hui de la Corée du Nord, du Pakistan et de l'Inde. Cependant, seule la Chine, avec son armée de 2 300 000 soldats, est capable de rivaliser avec la puissance militaire américaine. Par ailleurs, des rapprochements entre pays émergents ont lieu. C'est le cas des BRICS ou encore de l'Organisation de coopération de Shanghai (OCS) qui réunit la Chine, la Russie et quatre autres pays d'Asie centrale pour lutter contre le terrorisme islamiste, tout en refusant une alliance avec les États-Unis.

## De nouvelles conflictualités

Enfin, un « arc de crise », allant de la corne de l'Afrique au Moyen-Orient et caractérisé par des tensions très vives, se constitue. Dans la plupart de ces pays gouvernés par des dictateurs, les populations se révoltent au printemps 2011. Ces soulèvements débouchent sur des guerres civiles qui, notamment en Syrie, débordent le cadre national et permettent aux organisations terroristes de prospérer (voir p. 362). Aujourd'hui, l'organisation terroriste État islamique (EI), baptisée Daech, occupe un vaste territoire, à cheval sur la Syrie et l'Irak. Les ressources pétrolières lui permettent de financer son armée et le terrorisme. Les pays occidentaux, comme les États-Unis ou la France, organisent des raids aériens pour combattre l'EI.

**Cinquième sommet des BRICS à Durban, en Afrique du Sud, en 2013**
Les BRICS (Brésil, Russie, Inde, Chine, Afrique du Sud) jouent un rôle important sur la scène internationale. Représentant 40 % de la population mondiale et un cinquième du produit intérieur brut (PIB) de la planète, ils cherchent à contrebalancer la toute-puissance des pays occidentaux.

## La permanence du conflit israélo-arabe depuis 1948

Dès la création d'Israël en 1948 (voir p. 326), les pays arabes lancent une guerre contre leur nouveau voisin. L'État hébreu contre-attaque et occupe 78 % des territoires palestiniens. Les pays arabes tentent par deux fois de récupérer ces terres, lors de la guerre des Six Jours en 1967, puis de la guerre du Kippour en 1973. En 1987, les Palestiniens des territoires occupés se soulèvent contre l'armée israélienne : c'est la première intifada (« soulèvement » en arabe), aussi appelée « guerre des pierres ». Une deuxième éclate en 2000 et se poursuit jusqu'en 2004. Aujourd'hui, les Territoires palestiniens sont divisés entre la Cisjordanie, contrôlée par le Mouvement de libération de la Palestine (Fatah) qui veut négocier avec Israël, et la bande de Gaza, tenue par le Mouvement de résistance islamique (Hamas) qui utilise le terrorisme pour chasser les Israéliens.

# 4 septembre 1958

## De Gaulle présente la Constitution de la Vᵉ République

**Née en 1946, la IVᵉ République doit affronter une instabilité ministérielle chronique et gérer les conflits liés à la décolonisation, en particulier la guerre d'Algérie.**

### Le retour de l'« homme providentiel »

Le 13 mai 1958, alors qu'à Paris un nouveau gouvernement doit être investi, une émeute éclate à Alger en faveur du maintien de l'Algérie française (voir p. 332). Les manifestants sont rejoints par l'armée : le pays semble alors au bord de la guerre civile.

Populaire du fait de son rôle dans la Résistance (voir p. 302) et se présentant lui-même comme le seul recours possible, le général de Gaulle est appelé le 1ᵉʳ juin à former un nouveau gouvernement. Celui-ci reçoit la mission de rédiger une nouvelle Constitution, signant ainsi la fin de la IVᵉ République.

### Une nouvelle Constitution approuvée par les Français

Entre juin et septembre, une nouvelle Constitution est rédigée sous l'autorité du garde des Sceaux*, Michel Debré. Le texte est présenté aux Français lors d'une cérémonie imaginée par l'écrivain André Malraux : symboliquement, celle-ci a lieu place de la République à Paris le 4 septembre 1958, date anniversaire de la naissance de la IIIᵉ République (voir p. 242). Le 28 septembre, par référendum, les Français approuvent à 83 % la nouvelle Constitution. Ainsi naît la Vᵉ République. Le président, qui représente le pouvoir exécutif, y occupe une place centrale et domine la vie politique du pays.

*« Sans doute est-ce sur la Constitution que le pays va se prononcer, mais tout le monde sent qu' [...] il s'agit du destin de la France. »*

Charles de Gaulle, 26 septembre 1958.

\* Titre donné au ministre de la Justice.

**Le général de Gaulle place de la République, le 4 septembre 1958**

Devant la statue de Marianne, sur une tribune décorée du sigle RF (République française), le général de Gaulle présente la Constitution aux Français. Le V, qui surplombe la place, annonce la Vᵉ République mais fait également allusion au rôle du général de Gaulle, acteur de la victoire, pendant la Seconde Guerre mondiale.

## Les institutions de la Vᵉ République

La Vᵉ République reste un régime parlementaire conforme à la tradition républicaine française : le gouvernement est responsable devant l'Assemblée nationale.

La nouveauté réside dans le rôle élargi du président de la République : il commande les armées, peut consulter les Français par référendum et oriente la politique en présidant le Conseil des ministres. Après la réforme constitutionnelle de 1962, il est élu au suffrage universel direct, ce qui lui permet d'apparaître comme le représentant de tous les Français. En ce sens, la Vᵉ République est donc également un régime semi-présidentiel.

# 13 août 1961

## La construction du mur de Berlin commence à l'Est

**Depuis 1948, Berlin est au cœur du conflit qui oppose les États-Unis et l'Union soviétique. À l'été 1961, les quartiers est et ouest de la ville sont séparés par un mur qui devient le symbole de la guerre froide.**

### Arrêter les départs vers l'Ouest

En 1949, après le blocus de Berlin (voir p. 336), les Alliés transforment leurs zones d'occupation héritées de la Seconde Guerre mondiale en un État indépendant : la République fédérale d'Allemagne (RFA) intégrant Berlin-Ouest. Les Soviétiques fondent alors la République démocratique allemande (RDA) avec pour capitale Berlin-Est. Durant les années 1950, dans le contexte de la guerre froide (voir p. 336), trois millions de citoyens est-allemands fuient en RFA. Pour enrayer cet exode, les autorités de la RDA décident d'ériger un mur autour de Berlin-Ouest. La construction débute le dimanche 13 août vers deux heures du matin.

### Un mur infranchissable

Long de 155 kilomètres, le mur n'est constitué au départ que de fils barbelés et de parpaings. Mais très vite, il est renforcé par une enceinte de béton doublée d'un rempart intérieur, appelé « bande de la mort », qui comporte des pointes d'aciers, des tranchées antichars et un dispositif de tir automatique.

Lors d'un voyage à Berlin en juin 1963, le président américain John Fitzgerald Kennedy dénonce ce mur. 262 personnes trouvent la mort en tentant de le franchir.

*« Nous n'avons jamais eu besoin, nous, d'ériger un mur pour empêcher notre peuple de s'enfuir. »*

John Fitzgerald Kennedy, président des États-Unis, 26 juin 1963.

SEC[T]

**Fuir Berlin-Est**

Le 15 août 1963, Hans Conrad Schumann, 19 ans, chargé de surveiller l'édification du mur, saute les barbelés pour rejoindre Berlin-Ouest.

## La République démocratique allemande (RDA), une dictature communiste

Les Soviétiques occupent la zone de Berlin qui leur est attribuée à la fin de la Seconde Guerre mondiale. Après 1949, ils engagent d'importantes réformes pour faire de la RDA une république socialiste. Les grandes propriétés agricoles sont transformées en fermes collectives. Les entreprises privées sont nationalisées et la priorité est donnée à l'industrie lourde. Un seul parti, le Parti socialiste unifié d'Allemagne (SED), détient la totalité du pouvoir. La population est contrôlée en permanence par le ministère de la Sécurité d'État, la Stasi, qui entretient un climat de peur.

# 28 août 1963

## Martin Luther King prononce son discours « *I have a dream* »

**Depuis 1955, le pasteur afro-américain Martin Luther King lutte pour les droits civiques et contre le régime de ségrégation\* raciale en vigueur dans le sud des États-Unis.**

### Un rassemblement national à Washington

Depuis les années 1880, treize États du Sud interdisent aux Noirs de voter et les séparent des Blancs dans les transports, les écoles et les lieux publics. Le 1ᵉʳ décembre 1955, à Montgomery en Alabama, une couturière noire, Rosa Parks, est arrêtée par la police pour avoir refusé de céder sa place dans le bus à un passager blanc. Martin Luther King s'engage alors dans la lutte contre cette ségrégation. Le 28 août 1963, une marche pacifique sur Washington est organisée pour protester contre ce racisme quotidien et les violences qui en découlent. À l'occasion de cette manifestation qui réunit plus de 250 000 personnes, le pasteur King raconte son « rêve » de voir Blancs et Noirs former une Amérique fraternelle.

> *« Je fais un rêve que mes quatre enfants vivront un jour dans une nation où on ne les jugera pas sur la couleur de leur peau mais sur leur caractère. »*
>
> Martin Luther King, 28 août 1963.

### Deux lois contre le racisme

Cette lutte rejoint le projet de « grande société » développé par Lyndon B. Johnson, président des États-Unis depuis l'assassinat de John Fitzgerald Kennedy en novembre 1963.

En 1964, la première loi sur les droits civiques est votée : elle interdit toute ségrégation dans les lieux publics et notamment dans les écoles. Elle est suivie en 1965 par une seconde loi qui supprime toutes les restrictions qui empêchaient trois millions de Noirs de voter dans les États du Sud.

\* Séparation entre Noirs et Blancs.

**Martin Luther King devant le Lincoln Memorial à Washington, le 28 août 1963**

Le pasteur King s'adresse aux 250 000 participants de la Marche sur Washington pour le travail et la liberté, devant le mémorial célébrant la mémoire d'Abraham Lincoln, le président ayant aboli l'esclavage aux États-Unis en 1865.

## La violence politique aux États-Unis dans les années 1960

Au début des années 1960, les jeunes et les Noirs américains revendiquent le respect de leurs droits au moyen d'actions non-violentes : sit-in dans des cafétérias, bus de la liberté, etc. Mais les réponses de leurs opposants (bombes dans les églises fréquentées par les Noirs, incendies, assassinats du président John F. Kennedy en 1963, de Malcom X en 1965 et de Martin Luther King en 1968) les contraignent à se tourner vers des actions violentes. Le Black Panthers Party, fondé en 1966, préconise la lutte armée pour obtenir des avantages économiques et sociaux (logement, emploi, égalité de l'accès à l'éducation) en faveur de la communauté noire.

# Mai 1968
## Étudiants et policiers s'affrontent à Paris

**Parti des États-Unis en 1964, un mouvement de contestation étudiante se répand dans le monde. En France, à l'université de Nanterre, des étudiants réclament la démocratisation des études supérieures et la fin de la société de consommation.**

## Une contestation étudiante...

Après l'évacuation de l'université de Nanterre par les forces de l'ordre le 2 mai 1968, les étudiants gagnent la capitale. Le 3 mai, ils occupent la faculté de la Sorbonne. La police réagit en fermant l'établissement, les manifestations dégénèrent alors en affrontements. Le soir du 10 mai, des barricades constituées de véhicules et de pavés sont érigées dans le Quartier latin. Vers 2 heures du matin, les Compagnies républicaines de sécurité (CRS) interviennent avec des bombes lacrymogènes. Les étudiants répliquent en jetant des pavés et des cocktails Molotov, avant de se disperser.

*« Ce qui se passe dans la rue est que toute une jeunesse s'exprime contre une certaine société. »*

Daniel Cohn-Bendit, leader du mouvement étudiant, nuit du 11 mai 1968.

## ... qui s'étend à la France entière

Au matin, les partis de gauche et les syndicats décident d'organiser une manifestation de soutien aux étudiants le 13 mai. Les grèves se multiplient dans tout le pays. Les ouvriers réclament des hausses de salaire, la disparition du travail à la chaîne et une meilleure reconnaissance. Si les accords de Grenelle, le 27 mai, satisfont en partie ces revendications, les grèves perdurent. Seule l'annonce de la dissolution de l'Assemblée nationale par le président Charles de Gaulle le 30 mai ramène le calme.

**LA POLICE VOUS PARLE**
*tous les soirs*
*à 20h*

ORTF

**Affiche de 1968**

Cette affiche, créée par les étudiants de l'École des beaux-arts de Paris, est placardée sur les murs de la capitale. Elle dénonce la soumission des médias au pouvoir politique : l'Office de radiodiffusion-télévision française (ORTF) est en effet contrôlé par l'État, représenté ici par le policier casqué.

## Le pouvoir et Mai 68

Le soir même de l'annonce de la dissolution de l'Assemblée nationale, le 30 mai 1968, 500 000 personnes défilent sur les Champs-Élysées pour apporter leur soutien au général de Gaulle. Et le 30 juin, son parti remporte les élections législatives. Pourtant, la crise de mai 1968 a révélé le malaise d'une large partie de la société française et l'usure du pouvoir gaullien. Celui-ci tente de réagir et propose en avril 1969, par référendum, une réforme du Sénat et une régionalisation du territoire. Mais le « non » l'emporte, ce qui conduit de Gaulle à démissionner.

XXᵉ siècle

3ᵉ

# L'évolution de la société française

Au sortir de la Seconde Guerre mondiale, la société française s'adapte aux mutations économiques que traverse le pays. Pendant les « Trente Glorieuses », de 1945 à 1975, l'économie est prospère et le niveau de vie des Français augmente. Mais à partir de 1975, la dépression économique affecte les conditions de vie des Français.

## La condition féminine en France

### Vers la parité politique

En 1944, les femmes obtiennent le droit de vote (voir p. 313) mais elles restent sous-représentées dans les institutions de la République. Il faut attendre la loi sur la parité en 2000 pour que les partis politiques soient contraints de proposer un nombre égal de femmes et d'hommes comme candidat(e)s aux élections. Pour la première fois en 2012, l'Assemblée nationale compte plus d'un quart de femmes députées.

« [Mon père] estimait que la place de la femme est au foyer et dans les salons. »

Simone de Beauvoir, *Mémoires d'une jeune fille rangée*, 1958.

### L'entrée sur le marché du travail

Jusque dans les années 1960, les femmes sont avant tout considérées comme des mères et des épouses. En 1965, elles obtiennent le droit d'exercer une profession sans le consentement de leur mari. Peu à peu, le taux d'activité* des femmes augmente notamment grâce à un meilleur accès des jeunes filles aux

---

* Part des femmes actives par rapport à la population totale.

**Discours de Simone Veil à l'Assemblée nationale, le 26 novembre 1974**

La ministre de la Santé présente son projet de loi sur la légalisation de l'avortement devant les députés, quasi exclusivement masculins, de l'Assemblée nationale. Ce discours, très attendu comme le prouve l'assistance massée à côté des tribunes, suscite la polémique.

études longues. En 2012, les femmes représentent plus de la moitié des étudiants. Malgré ces progrès, les salaires féminins sont, à qualification égale, toujours de 27 % inférieurs à ceux des hommes. En outre, les postes à responsabilités leur sont souvent fermés.

## Le droit de maîtriser son corps

S'inspirant des revendications de la jeunesse lors du mouvement de mai 1968 (voir p. 346), les féministes réclament une plus grande liberté dans leur vie privée. Elles veulent se défaire de la tutelle masculine, de leur mari ou de leur père, qui pèse sur leurs choix. Elles obtiennent la libéralisation de la contraception en 1967, le droit à l'avortement grâce à la loi Veil en 1975. Le divorce est également facilité.

## Les nouvelles revendications de la jeunesse

Dans les années 1960, les baby-boomers* entrent dans l'adolescence et se distinguent par leurs goûts musicaux et vestimentaires. Ils écoutent l'émission *Salut les copains* sur Europe n° 1 qui diffuse de la musique yé-yé ; les jeunes filles portent des mini-jupes qui font scandale. Les jeunes revendiquent plus de liberté et obtiennent en 1974 l'abaissement du droit de vote à 18 ans. À partir des années 1970, ils sont cependant les premières victimes du chômage. Lors de vastes mouvements, comme en 2006 contre le contrat première embauche (CPE), ils réclament une meilleure intégration dans le monde du travail.

\* Enfants nés après-guerre.

**Manifestation contre le CPE en 2006**

# Venir vivre en France

## L'accueil de travailleurs étrangers jusqu'en 1974

Après la Seconde Guerre mondiale, la France a besoin de main-d'œuvre pour reconstruire le pays : elle fait alors appel à des travailleurs étrangers. En 1945, l'Office national de l'immigration (ONI) est chargé de les recruter. Entre 1945 et 1969, 4 millions d'immigrés, principalement des hommes du sud de l'Europe (Espagne, Portugal) et du Maghreb, viennent en France pour travailler dans les secteurs du bâtiment, de l'automobile, de l'entretien, etc. Ils fournissent les bras nécessaires à l'industrie française, alors en plein essor.

**Le bidonville de La Courneuve, en novembre 1965**

En 1966, 75 000 personnes vivent en France dans des bidonvilles. 70 % de leurs habitants sont d'origine étrangère. Des grands ensembles, tel celui visible à l'arrière-plan ici, sont alors construits, synonymes de modernité et de confort. Mais les conditions de vie y deviennent vite difficiles dans un contexte de crise économique. Les tensions sociales entraînent de nombreuses violences.

## Les limites de l'intégration des immigrés depuis les années 1980

À partir de 1975, la croissance économique ralentit et le chômage augmente. L'immigration de travailleurs qui viennent dorénavant majoritairement d'Afrique noire et d'Asie est limitée. En revanche, les femmes et les enfants sont accueillis dans le cadre du regroupement familial. Mais ces familles se sentent exclues de la société. Les personnes issues de l'immigration peinent à trouver du travail et vivent souvent dans des grands ensembles où la mixité sociale a disparu.

### La marche pour l'égalité et contre le racisme, 15 octobre-3 décembre 1983

À la suite de violences policières contre de jeunes immigrés dans la banlieue lyonnaise, des enfants d'immigrés et des militants anti-racistes décident de rallier Marseille à Paris à pied. Ils demandent une carte de séjour de 10 ans, le droit de vote pour les étrangers et, surtout, dénoncent la recrudescence des actes racistes en France. Comptant quelques dizaines de militants au départ, cette « marche des beurs » se termine à Paris par un défilé de 100 000 personnes dont certains sont reçus par le président de la République François Mitterrand (voir p. 356).

# 18 décembre 1978

## Deng Xiaoping ouvre la Chine au capitalisme

À la mort de Mao Zedong en 1976, la République populaire de Chine connaît un retard important de développement : la production agricole et industrielle est insuffisante et le commerce extérieur inexistant. Le successeur de Mao, Deng Xiaoping, réforme le pays.

### La fin du maoïsme

La réforme dite des « quatre modernisations » est lancée par Deng Xiaoping en 1978. Le nouvel homme fort de la Chine permet aux paysans de cultiver dans des exploitations de taille familiale et de vendre leurs productions. Il autorise les dirigeants à gérer de façon autonome leurs entreprises, sans tenir compte de la planification imposée jusqu'ici par l'État. Enfin, il ouvre le pays aux capitaux extérieurs : dans le sud de la Chine, quatre zones économiques spéciales (ZES) sont créées. Les entreprises étrangères y bénéficient d'avantages fiscaux et sont autorisées à faire du commerce avec le reste de la Chine.

*« Peu importe qu'un chat soit blanc [socialisme] ou noir [capitalisme], s'il attrape la souris, c'est un bon chat. »*

Deng Xiaoping, 1962.

### Entrer dans la modernité

L'autre défi auquel est confronté la Chine est celui de la démographie : la population avoisine alors le milliard d'individus. En 1979, une politique de limitation des naissances, dite de « l'enfant unique », est mise en place : les familles sont autorisées à avoir un enfant en ville, deux à la campagne. Malgré des dérives (avortements et stérilisations forcés), les réformes engagées permettent une hausse du niveau de vie, surtout dans les villes du littoral. L'instauration d'une « économie socialiste de marché » permet à la Chine de se hisser au niveau des grandes puissances mondiales à la fin des années 1990.

**Wang Guangyi, *Great criticism: Coca-Cola***
Cette peinture mélange des éléments du communisme chinois (le *Petit Livre rouge* de Mao Zedong dans la main de l'ouvrier, la paysanne ou encore le garde rouge) et du commerce occidental (le code-barres en surimpression et le logo de la firme américaine Coca-Cola, symbole du capitalisme américain).
Lithographie, 1992.

## La répression de la place Tian'anmen (1989)

L'ouverture économique de la Chine ne s'étend pas à la vie politique et, dans les années 1980, des revendications démocratiques émergent, portées notamment par les étudiants. Leur mouvement s'accélère en mai 1989 lors de la visite officielle à Pékin de Mikhaïl Gorbatchev, dirigeant de l'URSS (voir p. 358). Face aux manifestations qui rassemblent des centaines de milliers de personnes, les cadres du Parti communiste chinois (PCC) hésitent sur l'attitude à adopter. C'est finalement la ligne dure qui l'emporte : dans la nuit du 3 au 4 juin, l'armée intervient pour rétablir l'ordre. Les blindés évacuent la place Tian'anmen à Pékin, devenu le haut lieu des rassemblements, faisant plus d'un millier de morts.

# 11 février 1979
## Une révolution islamique a lieu en Iran

**Depuis 1953, l'Iran est gouverné par un empereur, le chah. Soutenu par les États-Unis, celui-ci entreprend une modernisation économique et sociale de son pays.**

## La révolution iranienne

Dans les années 1970, les classes moyennes et populaires iraniennes rejettent l'occidentalisation promue par le chah et dénoncent l'accroissement des inégalités sur fond de chômage et d'inflation. Face à la répression exercée par la police politique, le clergé musulman chiite (voir p. 83) fédère les mécontentements et organise, à partir de janvier 1978, des défilés qui rassemblent plus d'un million de personnes dans la capitale, Téhéran. Affaibli, le chah quitte le pays le 16 janvier 1979.

Le 1ᵉʳ février, le chef de l'opposition religieuse en exil depuis 14 ans, l'ayatollah* Khomeyni, rentre en Iran. Au bout de 11 jours de manifestations ininterrompues, il prend le pouvoir et annonce à la radio le triomphe de la révolution islamique. Le clergé chiite détient alors tous les pouvoirs.

## Des religieux musulmans au pouvoir

Selon la Constitution approuvée par référendum le 12 décembre 1979, le Parlement est élu au suffrage universel mais placé sous l'autorité des responsables religieux. À la tête de l'État, le Guide suprême de la révolution contrôle l'armée, la justice et les médias. Ce poste est attribué à Khomeyni. À partir du début des années 1980, la liberté d'expression disparaît. La loi islamique (*charia*) devient la règle et les contrevenants sont lourdement sanctionnés.

> « *Nous allons détruire les gens qui s'opposent à l'islam avec la même force que nous avons utilisée pour détruire le régime [du chah].* »
>
> Ayatollah Khomeyni, 5 juin 1979

*\* Terme arabe désignant les chefs religieux de l'islam chiite.*

**Manifestation du 13 janvier 1979 devant l'université de Téhéran**

Les manifestants réclament le retour de Rouhollah Mousavi Khomeyni, alors en exil en France.

## La prise d'otages du personnel de l'ambassade américaine à Téhéran

Le 4 novembre 1979, 400 étudiants iraniens franchissent l'enceinte de l'ambassade américaine à Téhéran et prennent en otage 56 diplomates. En échange de leur libération, les autorités réclament le retour du chah, hospitalisé aux États-Unis, afin qu'il soit jugé. Cette prise d'otages, qui dure 444 jours, permet de faire connaître la jeune république islamique à l'opinion internationale : l'ayatollah Khomeyni défie Washington, désigné comme le « Grand Satan », et déclenche un mouvement anti-américain dans tout le monde musulman.

# 10 mai 1981
## François Mitterrand
**devient le** premier président socialiste **de la Vᵉ République**

**Depuis 1974, la France est confrontée à une crise économique sans précédent, aux graves conséquences sociales : en 1981, le chômage touche deux millions de personnes.**

## L'alternance politique

Deux candidats s'affrontent lors du deuxième tour de l'élection présidentielle de 1981 : François Mitterrand, candidat du Parti socialiste (PS) soutenu par le centre gauche et les communistes, et le libéral Valéry Giscard d'Estaing, le chef d'État sortant. N'ayant pu enrayer la crise économique pendant son mandat et fragilisé par la désunion de son propre camp, Giscard d'Estaing est battu par Mitterrand.

> « *Dans le monde d'aujourd'hui, quelle plus haute exigence pour notre pays que de réaliser la nouvelle alliance du socialisme et de la liberté [...] ?* »

François Mitterrand, 21 mai 1981.

## Une politique socialiste rapidement abandonnée

Dans un premier temps, Mitterrand mène une politique socialiste contre la crise : il nationalise les grandes entreprises et réduit la durée du travail hebdomadaire à 39 heures dans le but de lutter contre le chômage et de relancer la croissance. Mais ces mesures entraînent une hausse des dépenses publiques et de l'inflation qui réduit fortement le pouvoir d'achat des Français. Cette situation contraint le président à adopter le « tournant de la rigueur » en 1983. Déçus, les électeurs votent pour les candidats de l'opposition aux élections législatives de 1986 : c'est donc dans les rangs de la droite que Mitterrand doit choisir son Premier ministre, Jacques Chirac. Il s'agit de la première cohabitation de la Vᵉ République.

**Affiche électorale de François Mitterrand en 1981**
Candidat malheureux aux élections présidentielles de 1965 et 1974, François Mitterrand est élu le 10 mai 1981 avec 51,8 % des suffrages exprimés. Sa victoire a été possible notamment grâce au rapprochement entre socialistes et communistes, qu'il a initié dès 1972.

## La première cohabitation (1986-1988)

Ce terme désigne la coexistence d'un président de la République élu au suffrage universel sur un programme politique et d'un Premier ministre soutenu par une majorité parlementaire élue pour appliquer une politique opposée. En 1986, pour la première fois depuis la naissance de la V^e République (voir p. 340), un président de gauche cohabite avec un Premier ministre de droite. François Mitterrand reste maître de la politique étrangère de la France tandis que Jacques Chirac libéralise l'économie du pays (privatisation des entreprises et disparition de l'impôt sur les grandes fortunes).

## Les présidents de la V^e République

| | |
|---|---|
| **1958-1969** | **Charles de Gaulle**, droite (Union pour la nouvelle République, UNR) : deux septennats mais démissionne avant la fin de son deuxième mandat. |
| **1969-1974** | **Georges Pompidou**, droite (Union des démocrates pour la République, UDR) : décède avant la fin de son septennat. |
| **1974-1981** | **Valery Giscard d'Estaing**, droite non gaulliste (Républicains indépendants, RI) : un septennat. |
| **1981-1995** | **François Mitterrand**, gauche (Parti socialiste, PS) : deux septennats. |
| **1995-2007** | **Jacques Chirac**, droite (Rassemblement pour la République, RPR) : deux mandats (un septennat et un quinquennat). |
| **2007-2012** | **Nicolas Sarkozy**, droite (Union pour un mouvement populaire, UMP) : un quinquennat. |
| **Depuis 2012** | **François Hollande**, gauche (PS). |

# 9 novembre 1989

## Les Allemands de l'Est franchissent librement le mur de Berlin

**3ᵉ**

Dans les années 1980, l'Union soviétique, enlisée dans les difficultés, peine à maintenir sa tutelle sur les pays du bloc de l'Est. La contestation monte en Pologne, en Tchécoslovaquie et en République démocratique allemande (RDA).

### L'ouverture des frontières

En RDA, le Parti socialiste unifié (SED) au pouvoir refuse de voir évoluer le pays vers la démocratie. La population est-allemande s'exaspère. En septembre 1989, des manifestations sont organisées pour réclamer des réformes. Le 9 novembre, en direct à la télévision, le porte-parole du SED annonce que les Allemands de l'Est peuvent désormais sortir de RDA sans autorisation. Des milliers de Berlinois de l'Est affluent vers le mur (voir p. 342). Après quelques hésitations, les gardes-frontières lèvent les barrières et les laissent passer.

### Le communisme s'effondre

L'ouverture du mur de Berlin permet la démocratisation de la vie politique en RDA (voir p. 343). La Stasi, chargée de la surveillance de la société est-allemande, est dissoute en décembre 1989. Des élections libres sont organisées en mars 1990, qui voient la défaite du SED. Les partis non communistes s'allient alors pour organiser la réunification de la République allemande. Le 1ᵉʳ juillet, le deutsche-mark devient la monnaie commune des deux pays, et le 3 octobre la réunification politique est effective. Berlin redevient la capitale de l'Allemagne unifiée.

« Un terme a été mis à la guerre froide. Le danger d'une guerre nucléaire mondiale a pratiquement été écarté. […] Le "rideau de fer" a été levé. L'Allemagne a été réunifiée. »

Mikhaïl Gorbatchev, lors de la remise du prix Nobel de la paix, 5 juin 1991.

**Birgit Kinder, *Test The Rest***

Cette peinture murale a été réalisée sur une partie du mur de Berlin transformée en galerie d'art. Elle représente une Trabant, voiture fabriquée en République démocratique allemande, qui franchit le mur de Berlin le soir du 9 novembre 1989.

Pinceau et bombe sur béton, 500 x 250 cm, 1990 (East Side Gallery, Berlin).

## L'effondrement de l'URSS

L'Union des républiques socialistes soviétiques (URSS) est un État fédéral né en 1922 (voir p. 282), formé de quinze entités dont la plus puissante est la Russie.

Au début des années 1990, des revendications d'indépendance émergent au sein de certaines républiques socialistes soviétiques (RSS). Parallèlement, à Moscou, Mikhaïl Gorbatchev, au pouvoir depuis 1985, est partisan de réformes vers plus de libertés et de transparence. Mais les conservateurs s'opposent à cette évolution. Ils organisent un coup d'État en août 1991 dont l'échec accélère la disparition de l'URSS. Elle est remplacée par une Communauté des États indépendants (CEI), alliance non communiste de neuf anciennes RSS. En Russie, la transition est difficile et le pays doit affronter une période de grave crise économique et sociale. À partir des années 2000, un pouvoir fort se reconstitue à Moscou sous l'autorité de Vladimir Poutine qui cultive la nostalgie de la Russie tsariste et de l'époque communiste.

# 11 février 1990
## Nelson Mandela est libéré
### après 27 ans d'emprisonnement

**3e**

Instauré en Afrique du Sud en 1948, le régime raciste d'apartheid est contesté par le Congrès national africain (ANC), principal mouvement de défense des Noirs. Nelson Mandela, l'un de ses leaders les plus actifs, est emprisonné depuis 1962.

## Vers la fin de l'apartheid

En vertu du régime d'apartheid, les différents groupes ethniques vivent séparés. Les Blancs, minoritaires, habitent les quartiers privilégiés des centres-villes, tandis que les Indiens, les métis et les Noirs vivent dans les ghettos surpeuplés des périphéries. L'arrivée au pouvoir de Frederik de Klerk en 1989 amorce un changement radical. Le président fait libérer les membres de l'ANC : le dimanche 11 février 1990, à 72 ans, Nelson Mandela sort de prison, le poing levé, prêt à continuer la lutte pour l'égalité.

## Un nouvel avenir pour l'Afrique du Sud

En 1991, de Klerk abolit l'apartheid : dorénavant, tout citoyen, blanc ou noir, dispose du droit de vote. Le 27 avril 1994, Mandela devient le premier président noir d'Afrique du Sud. Il forme ensuite un gouvernement d'union nationale avec toutes les composantes ethniques et politiques de la société. Il cherche à réconcilier les 34 millions de Noirs et les 5 millions de Blancs du pays. L'Afrique du Sud, autrefois exclue de la communauté internationale du fait de l'apartheid, est aujourd'hui le plus riche État du continent africain, même si les inégalités demeurent.

« Nous prenons l'engagement de bâtir une société dans laquelle tous les Sud-Africains, blancs ou noirs, pourront marcher la tête haute [...], une nation arc-en-ciel en paix avec elle-même et avec le monde. »

Nelson Mandela, 10 mai 1994.

**Nelson Mandela et Frederik de Klerk**
Les deux hommes reçoivent conjointement le prix Nobel de la paix à Oslo, le 10 décembre 1993, pour avoir mis fin pacifiquement à l'apartheid et avoir construit les bases de la démocratie en Afrique du Sud.

## L'Afrique du Sud en quelques dates

| | |
|---|---|
| **5 avril 1652** | Des Hollandais s'installent sur les côtes d'Afrique du Sud et font venir des esclaves d'Asie. Ces paysans (Boers en hollandais) s'enfoncent dans les terres et réduisent les Africains en esclavage. |
| **1795** | Des colons britanniques s'installent au sud du territoire. |
| **1899-1902** | Guerre des Boers entre Anglais et Hollandais. |
| **1910** | Création de l'Union sud-africaine, État indépendant. |
| **1948** | Instauration du régime ségrégationniste de l'apartheid. |
| **1994** | Premières élections multiraciales du pays. |
| **1999** | Nouvelles élections libres : Thabo Mbeki est élu président (1999-2008). |
| **2010** | Entrée de l'Afrique du Sud dans le club des pays émergents, les BRICS (Brésil, Russie, Inde, Chine et Afrique du Sud) (voir p. 339). |

# 11 septembre 2001

## Quatre avions sont détournés sur New York et Washington

**Depuis la fin de la guerre froide en 1991, les États-Unis sont l'unique puissance du monde. Le 11 septembre 2001, ils sont attaqués sur leur sol, devant les caméras du monde entier.**

### Des attaques-suicides coordonnées

Le mardi 11 septembre 2001 à 8h46, un avion de ligne percute la tour nord du World Trade Center à New York. Dix-sept minutes plus tard, un deuxième appareil frappe la tour sud. À 9h37, un troisième avion s'écrase sur le Pentagone, siège du commandement militaire américain, près de Washington. Une demi-heure plus tard, un quatrième appareil s'abat dans une forêt en Pennsylvanie, avant d'avoir atteint son objectif, sans doute le Capitole, parlement des États-Unis. Les dégâts sont considérables : l'effondrement des tours jumelles à New York coûte la vie à 2 753 personnes.

### La riposte américaine

Les 19 pirates de l'air, rapidement identifiés, ont des liens avec l'organisation islamiste Al-Qaida dirigée par Oussama Ben Laden. Dès le lendemain de l'attaque, le président américain George W. Bush promet de punir les coupables. En octobre 2001, les États-Unis interviennent en Afghanistan contre le régime des talibans, des islamistes extrémistes au pouvoir à Kaboul depuis 1996 et qui protègent Al-Qaida.

Deux ans plus tard, sans l'autorisation de l'Organisation des Nations unies, Bush déclare la guerre à l'Irak qu'il accuse également de soutenir des mouvements terroristes.

*« Les attaques [...] perpétrées contre notre pays étaient plus que des actes de terrorisme, c'étaient des actes de guerre. »*

George W. Bush, 12 septembre 2001.

**Les attentats du World Trade Center à New York, en direct sur CNN**

Les chaînes de télévision diffusent en temps réel les images de la tour nord en feu et du deuxième avion s'approchant de la tour sud. Cette information en continu alimente la stratégie des terroristes qui veulent inspirer la terreur au monde entier.

## Les mouvements terroristes islamistes : d'Al-Qaida à Daech

Né en 1988, Al-Qaida lutte contre l'Occident et veut imposer sa vision de l'islam. Des réseaux terroristes du monde entier (en Tchétchénie, au Kosovo, en Arabie saoudite, au Maghreb) lui prêtent allégeance. En 2007, un groupe issu d'Al-Qaida apparaît en Irak sous le nom d'État islamique en Irak au Levant, surnommé Daech (« État islamique » en arabe). En 2014, Daech s'affranchit d'Al-Qaida. Son but est avant tout de dominer un territoire allant de l'Irak à la Syrie. L'organisation est également à l'origine d'attentats terroristes en Europe, notamment à Paris en novembre 2015 qui font 130 victimes.

# 12 décembre 2015
## L'accord de Paris
### sur le climat est signé

Depuis 1995, les États présents au sommet de la Terre de Rio de Janeiro en 1992 se réunissent tous les ans pour chercher des solutions aux changements climatiques. En 2015, les 195 États de la 21ᵉ conférence des parties (COP21) valident le premier accord universel sur le climat.

## Limiter les gaz à effet de serre

Depuis le début des années 1970, les scientifiques alertent sur les conséquences du réchauffement climatique. Ce dernier est dû à l'augmentation des gaz à effet de serre (GES) dans l'atmosphère provoquée par la consommation croissante d'énergie fossile*. En 1997, la COP3 débouche sur le protocole de Kyoto qui visait à réduire, entre 2008 et 2012, d'au moins 5 % par rapport au niveau de 1990 les émissions de GES des pays industrialisés. Prolongé jusqu'en 2020, cet accord se révèle cependant insuffisant car les pays qui polluent le plus ne l'ont pas signé.

## Un compromis entre les différents États

Le texte signé à Paris le 12 décembre 2015 marque une avancée car tous les États de la planète s'engagent à limiter la hausse des températures de 1,5 à 2 degrés Celcius (°C) d'ici 2100. Les pays développés prennent des engagements chiffrés sur la limitation des GES tandis que ceux en voie de développement promettent d'accentuer leurs efforts en ce sens. Les pays riches prévoient d'accorder au moins 100 milliards par an pour aider les États les plus vulnérables à faire face aux conséquences du réchauffement climatique. Cependant, cet accord ne prévoit pas de sanctions pour les pays qui ne respecteraient pas leurs engagements.

* Hydrocarbures (pétrole et gaz naturel) et charbon.

**RÉGIONS POLAIRES**
- Diminution de la calotte glacière arctique
- Impacts sur les zones de pêche

**ASIE**
- Migrations de millions de personnes dues à la montée des eaux
- Écosystèmes en danger : mangroves, coraux

**AMÉRIQUE DU NORD**
- Baisse du niveau des Grands Lacs
- Agriculture des Grandes Plaines affectée

**EUROPE**
- Plus de pluie au nord, sécheresse au sud
- Fonte des glaciers

**AMÉRIQUE LATINE**
- Inondations
- Cyclones tropicaux

**AFRIQUE**
- Désertification
- Famines
- Risques d'inondation et d'érosion des zones côtières
- Maintien du sous-développement

**AUSTRALIE NOUVELLE-ZÉLANDE**
- Sécheresse

2 000 km
(à l'équateur)

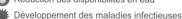

 Réduction des disponibilités en eau   Diminution des ressources agricoles

Développement des maladies infectieuses  Atteinte à la biodiversité

Multiplication des événements climatiques extrêmes  Fonte des glaciers

**Les conséquences du réchauffement climatique**

Les scientifiques du Groupe d'experts intergouvernemental sur l'évolution du climat (GIEC) évaluent la hausse de la température de la Terre à 0,85 °C entre 1880 et 2012. Selon leurs prévisions, celle-ci pourrait encore grimper de 5 °C jusqu'en 2100, entraînant notamment la multiplication des événements climatiques extrêmes (tempêtes, sécheresses, etc.) et l'élévation du niveau des mers.

## Qu'est-ce que le développement durable ?

Le développement durable est un mode de croissance « qui répond aux besoins du présent sans compromettre ceux des générations futures ». Cette définition, qui apparaît dans le rapport Brundtland, texte préparatif du sommet de la Terre de Rio de Janeiro en 1992, propose un nouveau mode de production qui concilierait rentabilité économique, progrès social et équilibre naturel. En France, chaque collectivité locale (commune, département, région) a depuis la responsabilité d'élaborer un Agenda 21, liste d'actions visant à la mise en œuvre de projets associant ces trois objectifs.

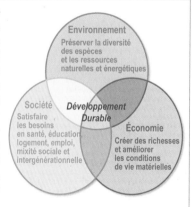

# ANNEXES

## Biographies

## Index des noms, des lieux et des notions

# Biographies

## AL-MANSUR (709/714-775)

Calife abbasside de 754 à 775. Al-Mansur succède à son frère et assoit son pouvoir sur des bases solides en écrasant les révoltes qui secouent son empire. Il fait de Bagdad sa nouvelle capitale. S'appuyant fortement sur un personnel et les traditions perses pour gouverner, il s'affranchit de l'influence de l'aristocratie arabe qui avait dirigé l'empire musulman à l'époque omeyyade.

## ALEXANDRE LE GRAND (356-323 av. J.-C.)

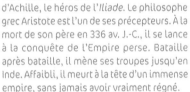

Roi de Macédoine de 336 à 323 av. J.-C. Fils de Philippe II de Macédoine, Alexandre prétend descendre par sa mère d'Achille, le héros de l'*Iliade*. Le philosophe grec Aristote est l'un de ses précepteurs. À la mort de son père en 336 av. J.-C., il se lance à la conquête de l'Empire perse. Bataille après bataille, il mène ses troupes jusqu'en Inde. Affaibli, il meurt à la tête d'un immense empire, sans jamais avoir vraiment régné.

## ALIÉNOR D'AQUITAINE (vers 1122-1204)

Reine des Francs de 1137 à 1152 puis reine des Anglais de 1154 à 1189. Fille du duc Guillaume X d'Aquitaine, Aliénor est mariée à 15 ans au futur roi de France Louis VII. Elle essaie d'imposer des mœurs plus gaies à la cour. Mais courtisée par Henri II Plantagenêt, roi d'Angleterre, elle obtient le divorce et devient reine des Anglais. Très préoccupée par l'administration de son duché, elle s'installe à Poitiers et gouverne seule son domaine.

## AUGUSTE (63 av. J.-C.-14 ap. J.-C.)

Premier empereur romain de 27 av. J.-C. à 14 ap. J.-C. Petit-neveu et fils adoptif de César, Auguste met en place une coalition militaire pour le venger. Au gré des alliances, il réussit à s'attirer la confiance du Sénat, du peuple romain et de l'armée. Il instaure un nouveau régime politique, le principat, qui marque la fin de la République et le début de l'Empire romain. Il fait construire de somptueux bâtiments à Rome et poursuit ses conquêtes en Angleterre, en Allemagne et en Afrique.

## CATHERINE II DE RUSSIE (1729-1796)

Voir p. 189.

## Jules CÉSAR (100-44 av. J.-C.)

Voir p. 57.

## CHARLEMAGNE (742/747- 814)

Roi des Francs en 768 puis empereur d'Occident de 800 à 814. Fils aîné de Pépin le Bref, Charlemagne hérite à la mort de son père de la moitié du royaume des Francs. Lorsque son frère meurt en 771, il devient le seul maître du royaume. Perpétuellement en guerre, il conquiert le nord de l'Italie, l'Aquitaine et une grande partie de l'est de l'Europe. Illettré, il contrôle cependant son administration avec l'aide de ses envoyés, les *missi dominici*. Il impose aux prêtres la fréquentation d'écoles rurales présentes dans chaque évêché et monastère. Il s'appuie sur la religion chrétienne pour assurer l'unité de son empire.

## ■ CHARLES QUINT
### (1500-1558)

Empereur romain germanique de 1519 à 1556. À la tête de territoires immenses mais dispersés, Charles Quint règne d'abord sur les Pays-Bas, puis sur l'Espagne et ses colonies et enfin sur le Saint-Empire. Aimant la chasse, l'équitation et l'escrime, il mène des guerres contre François I$^{er}$ et contre Soliman I$^{er}$ le Magnifique. Sur le plan intérieur, il essaie en vain de maintenir l'unité catholique de l'Empire face à l'expansion du protestantisme.

## ■ Christophe COLOMB
### (1450/1451-1506)

Navigateur génois. Fils d'un marchand, Christophe Colomb apprend le métier de navigateur. En 1477, il soumet son projet d'atteindre l'Inde en traversant l'océan Atlantique au roi Jean II du Portugal, qui le refuse. En 1492, les souverains espagnols Isabelle de Castille et Ferdinand d'Aragon acceptent de financer son expédition. Colomb effectue au total quatre voyages vers l'Amérique mais reste persuadé jusqu'à sa mort d'être parvenu en Asie.

## ■ Winston CHURCHILL
### (1874-1965)

Homme politique anglais. Journaliste, puis député à partir de 1901, Winston Churchill est plusieurs fois nommé ministre dans l'entre-deux-guerres. Cherchant avant tout à maintenir la grandeur du Royaume-Uni, il devient Premier ministre en mai 1940. Il galvanise les Anglais dans leur lutte contre l'Allemagne nazie. Il redevient Premier ministre de 1951 à 1955, date à laquelle il quitte définitivement la politique.

## ■ CONSTANTIN I$^{ER}$
### (vers 272-337)

Empereur romain de 306 à 337. Fils d'une chrétienne, Hélène, et de l'empereur Constance I$^{er}$ qui partageait le pouvoir avec trois autres césars (tétrarchie), Constantin I$^{er}$ reçoit le pouvoir sur l'ouest de l'Empire à la mort de son père en 306. Il élimine progressivement ses trois adversaires et devient le seul maître de l'Empire romain en 325. Il fait de Constantinople sa nouvelle capitale et se convertit progressivement au christianisme.

## ■ CLÉOPÂTRE VII
### (vers 69-30 av. J.-C.)

Reine d'Égypte de 51 à 30 av. J.-C. À 18 ans, Cléopâtre partage le pouvoir avec son époux et frère Ptolémée XIII. Souhaitant redonner son rayonnement à l'Égypte, elle séduit Jules César qui évince son frère du trône. Après l'assassinat de César en 44 av. J.-C., elle devient la maîtresse du général romain Marc Antoine. Les deux amants sont battus lors de la bataille d'Actium par Auguste. Cléopâtre préfère alors se donner la mort plutôt que d'être exhibée à Rome.

## ■ Charles DE GAULLE
### (1890-1970)

Homme politique français. Militaire de carrière, Charles de Gaulle refuse l'armistice après la défaite de la France contre l'Allemagne et appelle, depuis Londres le 18 juin 1940, à la résistance contre l'occupant nazi. En 1943, il devient le chef de la France libre. Chef du Gouvernement provisoire de la République française à la Libération, il en démissionne en 1946. Rappelé au pouvoir en 1958, il fonde la V$^e$ République dont il est élu président. Affaibli par la crise de 1968, il quitte ses fonctions en 1969.

### ■ ÉLISABETH Iʳᵉ (1533-1603)

Reine d'Angleterre et d'Irlande de 1558 à 1603. Fille d'Henri VIII, Élisabeth succède à sa demi-sœur catholique Marie Tudor. Elle renforce la position de l'Église anglicane (protestante) et lutte contre l'Espagne et la France catholiques. Sous son long règne, l'Angleterre cherche à devenir une puissance commerciale et maritime. Restée célibataire, Élisabeth Iʳᵉ meurt sans enfant. Son cousin Jacques VI d'Écosse, de la famille Stuart, lui succède.

### ■ ÉRASME (vers 1467-1536)

Voir p. 147.

### ■ FRANÇOIS Iᵉʳ (1494-1547)

Roi de France de 1515 à 1547. Très énergique, aimant la guerre et la chasse, François Iᵉʳ se lance dans les guerres d'Italie. D'abord victorieux à Marignan en 1515, il est vaincu et fait prisonnier à Pavie en 1525. Sur le plan intérieur, il renforce la monarchie et veille à unifier le royaume. Enfin, il encourage et finance les artistes, favorisant ainsi la diffusion de la Renaissance en France.

### ■ Mohandas Karamchand GANDHI (1869-1948)

Voir p. 321.

### ■ GUILLAUME Iᵉʳ D'ANGLETERRE, dit le Conquérant (vers 1027-1087)

Duc de Normandie en 1035 et roi d'Angleterre de 1066 à 1087. Descendant des rois vikings par son père, Guillaume hérite du duché de Normandie à l'âge de 7 ans. Il épouse la fille du puissant comte de Flandre, ce qui lui permet de repousser les tentatives d'invasion de son suzerain, Henri Iᵉʳ de France. En 1066, il devient roi d'Angleterre après sa victoire à Hastings. Il y impose le système féodal normand avec une grande fermeté.

### ■ HAN WUDI (156-87 av. J.-C.)

Empereur de la dynastie han de Chine de 141 à 87 av. J.-C. Wudi étend considérablement son empire grâce aux campagnes militaires menées par ses généraux. Jamais présent sur le champ de bataille, il préfère se consacrer à l'administration de son royaume. Sous son règne, l'agriculture se développe grâce au défrichement et à l'irrigation. Wudi fait lever de nouveaux impôts et ouvre la route de la soie qui permet l'essor du commerce. La Chine devient un empire très prospère.

### ■ HENRI II PLANTAGENÊT (1154-1189)

Voir p. 97.

### ■ Adolf HITLER (1889-1945)

Chancelier puis Führer de l'Allemagne de 1933 à 1945. Après avoir participé à la Première Guerre mondiale, Adolf Hitler adhère dans les années 1920 au parti nazi (NSDAP). Grâce à la crise économique, il parvient légalement au pouvoir en 1933 puis installe une dictature raciste, antisémite et expansionniste. Il engage l'Allemagne dans la Seconde Guerre mondiale. Il se suicide en 1945 alors que les Soviétiques pénètrent dans Berlin.

## John Fitzgerald KENNEDY (1917-1963)

Président des États-Unis de 1961 à 1963. Descendant d'une famille d'immigrants catholiques, John F. Kennedy est élu sénateur démocrate (1953) de l'État du Massachussetts. Élu président des États-Unis en 1960, il soutient les revendications des Noirs américains pour l'égalité. Il lutte contre l'expansion du communisme à Cuba et au Vietnam. Il est assassiné à Dallas en novembre 1963.

## LÉNINE (Vladimir Ilitch Oulianov, dit) (1870-1924)

Dirigeant de la Russie de 1917 à 1924. Séduit par les idées de Karl Marx, Lénine organise la « Révolution » russe en 1917 et signe la paix avec l'Allemagne. Il installe alors une dictature communiste puis fonde l'URSS en 1922. Affaibli par plusieurs attaques cérébrales, il essaie en vain d'écarter de sa succession Staline, qu'il juge trop brutal.

## LOUIS XIII (1601-1643)

Voir p. 167.

## LOUIS XIV (1638-1715)

Roi de France de 1643 à 1715. Sa mère Anne d'Autriche exerce la régence jusqu'à sa majorité. En 1661, Louis XIV décide de gouverner sans Premier ministre. Il renforce la monarchie devenue absolue et la centralise en installant la cour à Versailles. Il mène de nombreuses guerres contre les pays européens. À sa mort à 77 ans, son arrière-petit-fils, Louis XV, âgé de 5 ans, lui succède.

## LOUIS XVI (1754-1793)

Roi de France de 1774 à 1792. Louis XVI succède à son grand-père Louis XV. Très populaire au début de son règne, il tente des réformes pour résoudre la crise financière. Mais en 1789, il doit finalement convoquer les états généraux qui imposent la monarchie constitutionnelle. Louis XVI accepte mal son nouveau rôle. L'assaut du palais des Tuileries en 1792 met fin à son règne. Il est guillotiné en janvier 1793. La reine Marie-Antoinette est exécutée en 1794.

## MAO Zedong (1893-1976)

Homme d'État chinois. Fils d'un paysan aisé, Mao Zedong participe à la fondation du Parti communiste chinois en 1921. Il en prend la tête au cours de la Longue Marche (1934-1935) durant laquelle il traverse le pays à pied pour échapper à ses adversaires nationalistes. Après une guerre civile (1945-1949), il instaure un régime communiste dont il devient président. Il gouverne le pays d'une main de fer jusqu'à sa mort en 1976.

## François MITTERRAND (1916-1996)

Homme politique français. Durant la Seconde Guerre mondiale, François Mitterrand s'engage dans la Résistance. À partir de 1945, il est plusieurs fois ministre de la IVe République. Il se présente à l'élection présidentielle de 1965 comme candidat des partis de gauche. Après deux tentatives infructueuses (en 1965 et 1974), il devient en 1981 le premier président socialiste de la Ve République. Il est réélu pour un second mandat en 1988.

### ■ NAPOLÉON Iᴱᴿ
### (Napoléon Bonaparte)
### (1769-1821)

Empereur des Français de 1804 à 1815. D'origine corse, Napoléon Bonaparte devient général à 25 ans. Il se fait surtout connaître lors des campagnes d'Italie et d'Égypte. En 1799, il prend le pouvoir par un coup d'État et fonde le Consulat puis, en 1804, le Premier Empire. Battu en 1815 à Waterloo par les monarchies européennes, il est définitivement exilé sur l'île de Sainte-Hélène.

### ■ NAPOLÉON III
### (Louis-Napoléon
### Bonaparte)
### (1808-1873)

Voir p. 231.

### ■ Jawaharlal NEHRU
### (1889-1964)

Homme d'État indien. Avocat, Nehru milite pour l'indépendance de l'Inde avec Gandhi. Celle-ci acquise en 1947, il devient Premier ministre du pays. Il incarne la volonté d'émancipation des pays récemment décolonisés face aux volontés d'ingérence des États-Unis et de l'URSS. Il s'impose comme le leader du non-alignement en germe à la conférence de Bandung, en Indonésie, en 1955.

### ■ PAUL DE TARSE
### (5/15-62/67)

Apôtre du christianisme. Citoyen romain de confession juive, Saul se convertit au christianisme en 38 sur le chemin de Damas et prend le nom de Paul. Au cours de ses voyages, il évangélise de nombreux païens et organise la vie des premières communautés chrétiennes hors de Judée.

### ■ PÉRICLÈS
### (vers 495-429 av. J.-C.)

Homme d'État athénien de 472 à 429 av. J.-C. Issu d'une famille aristocratique, Périclès met son intelligence et son éloquence au service de la démocratie. À partir de 443 av. J.-C., il est élu 15 années de suite stratège (fonction politique et militaire la plus importante à Athènes). Il impose un gouvernement où les citoyens les plus pauvres peuvent s'exprimer. Il s'entoure des plus grands artistes, comme le sculpteur Phidias, et fait construire notamment le Parthénon sur l'Acropole.

### ■ PHILIPPE II AUGUSTE
### (1165-1223)

Roi de France de 1180 à 1223. Philippe II, surnommé Auguste comme les empereurs romains, renforce son pouvoir en luttant contre ses vassaux, notamment les rois d'Angleterre, et en agrandissant le domaine royal. Il crée une administration en nommant des baillis et des sénéchaux pour gérer ses terres personnelles. Il participe à la troisième croisade en 1190 aux côtés du roi anglais Richard Cœur de Lion.

### ■ Pablo PICASSO
### (1881-1973)

Peintre, dessinateur et sculpteur. D'origine espagnole, Pablo Picasso découvre Paris à l'occasion de l'Exposition universelle de 1900 puis s'y installe. Avec Georges Braque, il est à l'origine du cubisme (*Les Demoiselles d'Avignon*, 1907). Artiste engagé, il dénonce les atrocités de la guerre d'Espagne (*Guernica*, 1937) puis celles de la guerre de Corée (*Massacre en Corée*, 1951). Reconnu comme l'un des plus grands artistes du xxᵉ siècle, il laisse une œuvre très importante.

### Marco POLO
### (1254-1324)

Fils d'un riche commerçant de Venise, Marco Polo accompagne à 17 ans son père et son oncle en Asie où il séjourne de 1272 à 1295. Il entre au service de Kubilaï Khan qui, à la tête de l'Empire mongol, a conquis la Chine. De retour en Italie, il est emprisonné après une bataille. Il dicte le *Livre des merveilles* à un compagnon de cellule. Libéré en 1299, il reprend ses activités de marchand à Venise.

### Maximilien de
### ROBESPIERRE
### (1758-1794)

Voir p. 211.

### SOLIMAN Iᵉʳ, dit le Magnifique
### (1494-1566)

Sultan ottoman de 1520 à 1566. Grâce à la supériorité de son armée et aux divisions de ses adversaires, Soliman Iᵉʳ mène des conquêtes au Moyen-Orient, en Afrique du Nord, dans l'est de la Méditerranée et de l'Europe. Surnommé le Législateur par les Turcs, il édicte de nombreuses lois et tente de faire régner la paix à l'intérieur de l'Empire ottoman.

### Joseph STALINE
### (Joseph Vissarionovitch
### Djougachvili, dit)
### (1878-1953)

Dirigeant de l'URSS de 1924 à 1953. Après la mort de Lénine, Staline élimine progressivement ses concurrents. Surnommé le « petit père des peuples », il renforce l'État totalitaire et collectivise les campagnes en 1928. Vainqueur des nazis aux côtés des États-Unis, son alliance avec ces derniers se transforme après 1945 en guerre froide.

### VICTORIA
### (1819-1901)

Reine de Grande-Bretagne et d'Irlande de 1837 à 1901. Durant ses 64 années de règne, si elle n'exerce pas de pouvoir politique, Victoria renforce le prestige de la monarchie, notamment avec son titre d'impératrice des Indes en 1876 mais aussi lors des jubilés d'or (1887) et de diamant (1897). Surnommée la « grand-mère de l'Europe », elle a neuf enfants et cinquante-trois petits-enfants dont certains deviennent des monarques européens.

### VOLTAIRE
### (François-Marie Arouet,
### dit) (1694-1778)

Écrivain et philosophe des Lumières. Voltaire est emprisonné deux fois à la Bastille pour ses idées et doit s'exiler en Angleterre de 1726 à 1728. De retour en France, il vit avec Émilie du Châtelet, qui a traduit Isaac Newton, et publie de nombreux ouvrages. À la mort de sa maîtresse, il séjourne chez Frédéric II de Prusse, puis revient en France et s'installe à Ferney, près de la frontière suisse. Il y poursuit son activité littéraire en participant notamment à l'*Encyclopédie*.

### Émile ZOLA
### (1840-1902)

Romancier et journaliste français. Émile Zola est surtout connu pour avoir écrit le cycle des *Rougon-Macquart*, décrivant la société française du Second Empire. Écrivain naturaliste, il se documente avec beaucoup de minutie et décrit de manière très précise ses personnages et leur environnement. Il apparaît aussi comme le modèle de l'intellectuel engagé lorsqu'en 1898 il prend parti pour Alfred Dreyfus, un jeune officier juif injustement accusé de trahison.

# Index des noms

Les numéros de pages en rose renvoient à un encadré thématique, ceux en orange à une biographie.

# Index des lieux

Les numéros de pages en rose renvoient à un encadré thématique, ceux en orange à une biographie.

Les numéros de pages en rose renvoient à un encadré thématique, ceux en orange à une biographie.

# Index des notions

Les numéros de pages en rose renvoient à un encadré thématique, ceux en orange à une biographie.

# R

racisme, raciste (idéologie) ▸ 294, 300, 311, 344, **351**, 360

réchauffement climatique ▸ 364, 365

*Reconquista* ▸ 91, 134, **135**, 160

référendum ▸ 287, 340, 341, 347, 354

régence ▸ 166, 167, 174

régime de Vichy ▸ 303, 306, **307**

régime parlementaire ▸ 252, 341

relaps ▸ 121, 124

religion ▸ 36, 40, 42-45, 64, 66, 72, 82, 95, 135, 144, 148, 149, 154, 156, 157, 268, 269, 320

relique ▸ 110, 116, 127

Renaissance ▸ 35, 65, 140, **141**, **143**, 148

République (française) ▸ 205, 208, 216, 217, 228, 230, 242, 252-254, 259-263, 268, **269**, 296, 313, 340, **341**, 348, 356, 357

République (romaine) ▸ 35, 52, 57, 60

Résistance ▸ 302, **303**, 313

Révolution américaine ▸ 192, 193

Révolution communiste ▸ 282, **283**

Révolution française ▸ 204-212, 216-219, 220

Révolution islamique ▸ 354

roman (style) ▸ **105**

romantisme, romantique ▸ **219**, 223-225

route de la soie ▸ 54, 90, 92

# S

sacre ▸ 124, 128, **129**, 214

sans-culotte ▸ 205, 208, 211

science, scientifiques ▸ 50, 90, 91, 146, 186, 190, 191, 213, 364, 365

Seconde Guerre mondiale ▸ 295, 304, 305, 308-311, 314, 316,

sédentarisation ▸ 20

ségrégation ▸ 248, 344, 360, 361

seigneur ▸ 97, 106, 107, **126**, 127, 128, 206

seigneurie ▸ **106**, 107

sénat (romain) ▸ 57-59, 61, 62, 68, 71

SFIO (Section française de l'Internationale ouvrière) ▸ 255, 296

socialisme, socialiste ▸ 226, **227**, 237, 262, 296, 356

Soviets ▸ 283

Stasi ▸ 343, 358

suffrage censitaire ▸ 181, 216, 225, 228, 260

suffrage universel ▸ 208, 228, 253, 260, 261, 263, 265, 341, 357

sultan ▸ 110, 132, 150, **151**, 222

sunnisme, sunnites ▸ **83**

surréalisme, surréalistes ▸ 291

symboles républicains ▸ **205**, 263

syndicat ▸ 237, 254, 255, 258, 296, 346

# T

taoïsme ▸ **41**

Templiers ▸ 120, 121

Terreur ▸ 210, 211

terrorisme, terroriste (organisation) ▸ 338, 339, 362, **363**

théâtre ▸ **159**, 178, 179, 188

tiers état ▸ 129, 196, 197, 202, **203**

totalitarisme ▸ 292, **295**

traité de Lisbonne ▸ 335

traité de Maastricht ▸ 335

traité de Tordesillas ▸ 161

traité de Versailles ▸ 284, **285**, 295

traités de Rome ▸ 334, 335

tranchées ▸ 276-279

# U, V

université ▸ 102, 103, 108, 117, 123, 131, 346

urbanisation ▸ 236

vassal ▸ 96, 97, 112, 113, **126**-128

victorienne (ère) ▸ **245**

vizir ▸ 86, 151

# Table des illustrations